Părintele Dimitri

ORANK
Amintiri din captivitate

Corector: Sorina Munteanu
Tehnoredactor: Rema Zugravu
Design copertă: Manuela Oboroceanu

Bun de tipar: 2011 Apărut: 2011
Editura Doxologia, Cuza-Vodă 51, 700038, IAȘI
Tel.: (0232)216693; (0232)218324; Fax: (0232)216694
http://editura.doxologia.ro, E-mail: editura@doxologia.ro

ISBN: 978-606-8278-40-7

Părintele Dimitrie BEJAN

ORANKI
Amintiri din captivitate

Carte tipărită cu binecuvântarea
Înaltpreasfinţitului TEOFAN
Mitropolitul Moldovei şi Bucovinei

Ediţie îngrijită de Florin Pâslaru

DOXOLOGIA
Iaşi, 2011

CUPRINS

De la „bucuriile suferinței" la „bucuriile lecturii"

Au trecut aproape 15 ani de când a apărut un nume nou în memorialistica românească: acela al Părintelui Dimitrie Bejan din Hârlău. Nu știam până atunci nimic despre acest preot, deși citind volumul „Oranki", mi-am adus aminte că în anii de studii la doctorat am găsit un temeinic material despre *Edițiile românești ale Molitvelnicului*, în revista „Biserica Ortodoxă Română" (nr. 11-12, 1936), semnat de doctorandul de atunci Dimitrie Bejan. În 1995 mi-a căzut în mână cutremurătoarea carte memorialistică a Părintelui Dimitrie Bejan, intitulată *Oranki. Amintiri din captivitate.* Citisem până atunci amintirile unor foști deținuți din închisorile românești, între care și cele cinci volume ale lui Ion Ioanid, *Închisoarea noastră cea de toate zilele.* Citisem și cartea Părintelui Vasile Țepordei (1908-2002), originar din Basarabia, judecat de un tribunal militar sovietic la Constanța(!) și condamnat la 25 de ani muncă silnică, din care a executat opt, în diverse lagăre siberiene până dincolo de Cercul Polar; cartea se intitula *Amintiri din Gulag* (București, 1992).

Cartea memorialistică a Părintelui Dimitrie Bejan, *Oranki* se deosebea mult de celelalte, întrucât prezenta viața unui fost preot militar pe frontul de Est, luat prizonier de armata sovietică și întemnițat în fosta mănăstire Oranki, transformată de bolșevicii sovietici în lagăr pentru prizonierii de război germani, români și de alte etnii.

Cu un remarcabil talent literar, lucru pe care îl sesiza și acad. Gabriel Țepelea în prefața la ediția I a cărții, Părintele Bejan prezenta toate suferințele îndurate de prizonierii aflaţi la Oranki, dar şi suferinţele unui popor martir din marea închisoare a popoarelor din fostul „rai" sovietic stalinist. Dar pentru Părintele Bejan suferinţele nu s-au încheiat în 1948 când a fost repatriat. Trebuia să-şi facă datoria faţă de marea noastră „prietenă" din Răsărit şi faţă de „clasa muncitoare" de la noi şi Tribunalul militar din Bu-cureşti, care în 1949, l-a condamnat pe Părintele Bejan la şapte ani de închisoare, pe care a executat-o la Jilava, Văcăreşti, Aiud, Cavnic şi Canalul Dunăre - Marea Neagră. În 1956, în loc să fie eliberat, a fost deportat în satul Răchitoasa, jud. Ialomiţa, până în 1958, apoi din nou arestat şi condamnat de Tribunalul militar Constanţa la alţi opt ani de închisoare. A executat şi această nouă condamnare la Aiud (unde erau Nichifor Crainic, Teodor Popescu, Dumitru Stăniloae şi alţi teologi), fiind eliberat abia la 22 august 1964. Se întorcea în Hârlăul natal după 22 de ani de detenţie. Suferinţele Părintelui Bejan nu s-au încheiat, însă, nici acum. Cu mare greutate a fost numit preot în Ghindăoani, jud. Neamţ (1965-1970), de unde a fost transferat la Buhăceni, jud. Botoşani (1971), după care a fost pensionat forţat, stabilindu-i-se domiciliul obligatoriu în casa părintească din Hârlău, unde a fost păzit în permanenţă de un agent de securitate până în decembrie 1989. Abia acum a putut cunoaşte libertatea şi Părintele Dimitrie Bejan, după ce fusese prizonier în Uniunea Sovietică şi apoi în propria sa ţară. În puţinii ani de viaţă care i-au mai rămas († 21 septembrie 1995), şi-a scris cunoscutele lucrări memorialistice (pe lângă cea despre lagărul din Oranki): *Bucuriile suferinţei* (2 vol., Bucureşti, 1995-1996), *Vifornița cea mare* (Bucureşti, 1996), *Satul blestemat* (Chişinău, 1998), un preţios ajutor în tipărirea acestei lucrări primindu-l de la părintele Ioanichie Bălan, precum şi lucrarea *Hotarul cu cetăţi* (Bucureşti, 1995), o carte despre Basarabia românească în perioada interbelică.

În anul 2008, cu binecuvântarea I.P.S. Mitropolit Teofan, Editura Trinitas a publicat o nouă lucrare a Părintelui

Bejan, cu titlul *Simple povestiri. Cugetări morale despre viața de toate zilele*, carte care întregește profilul său moral și intelectual.

Din aceste motive, salutăm cu bucurie inițiativa Editurii Trinitas de a reedita cartea *Oranki. Amintiri din captivitate*. Este cel mai frumos omagiu care poate fi adus acestui smerit dar învățat preot din Arhiepiscopia Iașilor, în anul acesta, când se împlinesc o sută de ani de la nașterea sa. Cartea trebuie citită în primul rând de preoții moldoveni, din rândul cărora s-a ridicat, dar consider că ea ar trebui să fie introdusă ca o carte de lectură în toate seminariile noastre teologice. Elevii seminariști, viitori preoți, vor putea cunoaște toată drama prin care a trecut preoțimea românească în anii dictaturii comunisto-ateiste!

Sibiu, la Praznicul Învierii Domnului
din anul 2009

Pr. Prof. Mircea Păcurariu

Notă care lămureşte ceea ce pare nelămurit

Aceste amintiri au fost notate aici, în 1975, pentru a nu se uita întâmplări şi greutăţi. După 25 de ani faptele pot fi privite şi sub alt aspect, ca ceva ce aparţine de barbaria acelor timpuri grele – şi nu puteau să fie altfel – conform epocii, locurilor şi mentalităţilor vremii.

Pe cât se pare, societatea a evoluat către trăirea moralei creştine, dar fără Hristos. Omul a devenit, şi se chinuie să devină, din ce în ce mai bun. În timpul diferitelor orânduiri şi forme de guvernământ – burghezie, democraţie, dictaturi de dreapta sau de stânga – conducătorii popoarelor se concurează în a face viaţa mai roză populaţiilor în subordine. Mare parte a populaţiilor are numai de câştigat de pe urma concurenţei paşnice dintre cele trei ideologii: de clasă, de masă şi de rasă.

Şi „legea dragostei", care este proprie creştinismului numai, a devenit bun comun – universală – chiar şi pentru cei ce cultivau ura (de clasă, de masă şi de rasă). Astfel, Hristos, renegat, câştigă orizontul şi în adâncime. Doar El a spus că „nici porţile iadului nu vor birui iubirea... "

Numai iubirea este mijlocul suveran pentru nivelarea asperităţilor, iar omul viitorului se va umaniza în respectul şi dragostea faţă de aproapele mai necăjit. Dumnezeu, „Bătrânul", noţiunea creatoare, râde în barbă de străduinţa căutătoare a neînsemnatului „microb" care este omul de pe Terra – un fir de nisip zburător între cele aproximativ zece miliarde de corpuri cereşti ale galaxiei noastre.

Dar dincolo de această galaxie? Ce-i?

Alte galaxii – alte miliarde de nisipuri prinse-n ordinea prestabilită de „Bătrân".

După acestea vine antimateria.

Pe urmă, tot Universul, văzut ca o sferă. Apoi, dincolo, lumea raţiunilor, a spiritelor. Şi mai departe? Ce-i?

Zâmbetul îngăduitor şi dragostea „Bătrânului" pentru supravegherea şi perfecţionarea „lumilor văzute şi a celor nevăzute". Mai presus de „lumi" stă dragostea.

*

Ordinea întâmplărilor scrise aici şi trăite între 1942-1948 nu are prea mare importanţă. Totuşi, pe cât s-a putut, am respectat ordinea lor cronologică, şi asta numai pentru a intra în ordinea cosmologică.

Dimitrie Bejan
1 mai 1975

În lungul anilor care au trecut

E toamnă târzie şi urâtă. Din ceţuri curg reci picături de ploaie. Noaptea stă, apăsătoare, peste Bărăganul pustiit.

Dincolo de ceţuri, alţi oameni stau, la fel ca şi mine, tăcuţi şi abătuţi, cu gândul la primăvara care va trebui să vină şi să alunge ceţurile către nord.

Peste zi, încălţat cu cizme mari de cauciuc, înotasem prin noroaie, până la Dunăre. Bătea un vânt aspru dinspre răsărit şi valurile mâloase loveau, cu vuiet lung, în maluri. Sălciile desfrunzite se frământau, iar pe sus dădeau chemări cârdurile de gâşte sălbatice, mânate din urmă de biciul iernii. Dincolo de ape, răsărit ca din ape, dealul de stâncă fumurie de la Hârşova. În spatele meu, peste dig, clopotniţa de la Giurgeni. Spre nord, satul depărtărilor – cu casele uniforme, dărăpănate, acoperite cu stuf, fără copaci, fără viaţă. În depărtări, peste câmpul fără margini, fumul amăgirilor...

Iar vântul bate cumplit, ca-n Siberia.

*

E frig la mine-n casă. Lampa clipeşte nestatornic. Noaptea e târzie şi prietenii mei stau tăcuţi în cocioabele lor...

Îmi răsar vii în amintire oameni şi locuri prin care am trecut. Stăruie în mine, ca o bolnavă aducere aminte, zilele robiei din Ţara Răsăritului: lagăre, bordeie, trudă de rob şi, mereu treze, speranţele unor zile de aşezare. Estompat, în depărtări, războiul pierdut.

Mai aproape de orele prezente, cuştile de beton şi fier de la Interne. Jilava, cu marile încercări. Aiudul şi Gherla unde satana cerne sufletele prin sită mongolă. Canalul, pecetluit până la a Doua Venire cu miile de cruci ale celor răstigniţi, şi minele de plumb de la Baia-Sprie, Cavnic şi Valea Nistrului.

Atâţia oameni care au fost şi au trecut dincolo, ducând cu ei durerile noastre. Peste tot locul cazne şi încercări.

Dar noi trăim şi ducem, în sufletele noastre, mirul de pe frunţile celor ce au murit. Inimile lor bat în inimile noastre şi visurile lor de biruinţă sunt visurile noastre pentru ziua de mâine.

*

Afară plouă mărunt, picuri storşi din ceaţă. Deschid Cartea şi citesc, mereu nou, cuvântul Galileanului: „Veţi auzi de războaie şi veşti de războaie; vedeţi, să nu vă înspăimântaţi, căci toate aceste lucruri trebuie să se întâmple. Un neam se va scula împotriva altui neam şi o împărăţie împotriva altei împărăţii; şi, pe alocuri, vor fi cutremure de pământ, foamete şi boli. Dar toate aceste lucruri nu vor fi decât începutul durerilor. Atunci vă vor da să fiţi chinuiţi şi vă vor omorî şi veţi fi urâţi de toţi păgânii; pentru numele Meu.

... Se vor scula mulţi profeţi mincinoşi şi vor înşela pe mulţi. Iar din pricina înmulţirii fărădelegii, iubirea celor mai mulţi se va răci; dar cine va răbda până la sfârşit, acela va fi mântuit."

Pe altă filă, silabisesc, şoptit, ca pentru duhuri:

„Cunosc necazurile tale şi sărăcia ta (dar eşti bogat); ştiu şi batjocurile din partea păgânilor, care nu sunt altceva decât o sinagogă a satanei. Nu te teme nicidecum de ceea ce ai de suferit. Iată că satana are să arunce în temniţă pe unii din voi, ca să vă încerce...

... Cel ce va birui va fi îmbrăcat în haine albe. Nu-i voi şterge, nicidecum, numele lui înaintea Tatălui meu şi înaintea îngerilor Lui...

... Fii, deci, credincios până la moarte şi-ţi voi da cununa vieţii".

Umbrele celor ce au trăit alături de mine caută în Carte legea care le-a luminat viaţa şi temeiurile luptei şi morţii lor.

„Poruncă nouă vă dau vouă: să vă iubiţi unii pe alţii. Dar, în lume, nimeni nu dovedeşte mai mare dragoste, decât acela care-şi sacrifică propria lui viaţă pentru salvarea aproapelui său. ... îndrăzniţi deci, Eu am biruit lumea”.

Târziu, pecetluiesc Cartea cu un sărut smerit şi privesc în pâcla nopţii de afară. Înţeleg că noaptea, care stăruie încă, va trece şi lumina ce va să vină va spăla păcate şi va tămădui răni deschise.

*

În amintire stăruie, rezemată de păduri, mănăstirea de la Oranki, de pe Volga de sus. Pe turlele văduvite de cruci au încolţit şi prins rădăcini mesteceni argintii.

În locul lor, când va veni Lumina, se va înălţa iarăşi, până la cer, semnul Biruitorului morţii.

Între zidurile crenelate, acolo, au fost auzite vaietele prizonierilor de război, iar foamea, frigul şi suferinţele au umplut cimitirul din Poiana Morii.

În unele zile, rare, răsărea soarele şi pentru noi; pe feţele noastre palide flutura o lumină nepământeană. Dar orele acestea erau sărbătoare şi însemnau popasuri, când bei apă limpede şi-ţi tragi sufletul.

Apoi pădurile vuiau iarăşi, ca mările răzvrătite. Zăpezile se aşezau ca nişte ziduri de cetate şi lagărul trăia ceasuri de moarte. Iernile erau fără sfârşit...

Oranki

De la gara Şoniha, intri în pădure pe un drum făcut de Dumnezeu în a cincea zi a creaţiei şi, către seară, după zece kilometri, ieşi într-o poiană largă, străjuită la stânga de pădure de stejari şi pe celelalte margini, în semicerc, de brădet şi mestecăniş. În mijlocul poienii, pe vârful unui deal alungit, se află mănăstirea Oranki, astăzi lagărul central pentru ofiţerii captivi.

Până la Oranki (Nijni-Novgorod) sunt 60 de kilometri, iar în linie dreaptă de aici până la Volga sunt 30 de kilometri. În împrejurimi, prin poienile de taiga, se găsesc puncte locuite, sau mici şi necăjite cătune, cu casele de lemn. Privită de sus, din mănăstire, pădurea este neagră, fumurie, violetă în reflexele soarelui şi undeva, la orizont, precum marea, taigaua se lipeşte de cer.

Aşezarea mănăstirii este mică, pe o vatră de două-trei hectare drept la creastă, şi în dreapta ei s-a înjghebat, cu timpul, un sat de pădure.

Departe, se ridică dreaptă, maiestuoasă, albă, în stil roman, biserica principală a mănăstirii, cu 5 turle văduvite de cruci şi de acoperişurile corpurilor de casă. În jur, ziduri de cetate dărâmate spre răsărit şi miazănoapte, apoi un şanţ adânc – ca o râpă – peste care treci pe un pod de piatră şi iată-te în faţa porţilor lagărului. Pe stâlpii porţilor văruiţi se văd încă urmele icoanelor; 6 pe un stâlp şi alte 6 pe celălalt. Dincolo de porţi, la dreapta, un parc mic de brădet şi flori, la stânga, o clădire joasă. Pe alee înainte, treci pe lângă un loc mai ridicat unde a fost clopotniţa, cu trei etaje, iar în faţă, deschisă, luminoasă, biserica mănăstirii, cu icoana Maicii Domnului abia vizibilă, în triunghiul de sub acoperiş. La dreapta şi la stânga mai multe clădiri cu două etaje încadrează biserica. În dreapta, cum treci de locul fostei clopotniţe, dărăpănată, scundă, se află biserica de iarnă. Peste clădiri, în fund, lângă zidul dărâmat, o casă mică, hexagonală, cu etaj. Lângă zidul dinspre nord au fost grajduri.

Toate clădirile, inclusiv cele două biserici, au fost transformate după revoluţie în puşcărie şi mai apoi, cu războiul, au devenit lagăr de prizonieri.

Toată zidăria este de cărămidă şi cărămizile sunt vopsite în alb.

Mănăstirea Oranki este zidită şi pictată de meşteri apuseni. Stilul este cel al clădirilor de factură romană, cu o faţadă cu şase ferestre mari, luminoase şi cu alte ferestre în pereţii din dreapta şi din stânga, tot atât de mari, tot atât de luminoase. Altarul este clădit separat, numai parter, în semicerc, cu trei ferestre şi lipit de biserica propriu-zisă, de care este despărţit printr-o catapeteasmă de zid.

Biserica are aceleaşi dimensiuni în lungime, lăţime şi înălţime – până la turle – formând un cub perfect de culoare albă. Patru turle la cele patru colţuri şi una centrală pe bolta naosului. Sus, pe locul unde a fost crucea, pe turla centrală, a crescut un mesteacăn.

În biserică este un depozit de alimente. Până unde s-a putut, s-a dat cu var peste icoane. Întreaga pictură de la boltă în jos, până la jumătatea înălţimii, s-a păstrat intactă. Mâna pictorului, venit din sud, şi-a lăsat cu măiestrie amprenta luminozităţii albastrului cer mediteranean. Va fi plecat pictorul de pe aici... Cine ştie pentru ce motive... De la jumătate în jos, cât se mai vede astăzi, pictura e mohorâtă, cu sfinţi slăbănogi, cenuşii, ieşiţi din penelul unui pictor neiscusit.

Cine trece pe la Oranki este atras mai ales de cele două icoane ale mediteraneanului. Cum intri, pe peretele de la intrare, mare, enormă, se află icoana Adormirii Maicii Domnului. Pe un divan oriental, Sfânta Fecioară se stinge încet, liniştită, cu un nimb ce se aşază în jurul capului, odată cu ultimele raze ale soarelui în apus. Pe faţa liniştită a Maicii Domnului stăruie ultimele raze ale apusului; în jurul patului, apostolii Domnului şi alţi creştini din comunitatea Ierusalimului. Întreg tabloul degajă seninătate şi împăcare.

În faţă, pe peretele catapetesmei, sus – unde, în bisericile noastre, stă Sfânta Cruce – se află icoana Învierii, o capodoperă în acest gen: e momentul naşterii zilei, în zori, când ceţurile acoperă văile şi pădurile de măslini. Iisus, în veşmânt alb-albastru, iese din mormântul deschis. Ca într-un zbor uşor, Iisus pluteşte la doi metri de pământ, senin, transfigurat. Biruitorul morţii, cu steagul biruinţei în mâna stângă şi cu binecuvântarea lumilor în dreapta, Iisus Cel înviat, cu nimbul auriu, uşor schiţat, e proiectat pe munţi şi peste pădurile înverzite. În spate, spre răsărit, mijesc zorile. În vale, din ceaţă, se desprind femeile mironosiţe – mai mult nişte umbre. În plan secundar, jos, ostaşii de pază, căzuţi la pământ, îşi apără ochii de puternica lumină ce pleacă din mormânt şi de la cei doi îngeri. În stânga, se află estompate în fumuriu, trei cruci pe Golgota – în jurul lui Iisus Cel înviat din mormânt, parcă plecând din trupul transfigurat al Mântuitorului, iradiind o lumină ireală, diafană, suprapământeană. Iar ochii, ochii lui Iisus, privesc adânc la tine şi peste tine, până la marginea pământului.

Revoluţia i-a tras lui Iisus un foc de armă drept în frunte.

Iisus a rămas ca mai înainte senin, transfigurat. „Eu am biruit lumea, împărţind binecuvântări, până la sfârşitul veacurilor”...

Pe vremuri, aici veneau să se închine Domnului ţarii Rusiei. Aici şi-a plecat genunchii, umil, Leon Tolstoi şi, într-una din chilii, a scris romanul *Învierea.* Pentru că Mănăstirea Oranki adăpostea între zidurile ei numai monahi, cărturari – de viţă nobilă. Aici se practicau artele şi literele, alături de exerciţiile mistice şi de strictă trăire a regulilor monahale.

Aici, unde a pulsat viaţă creştină şi s-au spălat păcate, ne odihnim noi, acum, resturile învinse ale armatelor europene.

Ştiu eu? Încercăm să trăim în spiritualitate şi dacă condiţiile fiind aşa cum se văd, încercăm, în sfârşit, să-i dăm lui Dumnezeu ceea ce cu drept cuvânt I Se cuvine. Şi, astfel, timide încercări de artă minoră apar din inimile şi mâinile noastre.

Canoanele călugăreşti? Canoanele le respectăm întocmai. Şi e bine aşa.

Mănăstârca

Pe vremea când Oranki era mănăstire, şi nu lagăr, asta până în 1918, aici erau două schituri care ţineau de Oranki. Unul se afla la trei kilometri de mănăstire, spre nord, şi i se spunea chiar „Schitul". După ce treci pădurea de stejari, pusă de mână călugărească, intri în brădet şi mestecăniş şi acolo, într-o poiană mică, se găsesc câteva case de zid cu etaje, iar la mijloc a fost o biserică, schitul. Aici se retrăgeau cei mai cuvioşi dintre călugări, trăind în totală singurătate şi în linişte desăvârşită, netulburaţi de vizite omeneşti, vieţuind în aspre posturi.

Al doilea schit se afla la cinci kilometri de mănăstire, spre vest, într-o poiană şi mai mică, pe malul unui pârâu limpede. Acesta se numea Mănăstârca (Mănăstioara). Din Mănăstârca n-a mai rămas nimic. După revoluţie, bisericuţa şi chiliile au fost dărâmate şi din cărămidă s-au făcut, aici, câteva case.

Acum, mănăstirea Oranki şi schiturile au fost prefăcute în lagăre. La Schit, la Oranki şi la Mănăstârca, sunt prizonieri. Aici, la Mănăstârca, s-au tras şapte rânduri de sârmă ghimpată în jurul a zece hectare de teren. S-au clădit 12 prepelece de lemn, iar în interior au lucrat deţinuţi politici ruşi – femei şi bărbaţi – şi alţi deportaţi, săpând şi construind 37 de bordeie, câteva beciuri aşezate pe patru rânduri faţă în faţă, cu o alee centrală mai largă şi o alta ce merge paralel cu linia sârmelor, la opt metri în interior; porţi de cetate, iar în afara porţilor, patru bordeie pentru compania de pază şi alte clădiri de lemn, drept locuinţe pentru personalul din administraţie, în latura dinspre apus s-a defrişat pădurea pe 50 hectare şi acolo se cultivă zarzavaturi. Pădurea stă dreaptă, din toate părţile, ca o cetate.

În vara lui 1944 au venit aici primele loturi de români. Pe urmă au apărut nemţi şi unguri, italieni şi spanioli.

Într-un bordei mare era bucătăria şi sala de mese, într-altul lazaretul, apoi baia, brutăria, atelierele. În bordeiele tip locuiam noi. Fiecare bordei avea două intrări cu şase trepte de lemn, patru geamuri, două sobe de cărămidă şi două rânduri de paturi suprapuse. Pe lângă pereţi, un coridor pentru circulaţie. La „opera" politicienilor ruşi, noi am adăugat bănci şi mese, iar în faţa bordeielor am săpat ronduri de flori.

Şi viaţa se scurgea monoton – ca în puşcărie – cu rare izbucniri, care plecau din te miri ce cauze.

Aici, la Mănăstârca, ca şi la Oranki – şi la fel în oricare lagăr de prizonieri – programul se rotea pe 24 ore, în felul următor: la 6 dimineaţa deşteptarea şi, peste o jumătate de oră, în serii de câte 500 de oameni, mergeam la sala de mese, pentru ceai. De la 8 la 4 p.m., muncă. Seara, la 6, numărătoarea. La 11 noaptea suna clopotul de la poartă pentru stingere.

Medicul rus ne vizita în fiecare lună; dezbrăcaţi, ne trăgea de piele şi ne cataloga pe grupe de lucru. Grupele I şi II lucrau în afara lagărului, iar grupa III, la munci de interior. Mai era o grupă a marilor slăbănogi. Cei de la O.K.[1] erau atât de slăbiţi (distrofie, caşexie), încât erau scutiţi de orice muncă, în aşteptarea sfârşitului.

Muncile de afară, vara, erau la grădina de zarzavat, la colhozuri sau, mai cu seamă, la tăiat şi cărat lemne în pădure. Iarna, numai la pădure – tăiat şi cărăuşie – sau la desfundat drumurile.

În interior, muncile mai uşoare şi un supliment de mâncare erau ţinute pentru comunarzi, în urma susţinutei

[1] O.K. – comandă odihnă.

propagande a comisariatului politic. Au fost suficienţi români, la fel nemţi, unguri etc. care au acceptat comunizarea, cu gândul de a ajunge mai repede acasă sau pentru un blid de caşa[2] în plus.

La infirmerie lucrau medicii prizonieri, sub controlul medicilor ruşi, însă medicamentele au lipsit tot timpul. Era greu să te vindeci numai cu sfaturi medicale. Pentru dizenterie se prescria hipermanganat. Medicii lăsau mâinile în jos, a neputinţă.

În schimb, clubul politic lucra, lucra intens, la destrămarea sufletească a naţiilor. Comisarul Cotler, agitatorul Terleţchi şi alţi agitatori aplicau pedepse şi încurajau ruperea rândurilor noastre.

Şi au reuşit cu românii şi cu celelalte naţii. Ne-au rupt în două. Aici, la Oranki şi Mănăstârca, încet, încet au fost adunaţi toţi ofiţerii români şi supuşi la grele încercări. Tot atacul furios al comisarilor politici viza pe români.

Războiul era greu şi armele neegale. Dar marea majoritate a românilor a rămas tare, neclintită, chiar la scrâşnetele din măsele ale Anei Pauker. Într-o seară, după un miting la Oranki, ne strigase cu vocea ei spartă, de beţivă: „Vom trece peste cadavrele voastre şi nu ne vom lăsa până ce nu ne vom face stăpâni în România".

Sub ochii noştri s-au format unităţi voluntare şi deoarece n-au fost suficienţi ofiţeri comunarzi, au fost făcuţi ofiţeri dintre soldaţi. Şi, împreună cu Ana Pauker, aceştia s-au făcut stăpâni în Ţară.

Iar nouă, celor rămaşi credincioşi credinţelor şi obiceiurilor strămoşeşti, ne-au fost puse pe umeri poveri şi munci, carcere şi bătăi, ca să ne-ndoaie. Cu sufletul la gură, ne rugam lui Dumnezeu ca să ne ajute să le biruim. Ochii noştri scăpărau oţel; sufletele noastre au rămas mai de neclintit decât muntele. Şi duşmanul a dat înapoi, cu armele tocite. Ne-a lăsat în pace. Se lămurise cu cine avea de-a face.

---

[2] fiertură de mei, tărâţe.

Munceam peste zi, cât ştiam noi că trebuie de făcut, iar seara, şi-n orele noastre de repaus, ne rugam lui Dumnezeu, ne ţineam sărbătorile noastre şi ne cultivam tradiţiile. Acceptaserăm chiar şi moartea. Iar doina nu lipsea de pe buzele noastre. În zare, departe, şi sub pleoape, aproape, stătea Ţara Dunăreană, rotundă şi frumoasă ca un măr domnesc.

*

Când am plecat de la Mănăstârca, în vara anului 1948, erau acolo doar vreo 200 de nemţi. Loturi după loturi, prizonierii plecaseră spre ţările europene.

Bordeiele nu se vedeau de sub cucută şi, pe alocuri, ploaia le dărâmase.

Mă gândeam cât amar a strâns în cinci ani de zile acest lagăr de pădure? Cine va putea aduna vreodată, ca-ntr-un potir al amărăciunilor, toată truda şi obida noastră? Cine?

Peste păduri şi peste vârfuri trece vântul fluierând.

Bordeiele s-au măcinat de vreme şi pe creasta putredă, de la comisariat, îşi cântă cântecul o cucuvea.

La Mănăstârca a crescut pustiul.

Karaganda

Eram în lagărul 9 din Karaganda. La un pas de noi se ridică podişul Altai şi mai în fund, la dreapta, Himalaia, cu vârfurile permanent bătute de furtuni şi viscole. Pe şesul nisipos al Karagandei, pustiu şi iar pustiu. Ici-colo, pâlcuri de ierburi rare şi copaci chirciţi. Până la linia Transsiberianului, câmp întins, dune de nisipuri şi nici un om. De cum răsărea soarele şi până la asfinţit vântul bătea ca turbat, ridicând nisipurile şi purtându-le în viscol. Noaptea se făcea linişte; natura încremenea şi vânturile stăteau. Numai sus, pe Himalaia, stăruiau viscolele.

Războiul i-a obligat pe ruşi să pună în exploatare terenurile virgine din regiunile siberiene. Aici, în Karaganda, la un pas de graniţa Chinei, este petrol şi cărbune. Pustiul a fost încercuit cu sârmă ghimpată, au apărut bordeie şi, între sârme, deportaţi ruşi şi, separat, în alte lagăre, prizonieri.

Eram puţini în acest lagăr. Vreo 200. Veniserăm de la Astrahan, făcând un scurt popas la Oranki, unde se formase divizia de voluntari „Tudor Vladimirescu", în urma acţiunii propagandistice a Anei Pauker şi sub presiunile ruseşti, şi ne aciuaserăm aici, în câteva bordeie, aşteptând pe cei ce aveau să vină după noi.

Drumul, în nişte vagoane de marfă nenorocite, îl făcuserăm cu morţi, păduchi, foame.

În lagăr, pe lângă relele ştiute, se mai adăuga şi lipsa apei.

Lucram la o mină de cărbuni, afară; căram cărbuni cu vagonetele şi când venea până aici, aproape, un tren, încărcam marfa în vagoane care plecau apoi spre apus.

Munca era grea; noi eram ca nişte cadavre şi vântul ne năucea de cap.

Când, către seară, intram în lagăr, începeam vânarea şobolanilor. Turnam apă cu găleţile în găuri şi cu bâta le aţineam calea. Jupuiţi, aveau o grăsime fadă, gălbuie. Noi îi găseam tot atât de gustoşi ca nişte purcei de lapte.

Curând, vânatul se termina. Ne uitam la cerul sticlos şi la furtunile de pe munţi. Pe acolo băteau ninsorile; pe acolo se risipeau ploile. La noi ajungea numai vântul rău...

Seara, pe cer, stelele erau mari cât palma şi aerul rece şi ameţitor, ca un rachiu tare. Foamea rupea din măruntaie şi nopţile se prefăceau în prânzuri împărăteşti. O salivă dulce ca mierea îţi inunda gura; corpul se autoconsuma.

*

La *5 iulie 1943* a început marea bătălie de tancuri şi blindate în regiunea Kursk-Bielgrad-Orel. Se pare că această bătălie a însemnat cea mai masivă ciocnire de blindate pe care a cunoscut-o cel de-al Doilea Război Mondial. Bătălia s-a încheiat la 12 iulie, cu victoria nemţilor, care însă nu au putut exploata acest succes; nu au avut cu ce se duce mai departe; nici tancuri, nici benzină, nici oameni.

Lucrurile s-au petrecut la acea oră la fel cum s-a întâmplat cu Pirus, în antichitate: „încă o victorie ca aceasta, şi-a rămas fără ostaşi".

La poarta lagărului, în interior, era un bordei unde comisarul politic îşi făcea treburile lui, cu ajutorul unor austrieci. În faţa acestui bordei se instalase un panou mare cu harta Rusiei şi cu actualul teatru de bătălie. Linia era marcată cu steguleţe roşii.

Trecând la lucru sau când reveneam de la mină, obligatoriu treceam pe lângă acest panou şi ne aruncam privirile acolo. Interesul nostru s-a reaprins pentru problemele războiului când comisarul politic a trecut din bordei în bordei şi ne-a citit din *Isvestia*, că acolo la Bielgrad a început o bătălie epocală de care depindea soarta războiului.

Comisarul era foarte politicos cu noi şi asta ne-a pus pe gânduri. A doua zi, tot pe calea ziarului, am aflat că la Stockholm doamna Kolontai, ambasadoarea Rusiei, ducea tratative de armistițiu cu nemții...

Cine ştie? Pacea era la un pas de noi şi parcă ne vedeam plecând din Vladivostok pe apă şi, înconjurând Asia, pe la Suez, intrând în Europa. Pe fețele noastre, pudrate de praf de cărbune, jucau lumini şi umbre!

Ziua următoare n-am mai ieşit la lucru. Stăteam pe blaturi – echipați, gata pentru muncă. Pe poartă au intrat vreo zece soldați care s-au postat la uşile bordeielor ocupate, cinci la număr, zicând: „Nimeni nu iese afară până nu dăm noi ordine".

Ne uităm pe ferestre. Curtea pustie, nemții la locul lor şi mina, uite-o colo.

Pe la ora 10, poarta lagărului s-a deschis şi-ncet a intrat un convoi de 12 camioane supraîncărcate cu saci şi baloturi.

Convoiul a defilat prin fața noastră, fiind încheiat de un autobuz pe care se vedeau însemnele Crucii Roşii. „Ce-o fi, măi?", ne întrebam unul pe altul. Ce-o fi, ce n-o fi, că iată ne-am trezit în bordei cu vreo zece doctori şi sanitare guralive şi vesele şi care ne pofteau: „Domnilor ofițeri, poftiți la vizita medicală."

- Auziți, fraților, zicea Petrică Ilie, suntem „domni"... Şi când te gândeşti că până acum ne umpleau de înjurături.

Şi cu forța ne-au vizitat, ciocănindu-ne toate oscioarele, ne-au înțepat cu acele, pe unde se mai găseau rămăşițe de muşchi şi tot aşa, cu bunăvoie, Crucea Roşie a trecut la bordeiul vecin.

Şi iată-i pe soldații ruşi tăbârcind saltele, pături, cearşafuri pentru noi: „Poftim, domnilor ofițeri, sunt pentru dumneavoastră".

- Ei, aşa înțeleg şi eu; scumpele noastre oseminte trec acum la caldă odihnă, zicea Ştefan Tumurug.[3]

[3] mort de foame la Canal.

La ora prânzului aşteptam să ne cheme nemţii de la bucătărie, la hârdăul cu supă. Trecuse un ceas peste ora mesei şi înspre bucătărie nu se mişca nimic. Puţin mai târziu, au venit în pas grăbit două fete, îmbrăcate în şorţuri albe şi cu tichie albă pe cap şi ne-au invitat: „Poftiţi la masă, domnilor ofiţeri". Nu ne venea să credem urechilor; auziţi? „Poftiţi la masă, domnilor ofiţeri"?! Şi-am plecat cu neîncredere şi curiozitate totodată să aflăm ce mai era şi asta?

Am intrat în bordeiul cel mare, de lângă bucătărie, unde ar fi trebuit să fie „sala de mese". Şi-acum, chiar aici, era o sală de mese! Ne-am crucit. Doamne, ce-i asta? Mese noi, la rând, cu bănci de-o parte şi de alta. Pe mese, aşternute feţe de masă, de olandă, şerveţele de pânză albă, farfurii, linguri, furculiţe, pahare de cristal. Pe masă, untiere cu unt-calup, brânzeturi, mezeluri şi muşchi afumate; pe deasupra, pescărie.

- Poftiţi, domnilor ofiţeri, îndrăzniţi, căci masa este pusă pentru dumneavoastră.

Şi fetele vesele ne-au luat de mână şi ne-au aşezat la mese. Poate că visăm. Sandu Muscă, lângă mine, şi-a tras un pumn în cap; a constatat că-i treaz şi încet mi-a şoptit: „Oare n-au pus otravă în bucate?"

- Hai să mâncăm domnilor, ce ne mai codim atât. Plata o facem la urmă.

A fost ca un semnal de atac. Cele puse pe masă, de teamă să nu dispară, nu atât s-au mâncat cât, în marea lor majoritate, au trecut în buzunarele noastre şi în sân. A venit o supă cu stele de aur pe deasupra şi mâncare scăzută de conserve. Mai apoi o prăjitură, venită în cutii americane şi ţigări cu scriere yanchee. Masa s-a încheiat cu o cafea „Moca" veritabilă. Prin buzunare, de toate şi, mai ales, felii de pâine albă.

Medicul şef rus ne-a spus: „Şi acum vă recomand două-trei ore de odihnă, pentru o bună siestă."

- Auziţi, bre, zice Sandu Muscă; ce grijă ne poartă medicul – două-trei ore de somn, „siestă"?

Petrică Ilie mi-a spus: „Am gustat pe rând din zahăr şi din unt. Ei bine, constat că untul e mai dulce decât zahărul. Nu înţeleg."

Pe buzele tuturor stăruia întrebarea: „Ce-i cu bairamul acesta? Cât va ţine?"

Seara, a doua zi, şi-n zilele următoare, aceeaşi bunăstare; odihnă, plimbare. Comisarul – greţos de politicos – şi „rusăraia" nu ne scoteau din „domnilor". O maşină cisternă căra apă mereu; ne spălam, ne tundeam, ne periam hainele şi bocancii. Semănam a oameni. Parcă nici vântul nu mai bătea atât de turbat, iar mâncarea proastă era ca o poveste de mult uitată.

Într-o zi, poate era 10 sau 11 iulie, după-masă, cum stăteam culcaţi pe pături, a intrat Costache Popescu val-vârtej în bordei şi a strigat: „Mă, somnoroşilor, treziţi-vă şi ascultaţi-mă". Costache Popescu era de meserie avocat, făcea politică şi îi plăcea să-l asculţi în problemele de politică externă în care, afirma mereu acest lucru, era imbatabil.

Toţi, numai urechi la Costache.

- Ascultaţi! Ştiţi pasiunea mea pentru problemele de politică externă; încă din liceu eram... încerca să ne spună povestea cu educaţia lui politică, de pe vremea lui Tata-Noe.

Sandu Muscă nu mai putea răbda şi-n timp ce noi scandam, ca la limba latină: „O ştim, Costache, pe de rost, o ştim, Costache, pe de rost", Sandu, svârr, cu perna în capul lui.

Costache nu s-a supărat şi, ca trezit din somn, a continuat:

- Şi unde am rămas, domnilor, cu expozeul de politică externă? Ah, da, să vă expun măcar, concluziile mele, să vedeţi ce frumos raţionez.

- Mă, raţionează odată, dacă ai ceva de trâmbiţat, i-a răspuns Nae Şchiopu, şi nu ne mai plictisi cu introducerile tale fără noimă.

Nae era, de asemenea, jurist şi-n concurenţă pe informaţii, „reale, mă", nu ca cele ale lui Costache. Costache ne măsura pe fiecare.

- Ei, gata, ne-ai cântărit, Costache? Dă-i drumul repede, până nu-ţi iese în cale iar vreun impediment, îl îndemnă Vili Popescu, zâmbind ironic.

- Na şi tu, de colo, deşteptule.

- Pardon, răspunde repede Vili, n-am nici un merit în problema pusă de tine. Mama m-a făcut deştept şi gata. Ce atâta vorbă? Ai de spus ceva, spune, Costache, dar în rezumat. Spune!

Şi Costache, puţin bosumflat din pricina atâtor întreruperi, a început:

- Eram adineaori la panou şi priveam teatrul luptelor de la Orel, căci doar ştiţi, pasiunea mea pentru probleme externe.

Iar începi, Costache, gemu Sandu Muscă[4], zis Curent.

- Pardon, pardon, nu mă întrerupe. Zic, eram în faţa panoului, când pe poarta lagărului a intrat un general rus, cu mai mulţi ofiţeri şi doi civili; s-a uitat peste lagăr, a făcut câţiva paşi şi s-a apropiat de panou. M-am dat deoparte. Doar ştiţi cât sunt de rezervat în raporturile cu inamicii. Generalul, bondoc, gras şi ras pe cap; ce dracu' mănâncă ăştia de se umflă aşa?, reflectam eu, când, deodată, devin foarte atent. Generalul indica linia de bătaie şi forţele celor două tabere, încleştate aici. Cei din jurul lui îl ascultau cu atenţie. Eu eram o sută de urechi. „Ştiţi – zicea generalul – că tov. Kolontai este pe punctul de a se înţelege cu nemţii. Aşa spun veştile de la Stockholm. Nemţii cer Ucraina; poate că vom fi nevoiţi să le-o cedăm, salvând ce se mai poate salva". Generalul a mai căscat o gură mare de rechin, întrebând: „Ce mai e pe aici?" Apoi a plecat, ieşind pe poartă cu toată suita. Şi acum să strigam cu toţii „ura" şi dacă sunteţi de acord cu punctul meu de vedere politic, să cântăm: „Popor al lui Traian, menit ca să reînalţi, pe falnicul Carpaţi, renumele roman".

---

[4] Sandu Muscă – avocat şi profesor – a trecut pe aceleaşi cărări ţepoase ca mulţi alţii. Unde o fi? În cer? Pe pământ? Dumnezeu ştie!

Costache a închis ochii, ca un cocoş care cântă „cucurigu", şi a strigat de unul singur „Ura! Ura! Ura!" de trei ori şi când a prins a cânta marşul bunicilor noştri, am izbucnit toţi în râs. Costache cânta revoltător de fals, cu gesturi caraghioase din mâini şi din cap.

Văzându-se nesecondat la cântare şi înţelegând că nu ne-a câştigat sufletele total pentru punctul lui de vedere, s-a oprit din cântat, privindu-ne cu ochi mari, neînţelegători:

- Nu meritaţi voi osteneala unui expozeu pe marginile politicii externe, pe care eu, de când eram elev, o suceam şi o răsuceam pe toate feţele...

- Iar începi, Costache? Vrei să te pocnesc iar cu perna în cap?, i se adresă Sandu Muscă.

Şi Costache, greu lovit în amorul propriu de lipsa noastră de înţelegere, s-a lungit bosumflat pe patul lui şi a închis ochii. Visa despre tot binele pe care-l aşteptam pentru mâine.

Gândeam, ronţăind o coajă de pâine: „Dacă o fi aşa cum ne-a raportat Costache? Numai aşa se explică mana cerească pe care o culegem, călătorind prin acest pustiu. Oare să fie posibilă întoarcerea noastră – atât de repede – pe pământul făgăduinţei? Parcă am o strângere de inimă. E drept că face impresia că suntem special hrăniţi. În scurt timp, din stafii vom putea să ne reîncarnăm. Şi cu puţină vlagă în noi, vom putea fi repatriaţi. Oare aşa să fie, Doamne?"

Şi apoi au trecut zilele de 11, 12, 13 şi 14 iulie. Bunăstare, odihnă, plimbare. Frontul stătea pe loc; steguleţele roşii încremeniseră. Până în dimineaţa de 15 iulie.

Spălaţi, periaţi, aşteptam să fim poftiţi la cafea. Când colo, curat nenorocire. Pe dinaintea noastră au început să treacă şi să iasă pe poartă cinci camioane supraîncărcate cu lăzi şi baloturi, urmate de autobuzul Crucii Roşii. Doctorii şi surorile priveau ţintă spre poartă; nu aveau ochi să ne vadă.

- Ce-i, măi, cu asta?

Ce să fie? Imediat au intrat în lagăr vreo 50 de soldaţi, cu câţiva ofiţeri şi cu comisarul politic Bender şi, dând năvală în bordeiele noastre, au început a ne lovi: „Mama voastră de fasciști, la muncă, leșinaților.” Și ne azvârleau afară...

Când ne-am întors seara de la mină, n-am mai găsit așternuturile. Dispăruseră și resturile de provizii făcute – prudent – pentru zile negre.

Din hârdăul vechi și ros de polonic, ne-am primit, reglementar, cașa de mei.

Adio, bunăstare materială, adio, mană cerească, te-ai dus, ca și cum nici n-ai fi trecut pe la noi. Fără gust era cașa. Iar vântul? Vântul bătea turbat, băgându-ne în nări și în gură praf și nisip călător.

*

Nemții au câștigat bătălia, dar n-au avut cu ce s-o exploateze. Costache turba și se văita: „Măi, ce neșansă, măi, ce idioție”. Sandu Muscă mă luă la plimbare. Să ne lămurim, îmi spune pe un ton sentențios:

- Curat, ca pe vremea lui Pirus: „Încă o bătălie ca aceasta și ne trezim la Berlin. Ce-ar fi să trecem în China, bre?”

Mă uit la Sandu și-apoi, împreună, măsurăm podișul Altai și crestele de lângă cer ale Himalaiei.

- Nu-i putere, Sandule... În munți viscolește mereu și zăpezile imaculate nu deschid poteci. Iar vântul bate ca turbat, mutând dunele din loc în loc și purtând la înălțimi nisipuri călătoare, nori de praf. Să mai așteptăm, Sandule...

În bordei, când s-a înserat, la lumina opaițului, culcat pe scândură, cu capul pe raniță, Costache cânta pițigăiat, fals: „C-așa trec zilele mele! Una bună, zece rele... !”

- Așa-i, Costache – subliniază Sandu – în sfârșit, ai nimerit și tu! Asta-i situația: o zi bună, zece rele!

Vine rusul cu Arlus-ul

Vara anului 1945, la Mănăstârca. Dintr-o gazetă scoasă pentru prizonieri, numită *Graiul liber* şi care se tipărea la Moscova, am aflat că în ţară s-a organizat o societate care cultiva bunele relaţii cu Uniunea Sovietică. Prescurtat, această asociaţie se numeşte ARLUS – în traducere oficială: Asociaţia Română pentru Legăturile cu Uniunea Sovietică, în interpretare populară: alipirea română la Uniunea Sovietică. Bun, zicem noi, totul este „în regulă".

Lagărul nostru este în pădure şi munca noastră se risipeşte între lucrul la colhozurile vecine – vai de capul lor, gospodării colective, la reparat drumuri, dar, mai ales, la tăiat şi cărat lemne din pădure. La ora 6 seara, tot lagărul se alinia pe aleea principală, pentru numărătoare. Urma apoi caşa de seară – mei sau ovăz fiert în apă şi, dacă se putea, voie bună.

Pădurea, dimineaţa, se deşteaptă în cântecele păsărilor pădurence, dar seara, odată cu umbrele, se lasă tăceri adânci.

La începutul verii, la ora 11 noaptea – ora stingerii – soarele coboară extrem de puţin sub orizont şi razele lui luminează încă. La un metru sub orizont, călătoreşte numai două ceasuri pentru ca, pe la 1 dimineaţa, el să răsară şi să se plimbe deasupra orizontului, până pe la 9-10 dimineaţa. Abia atunci se decide să se ridice ceva mai sus. Apoi, după amiază, coboară uşor, până aproape de linia orizontului, pentru ca la ora 11 noaptea să treacă sub zare.

Serile sunt frumoase şi liniştite; ziua bate vântul, fără pauză.

Pe la mesele dintre bordeie, pe alei, stau prizonierii la sfat, fumând mahorcă cu pipa. Şi orele se scurg încet, plăcut, pe nesimţite – şi în pacea dulcei înserări, clopotul de la poartă anunţă stingerea: „toată lumea să treacă la culcare", dă glas rusul de la poartă.

Sus, în prepelece, ceasovoii[5] moţăie, cu balalaica la gât.

În sălciile de pe râu – şi de pe la izvoare – încep concertele privighetorilor. Luna mare – ca tot ce-i rusesc, şi bălană – ca fetele nordicilor, pune valuri de ceaţă peste păduri.

Cum să te culci, tocmai când cerul şi pământul încremenesc sub trilurile fermecătoarei zburătoare cu pene cenuşii?

Vede ofiţerul rus de caraulă că ora stingerii nu mai este respectată. Adună starşii de bordeie şi le ţine un monolog despre disciplină şi alte chestii, subliniindu-şi pretenţiile cu murdare ploi de înjurături.

Ordinul rusului, referitor la ora stingerii, neîndeplinit. Sunt prea frumoase serile de vară la Mănăstârca pentru ca să reuşim să intrăm în ordine. Prea puţine lucruri frumoase sunt întâlnite aici, aşa că acceptăm carcera pentru cine va fi prins, dar nu mergem la culcare la ora stingerii.

Până într-o seară, când se sună stingerea şi, conform obişnuinţei, unii se plimbă, alţii fumează şi clopotul de la poartă sună – socotim noi, aşa, ca să-şi facă datoria.

De-odată, ce se aude? Un chiot, un ţipăt disperat de om în grea primejdie. Undeva, pe la bordeiele de la poartă, lumea fuge buluc la culcare. Se aude un strigăt de alarmă: „Păzea, câinele-lup e în lagăr".

Ca la o comandă unică, platoul şi aleile se pustiesc şi uşile la bordeie se închid. Ofiţerul rus trece mândru, cu un câine-lup dresat, care miroase, adulmecă spre bordeie şi se duce mai departe. Linişte, peste tot e linişte. Locotenentul Tihonov ne-a găsit leacul.

---

[5] caraule

A doua zi am aflat că „lupul" se aruncase asupra câtorva „infractori", pe care i-a avut mai la îndemână, i-a trântit la pământ şi ofiţerul rus, fără nici o judecată, i-a băgat la carceră.

Ah, s-a dus poezia dulcelor înserări! De la geam, unul sforăie, altul se vaită; cântecul nopţii, suflul pădurii îşi pierd din intensitate, devin stinse.

Şi iată că în seara următoare, în preajma orei cu pricina şi cu necazul, Nicolae Banu strigă dinspre poartă: „Alio, ruman, păzea că vine rusul cu Arlus-ul". De la bordei, vocile i se alătură şi ca într-un cor uriaş al antichităţii, toate naţiile scandează după români: „Păzea, vine rusul cu Arlus-ul".

La pădure, când câinele se apropie de noi, îi strigăm: „Fii cuminte, Arlus, fii cuminte, Arlus, nu-ţi înfige colţii în pantalonii mei".

Tihonov îşi strigă câinele zâmbind: „Arlus, idi siuda!"[6]

[6] Arlus, vino aici!

Cine a câştigat războiul?

Cât am stat eu la carceră, lagărul fusese vizitat de un sublocotenent de stat de la Interne – Lavrentiev. La mine în vizită nu a fost. Sandu Curent râde extrem de mulţumit şi îmi spune:

- Păcat că nu ai fost cu noi, când a venit „ministrul" lor. Să fi văzut câtă pază, ce stat-major de funcţionari şi la ce distanţă se ţineau. Totuşi, a intrat în bordeie. Şi a stat de vorbă ici-colo, cu câte cineva. Hai să vedem dacă Bădiţa[7] şi-a terminat tăierea la pădure.

Făcuserăm şcoala în acelaşi timp. Ne uneau aceleaşi idealuri. Făcuserăm războiul împreună – de la Ungheni, la Stalingrad... Ne-am regăsit în prizonierat. Am intrat în puşcăriile româneşti. El a murit senin, ca un sfânt. Eu încă plătesc.

Pădurea plesnea de sănătate şi când doboram câte un mesteacăn uriaş, parcă ni se rupea inima. Era la începutul lui august şi frunza prindea să se îngălbenească pe nervuri. Cântec de păsări nu se mai auzea în pădure. Departe, departe, prin luminişuri, se adunau cocorii pe lângă smârcuri. Simţeam în vârf de aripi, uşor, adierile de toamnă.

Bădiţa, cu joagărul făcut colac în stânga şi cu un topor în dreapta, se apropie de trunchiul pe care stau eu. Sandu

---

[7] Costache Bicioga, zis Bădiţa, avocat din Câmpulung Moldovenesc, îşi făcuse şcoala şi baroul la Cernăuţi. Om de munte, curat şi frumos ca un înger. Priceput. Cântăreţ din fluier, cioplitor în lemn de măr. A murit între gratii la Gherla. Liniştit şi împăcat ca un sfânt.

pitește uneltele sub niște crengi de brad; să le avem mâine, aici, la îndemână.

- Mai avem un ceas bun, până la patru. Bine că am terminat. Mâine – zice Bădița – o luăm iar de la început.

Se așază amândoi pe iarbă, cu spatele rezemați de buturuga pe care stau eu.

- Mă, Sandule, scapără și eu ți-oi da mahorcă pentru o țigară.

Bădița fumează cu pipa. Sandu nu poate suferi luleaua. Și unul și celălalt au amnare și fitil (făcut din bumbac); chibrituri nu sunt.

În timp ce-și fumează tainul, îi studiez. Sandu are căciula trasă pe urechi („în pădure-i curent, bre!"), iar Bădița stă cu capul descoperit și cămașa descheiată la piept („cald e, măi fraților; cald, ca vara!"). Sandu parcă ar vrea să spună ceva, dar se oprește, fumează și ascultă; în pădure se aud joagărele ronțăind, topoarele hăcuind și strigătele ceasovoilor, din copaci.

- Ia spune mata, Bădiță, cum a fost cu Lavrentiev – reiau firul începutului de discuție cu Sandu.

- Cu ministru' lor? Păi, Sandu nu ți-a raportat până acum? Mă, Sandule, avem și noi, o mână de călugăr și-l lași în neștiință amară, și-l silești să ajungă pe căi piezișe la cunoaștere! Mă românule, mă Curentule, tu nu știi să te porți între oameni. Apoi, nu spune în legea noastră, să nu-ți lași prietenul la nevoie? Dacă spune așa, de ce-l lași pe cuvioșia sa să se frământe, neajutorat, tot întrebând ce-a fost cu Lavrentiev? Mai ales că tu ai fost de față, în bordeiul 21, la discuția cu ministrul. Hai, și fără ocolișuri, dă-i drumul la raport.

Sandu, cu ultimul fum, scuipă până în vârful unui brăduț.

- Măi Sandule, ai uitat toate regulile din codul manierelor elegante pe care zici că l-ai studiat la Galați.

- Bădiță, mi-i foame și n-am ce face cu atâta scuipat în gură. Mai la toată urma, eu scuip pe Rusia; ai ceva împotrivă?

- Numai să nu rămâi cu obiceiurile; parcă te văd într-o lojă la Naționalul din Iași, scuipând, pe întuneric, până pe scenă.

- Să știi că ai dreptate. Trebuie să exersez încă, cu arta și artiștii de astăzi trebuie să fii bun scuipător. Noroc că-s artilerist și știu ce înseamnă tragere lungă; ai să auzi de mine, Bădiță. Și acum, cuvioase între cuvioși și ieremit între schimnicii pădurilor, care te simți fericit când găsești vreun pădureț din care te-nfrupți și care paști loboda și măcrișul, cum o pasc celelalte dobitoace făcute de bunul Dumnezeu în ziua a cincea, tu anahoret al taigalei, de care fug și se cutremură, clănțănind din măsele, toți diavolii pădurilor și ai smârcurilor, ascultă întâmplarea dintre prea-puternicul domn-tovarăș Lavrentiev moscovitul și părintele Gheorghiu, prenumele lui de botez Teodor, mult pătimitorul.

- Măi, Sandule, n-ai putea vorbi și tu mai clar, ca oamenii? Ce-i cu frazeologia asta umflată? Ia, vorbește așa cum l-ai auzit pe tatăl tău acasă.

- Greu lucru îmi ceri, Bădiță; eu sunt ritor cu înaltă diplomă de la Iași; pe vremuri, avocat, aveam și plete și lavalieră și ghete albe. Fraza, fraza trebuie șlefuită și ditirambul este figură, figură de stil. Dă-mi voie, când mă apucă oratoria, să vorbesc așa, cu gesturi largi și umflate. Pe urmă îmi revin; boala nu ține mult și mă cumințesc. Apoi vorbesc, luminos, ca și tata; acum, acceptă-mă așa cum sunt. Zic, „cuvioase Daniel", că a intrat rusul cel cu funcție înaltă în bordeiul 21, așa cum mai intrase și-n alte bordeie. A întrebat pe unul cum îl cheamă, pe altul câte proprietăți are și așa, din om în om, ajunge la părintele Gheorghiu. Sfinția sa, îmbrăcat ca un neamț, cu barba și părul argintiu și cu blândețe, multă blândețe în priviri. „Ce profesiune ai, bătrânule?", întrebă rusul. „Sunt preot, domnule ministru". Rusul s-a oprit – parcă interesat de ceva, și-a dat un bobârnac în șapca de piele, ridicând-o pe părul cânepiu și descoperind o frunte îngustă, brăzdată de trei riduri adânci. Țâșnește întrebarea: „Tu crezi în Dumnezeu?" „Desigur, cu toată convingerea." „Crezi că există Dumnezeu?" „Fără nici o îndoială." „Bine, să zicem că-i aşa. Oare Dumnezeu, care-i puternic, nu-i ascultă şi-i ajută pe cei ce-L roagă ceva?" „Desigur că Dumnezeu poate şi dacă vrea te ajută, după măsura credinţei tale." „Bine, voi sunteţi partizanii lui Dumnezeu şi în timpul războiului, care acu' s-a încheiat, v-aţi rugat Lui să vă dea victoria vouă şi nemţilor. V-a dat victoria?" „Încă nu ne-a dat-o." „Cum vine asta? Cred că ştii – Lavrentiev se uită spre Comisarul politic – cred că ţi s-a adus la cunoştinţă că la 9 Mai, anul acesta, nemţii au capitulat şi odată cu aceasta, războiul s-a terminat în favoarea noastră; suntem învingători." „Ştiu..." „Vasăzică, ştii. Ei, asta te întreb şi eu; voi v-aţi rugat lui Dumnezeu să vă dea victoria împotriva noastră, care-L negăm. Noi contestăm existenţa lui Dumnezeu, nu ne-am rugat nimănui, ne-am sprijinit numai pe forţele noastre şi iată, v-am învins. Vezi că nu-i Dumnezeu? Şi toată credinţa voastră e un fals? Dacă ar fi existat, logic era să vă ajute şi să ne puneţi la pământ pe noi, care aruncăm cu noroi în toate fantasmagoriile religioase. Foarte curând îi vom face un război şi lui Dumnezeu, chiar în cer la El. Îl vom apuca pe moş de barbă şi-L vom întreba: ce zici moşule, de copiii Tăi? Aşa-i că se suie cu racheta la Tine? Hai, poftim, dă-te jos de pe tron. Punem în locul Tău, aici, pe tron, ştiinţa. Paşol von!"[8]

„După a mea nesocotită părere – reia părintele Todiriţă – războiul încă nu s-a terminat..." „Cum nu s-a terminat? Acum, doar, am vorbit despre asta. De câteva luni flutură steagul nostru pe parlamentul din Berlin." „Aşa este; cred că flutură steagul roşu la Berlin, dar asta nu spune nimic; războiul nu s-a terminat. Victoria e încă departe." „Nu te înţeleg, bătrânule!" „Eu socotesc că va trebui să vă războiţi şi cu americanii. Şi cu ei e grea problema. Abia atunci îşi va arăta El dreptatea. Şi va da victoria

---

[8] Ieşi afară!

celor ce vor crede în El. Eu observ că războiul acesta, care abia s-a terminat, n-a adus pace în lume. Mai observ că popoarele își zâmbesc reciproc, dar se pregătesc pentru al Treilea Război Mondial. Domnule Ministru, să mai așteptăm și să vedem ce se întâmplă și cu acest al treilea război. Eu știu că Dumnezeu, care-i răbdarea personificată, totuși, până la urmă, nu se lasă batjocorit de oameni, ci-și face dreptatea Sa." „Idealist bătrân și smintit... " și rusul dă să mai spună ceva; parcă un nod i se suie în gât și pe buzele ministrului apar picături de sânge. În accesul de tuse care-l cuprinde, repeta pătându-și batista cu sânge T.B.C.-ist. „Du-te-n mă'ta, banditule, du-te-n mă'ta! Las' că-i punem noi la pământ și pe americani... "

*

A plecat ministrul, cu batista la gură și cu umerii strânși, încovoiat de spate. Peste un ceas, a plecat și părintele Todiriță să-și murmure rugăciunea, în carceră la Oranki.

*

Ceasovoii s-au dat jos din copaci, ne numără și, cu câinii dresați după noi, revenim la bordeie. Din funduri de păduri, dinspre apus, se adună nori negri, ca niște balauri uriași. Peste vârfuri de păduri, abia simțit, adie vântul. Furtuna, care-și adună aripile, este departe, foarte departe. Poate la noapte, poate în zori, călătorind spre răsărit, va ajunge și pe la noi, ca să răcorească pământul și să potolească sufletele însetate.

Drepturile noastre sfinte

Ieri a venit un neamţ lung, spălăcit, cânepiu, în bordeiul 6 unde mă găseam, şi întrebă de mine.

- Eu sunt... Ce doriţi?

- Poftim la comisariat, camera trei!

Am înţeles că neamţul e planton pe acolo şi mă ridic să plec. Bădiţa şi cei din jur se uită la mine şi, pe un ton încurajator, mă sfătuiesc: „Îmbracă-te mai gros, s-ar putea să ajungi la carceră."

Desigur, în general, de la comisariat ajungi, pe câteva zile, la carceră.

Am plecat la întâlnire, echipat ca pentru iarnă. Suntem în anul 1945 de la Hristos, în luna iulie şi ora bate patru lovituri, în vreun turn, pe undeva. Aici, la Mănăstârca, nu bate în nici un fel. Avem noi ceasuri, ceasuri de soare, care nu bat în nici un fel, dar sunt mai precise decât cronometrele artileriştilor.

Bat la uşa de lemn – comisariatul este tot într-un bordei – şi peste o clipă aud cuvântul de dezlegare: „Intră". Socotesc că nu va trece mult şi voi auzi comanda răstită: „Ieşi afară".

Intru, dau bună ziua şi, la poftirea comisarului, mă aşez pe un scaun.

Mi-e cald; e vară, cojocul mă frige în spate, şi apoi, ce-o fi vrând Comisarul?

- Fumezi?

- Nu fumez.

În timp ce Comisarul îşi aprinde ţigara, privesc cămăruţa: o masă, două scaune şi un cuier. Pe masă un borcan şi în borcan câteva margarete. Tânărul comisar, sublocotenent N.K.V.D.-ist, deschide un dosar şi notează acolo: cum te cheamă, câţi dinţi ai în gură şi alte referinţe despre însurătoare şi copii.

- Vasăzică, tu eşti?

- Eu sunt şi vă rog să nu aveţi nici o îndoială asupra autenticităţii persoanei mele.

- Vasăzică..., apoi comisarul tace un timp.

După glas, după pronunţie este de undeva din Transnistria. Ştiu că a venit de curând pe aici.

Se uită pe geam şi apoi către mine:

- Mă rog, la război ai fost?

- Fost, cum să nu. Dovada că sunt chiar aici, în prizonierat.

- Da..., şi iar fumează liniştit, fără grabă. Şi pentru ce ai făcut războiul, poţi să-mi spui?

- Desigur, vă pot spune: am făcut războiul din dorinţa de a readuce provinciile Basarabia şi Bucovina la unitatea românească; în al doilea rând, am fost împotriva...

- Nu mă interesează cel de-al doilea şi cel de-al treilea motiv, mă întrerupe puţin iritat comisarul. Este suficient pentru mine primul motiv. Vasăzică te-ai războit cu noi pentru Basarabia şi pentru Bucovina. Şi, după cum vezi, n-ai reuşit.

- Desigur, în istorie se întâmplă şi înfrângeri. Noi, în decursul zbuciumatei noastre istorii naţionale, ne-am apărat pământul şi hotarul sângerând şi n-am atacat niciodată pentru poftă de câştig străin.

- Aşa... Dar nu voi şi cu nemţii aţi atacat Uniunea Sovietică, în războiul pe care l-aţi pierdut?

- Mai întâi, eu nu am nici o obligaţie să apăr sau să explic cauzele care i-au decis pe nemţi să se bată cu ruşii. Eu mă rezum numai la cauzele care explică acţiunea românească. Eram gata să vă arăt toate aceste motive, însă dumneavoastră m-aţi întrerupt, afirmând că este suficient primul pentru chestionarea mea. Istoria de care ne ocupăm noi nu este chiar atât de veche, ca să nu ne-o amintim amândoi.

- Tu cunoşti istoria?

- Destul de bine, pe cea din trecut, iar pe cea din prezent o scriem acum. Îmi daţi voie să revin?

Comisarul fumează, se uită pe geam şi revine la mine.

- Ei, să te aud.

- La 28 iunie 1940, Rusia, cu o notă ultimativă, ne-a răpit Basarabia şi nordul Bucovinei. Noi eram slabi şi părăsiţi la ora aceea şi pretenţia rusească s-a împlinit. Ne-aţi batjocorit armata şi ne-aţi răşluit hotarul. Apoi le-aţi dat bulgarilor jumătate din Dobrogea şi când ungurii au intrat în Ardeal, cu un milion de ostaşi pe care-i aveaţi pe Prut, aţi fost gata să vă prăvăliţi peste Ţară. A strigat cineva de la Berlin, ceva mai răstit. Rusia s-a speriat şi s-a oprit. Nu era la ora aceea încă pregătită de război. Astfel, pe slăbiciunea noastră de popor mic şi neajutorat, Marea Uniune Sovietică ne-a prădat ţara.

- Îmi pare că te pronunţi cam tare. Şi apoi dacă voi aţi făcut războiul pentru Basarabia şi Bucovina, de ce nu v-aţi oprit pe Nistru?

Într-adevăr – mă gândesc – de ce nu ne-am oprit pe Nistru?

- Parcă ruşii ar fi rămas pasivi şi mulţumiţi pe celălalt mal al Nistrului...?

- Şi apoi – mă întrerupe repede comisarul – Basarabia este o provincie rusească, pe care românii imperialişti ne-au smuls-o în 1918, când tânăra Republică Sovietică nu se putea apăra. Aţi ţinut Basarabia 25 de ani şi ca recompensă – e just, nu? – v-am luat nordul Bucovinei, o trecere directă în Cehoslovacia.

- Da, răspund eu, dar Basarabia şi Bucovina sunt provincii româneşti şi, ca atare, ele n-au ce căuta în Rusia. Până în preajma anului 1800 noi cu ruşii n-am avut nici un fel de relaţii, nici hotar comun, şi cum Rusia s-a apropiat de hotarele româneşti, în 1812, ne-a şi răşluit jumătate din Moldova.

- Pardon, noi am luat Basarabia de la turci! Basarabia, la 1812, era provincie turcească.

- La anul 1812, nici nu exista o Basarabie, ci doar o ţară a Moldovei, care se întindea de la Carpaţi până la Nistru – şi-n sud se sprijinea pe Marea Neagră şi pe Dunăre. Această ţară a Moldovei, cu capitala la Iaşi, se găsea sub suzeranitate turcească. Atât. Moldova era ţară românească ataşată politic Turciei, însă se găsea în afara imperiului turcesc care-şi avea hotarul pe Dunăre şi pe Nistru. Prin urmare, Rusia, la 1812, ne-a răpit nouă, românilor, jumătate din ţara Moldovei şi nici măcar un metru de pământ turcesc.

- Eu ştiu precis – relevă comisarul – că în 1812 nu exista România – şi, ca atare, noi cu românii nu avem nici un diferend teritorial. Basarabia o avem de la turci, iar Bucovina ne-am luat-o drept dobândă; în plus de aceasta, în Bucovina şi Basarabia nici nu sunt români.

- Dar ce sunt?

- După cum vezi, chiar din titulatura republicii, acolo sunt numai moldoveni.

- Eu sunt extrem de mulţumit de afirmaţia dumneavoastră. De altfel, chiar aşa şi trebuie să fie; dacă acolo nu ar fi majoritatea moldoveni, nu i s-ar spune Republica moldovenească, ci lipovenească, evreiască sau turcească. Chiar am stat adineaori în cumpănă şi m-am mirat că stăpânitorii de la Moscova, care spun că la 1812 Basarabia a fost luată de la turci – m-am mirat, zic, că pe această republică de la margine nu au numit-o republică turcească. Parcă aşa ar fi logic, după istoria voastră. Dar, dacă i se spune moldovenească, atunci înseamnă că totuşi, pe undeva, va fi stând vreo însemnare despre faptul că această bucată de pământ a ţinut, până la acel an, de Moldova. Şi apoi, poate că locuitorii, întrebaţi ce neam de oameni sunt, vor fi răspuns că-s moldoveni. Vedeţi, lucrurile iau cu totul altă înfăţişare. Eu am citit zilele acestea o geografie a Uniunii Sovietice pentru clasa a X-a. Şi acolo sunt trei pagini care se raportează la această republică. De două ori, pe aceste trei pagini, se spune elevului să memoreze că în această republică sunt 76% moldoveni, restul găgăuzi, evrei şi lipoveni. Şi acum vin la subiect. România de astăzi este rezultatul actului de unire dintre Muntenia şi Moldova din anul 1859, la care, în 1918, se adaugă Transilvania, Basarabia şi Bucovina.

- Nu mă interesează istoria voastră. De altfel ce însemnaţi voi, în istoria lumii? Nimic şi iar nimic.

- Şi totuşi, vă împiedicaţi de noi şi vă stăm ca un junghi în coastă. Hei, cu ce plăcere v-aţi întinde până la Adriatica şi Constantinopol!

- Nu ne este suficient atât. Astăzi nu mai suntem pe timpul ţarilor. Obiectivul nostru s-a mărit. Globul, globul pământesc, ăsta ni-i hotarul!

- Încercaţi şi cuceriţi globul. Dacă veţi reuşi, înseamnă că acest glob numai astfel de stăpâni merită să aibă.

- Revoluţia merge înainte cu paşi gigantici şi nu-i departe ziua în care steagul proletar va fâlfâi la Paris, la Londra şi la New York. Şi atunci, va începe o eră nouă în istoria lumii, o eră în care proletariatul îşi va impune dictatura sa. Vezi cât de mici, cât de neînsemnate sunt problemele litigioase dintre noi şi voi?

- Totuşi, deoarece eu înţeleg că aceste probleme mici nu sunt pe dimensiunile mari, ruseşti, daţi-ne înapoi Basarabia şi Bucovina şi hai să fim prieteni. Mai ales că dumneavoastră vizaţi nişte timpuri nu prea îndepărtate, când graniţele vor dispărea şi toţi vom fi una cu pământul. Nu suntem atât de pretenţioşi încât să vă cerem ca, până la triumful universal al revoluţiei, să ne daţi vreo provincie ca despăgubire pentru exploatarea Basarabiei de la 1812 până la 1918. Noi ne mulţumim cu hotarele noastre şi când va fi să fie steagul roşu şi la Washington, atunci, n-avem ce face, venim cu toate pământurile noastre şi cu toate bogăţiile în această horă universală. În felul acesta, noi vom înţelege – şi toată lumea va fi de acord – că Uniunea Sovietică nu-i imperialistă, ci înţelegătoare şi corectă; dă înapoi Karelia Finlandei, eliberează Ţările Baltice şi Prusia Orientală, pleacă din Polonia şi se opreşte pe Nistru, peste drum de România. Ei, atunci aţi câştiga simpatia întregului glob pământesc. Şi victoria de mâine ar fi incontestabil mai mare decât câştigul de astăzi. Dar asta n-o s-o faceţi niciodată. Cine cunoaşte ce vreţi şi vă ştie şi armele de care uzaţi, e lămurit; unde aţi pus piciorul, nu mai daţi înapoi, decât dacă se găseşte cineva care să vă dea peste cap.

- Aproape că n-ai înţeles, zâmbeşte satisfăcut comisarul. Dar nu acesta-i obiectul conversaţiei noastre. Problemele pe care le-ai ridicat ţin de creierul genialului dascăl şi învăţător al popoarelor, Iosif Visarionovici Stalin. Avem de discutat, după cum vezi, probleme ceva mai pe înţelesul nostru; despre moldoveni şi despre români. Noi, iată, susţinem sus şi tare că moldovenii sunt un neam şi românii, alt neam.

- E prima dată când aud o astfel de părere, îndrăznesc să vă întreb, pe ce vă întemeiaţi în susţinerea celor de mai sus?

- Pe părerile savanţilor etnologi sovietici.

- Înţeleg. Şi ce spun savanţii sovietici?

- Marii noştri cercetători sovietici – cei mai mari savanţi din lume – spun că moldovenii sunt alt neam decât românii. Argumentele nu mi le amintesc, mai ales că nici nu sunt lucruri de competenţa mea. Numai că, dacă aceşti savanţi afirmă aşa, apoi aşa trebuie să şi fie. La noi, când un savant se pronunţă într-o chestiune înseamnă că a studiat problema până în miezul ei şi orice greşeală este exclusă. Nu sunt pe lume savanţi de talia celor din Uniunea Sovietică.

- Nu-mi vine să cred cele ce afirmaţi dumneavoastră. Regret că nu pot lua cunoştinţă de părerile etnologilor sovietici, dar ceea ce eu ştiu din istoria noastră şi din cercetarea acestei provincii la faţa locului, văzând sate şi oameni, auzindu-le graiul şi ştiindu-le obiceiurile, cântecele şi jocurile, eu personal, alături de toţi românii, credem că moldovenii sunt totuna cu românii şi că nu sunt altceva decât o ramură românească, care a trăit 100 de ani sub stăpânire rusească şi au rămas cu numele de moldoveni, căci s-au ştiut rupţi din trupul Moldovei, după cum ardelenii, care au trăit 1000 de ani sub unguri, se numesc transilvăneni sau ardeleni, dar de fapt sunt români. Dacă după provincie ne numim ardeleni, bucovineni, olteni, munteni, moldoveni şi dobrogeni, apoi toţi aceştia, având sânge comun, aceeaşi limbă şi aceleaşi tradiţii, la un loc formăm neamul românesc, unul şi acelaşi de la Nistru şi până la Tisa.

- De-ajuns, banditule! Iată, voi sunteţi aceia care înrăutăţiţi bunele raporturi dintre popoare, în timp ce noi, Uniunea Sovietică, cu gânduri frăţeşti, vrem să vă ajutăm pe voi – ţările astea mici – care până ieri aţi fost exploataţi de capitalişti, voi, zic, vă agitaţi şi tulburaţi bunele raporturi şi dragostea noastră înţelegătoare. Noi vrem să vă ajutăm, dintr-un nobil sentiment umanitar. Nu vrem nimic de la voi pentru concursul nostru politic şi social. Voi n-aveţi nimic. Sunteţi 20 de milioane de flămânzi cărora în fiecare zi ar trebui să vă dăm – de la noi – douăzeci de milioane de pâini. Ăsta ar fi beneficiul nostru, dacă voi aţi cădea de acord ca partidul din România să ceară intrarea Republicii româneşti în Uniunea Sovietică. Bineînţeles că abia atunci aţi simţi pe pielea voastră toată fericirea de a trăi liberi şi sub un regim larg democrat.

- Şi pentru acest motiv aţi început – în etape – să ne fericiţi: întâi Basarabia şi Bucovina şi, în ordine naturală, vine restul? Pentru că proclamaţi oriunde largul dumneavoastră umanitarism, revin; n-ar fi mai bine să ne întoarceţi pământurile luate şi să fixaţi armata pe Nistru? Ziceţi că la noi e sărăcie. Las' ca să fie aşa, cum se ştie aici. Atunci, ce căutaţi în sărăcia noastră, Dumneavoastră, care sunteţi bogaţi? Nu cumva vă atrage petrolul nostru care-i în centrul Europei, pădurile noastre de brad, care sunt la un pas de Orientul Apropiat, sarea din munţii noştri şi pâinea din bazinul dunărean? Nu cumva, intrând în Basarabia, aţi tresărit de bucurie că sunteţi stăpâni pe gurile Dunării? În România, până la această oră, n-a murit nimeni de foame. Dimpotrivă, avem prisos, pe care îl trimitem peste hotare. Iar despre Basarabia şi Bucovina, ca să revenim la ele...

- Inutil să mai discutăm, deoarece ele nu sunt pământuri româneşti şi vor rămâne pe totdeauna la noi.

- Dar noi avem în aceste provincii cinci milioane de români!

- Da, sunt cinci milioane de moldoveni, cum sunt şi eu. Care moldoveni, domnule?, nu înţelegi că pe voi, românii, nu vă vor?

- Vasăzică vă primesc pe dumneavoastră, ca să-i fericiţi. Fiţi bun şi mă lămuriţi, şi cu asta mă declar mulţumit. I-aţi întrebat vreodată – pe basarabeni şi bucovineni, printr-un plebiscit asistat de alţii – dacă ei vă vor pe dumneavoastră sau revin la fraţii lor români?

- Astea-s forme goale şi lucruri prea mărunte pentru cartea pe care o joacă acum Uniunea Sovietică. Noi suntem cea mai mare putere din lume şi înţelegem să nu ne oprim la lucruri neînsemnate în drumul nostru victorios. De altfel, sunteţi o ţară învinsă. Şi cu cei învinşi, facem ce credem noi că-i necesar.

- Am înţeles perfect punctul dumneavoastră de vedere.

- Şi eu sunt lămurit cu gândurile tale. Norocul ţării voastre este că cei mai buni fii ai clasei muncitoare ne iubesc şi se adună ca puii sub cloşcă, aici, la Moscova. Cu dânşii ne înţelegem noi. Lor le dăm tot sprijinul şi toată protecţia noastră. Iar pentru aceia ce gândesc ca tine, avem noi ac de cojocul lor, îi jupuim. Deocamdată, mi se pare mie, te-ai cam înfierbântat. Pentru binele tău, treci pe cinci zile la răcoare. Acolo mai gândeşte-te încotro merge lumea. Şi vino cu noi, dacă vrei să-ţi fie bine. Constat că pe voi vă pierde absurdul idealism. Hai, vino pe pământ, vino şi te fac bucătar.

- Mulţumesc pentru dragostea şi interesul ce-l purtaţi neînsemnatei mele persoane; am toată stima pentru bucătărie, dar nu sunt bun bucătar, nici brutar şi nici altele. Sunt foarte bun în ham. M-am specializat chiar ca rotaş. Când va fi să mă întorc în ţară, hei, îmi voi pune noua meserie în practică. Asta, ca să vă dovedesc că mi-am însuşit regulile de viaţă din cea mai progresistă ţară din lume; voi trage în ham, din milă şi consideraţie faţă de cal. De vreme ce-i mănânc ovăzul, se cuvine să-i preiau şi obligaţiile...

- Bine, pentru această logică europeană, vei mai sta la carceră încă zece zile... Ieşi afară, măgarule!

*

Într-o seară, Hărmălaie mi-a dat drumul de la carceră. Băditţa mă aştepta în colţul bordeiului 15 şi primul lui cuvânt a fost: „Mă, cojocul, chiar dacă-i lung până în pământ, şi în iulie este bun. Ce vrei să faci?"

În haine, în cojoc şi în nări stăruia miros acru de hârdău stătut.

- Să mă spăl, Băditţă, hainele put pe mine.

- Drept, mă, de altfel, cu atâtea închisori, lagăre, carcere, toată Uniunea Sovietică pute ca un closet public.

Culesul cartofilor

Oamenii aşteptau cu multă nerăbdare culesul cartofilor. Asta era o sărbătoare a întregii regiuni.

Mi-aduc aminte de culesul viilor toamna pe la noi; voie bună şi muzică. O lună de zile tot omul era frate cu vecinul.

Şi iată acum, când, la începutul lunii septembrie 1944, ajung, venind din Siberia, la Mănăstârca, găsesc o veselie generală între prizonieri.

- Ce-i, măi creştinilor?

- Bucuria toamnei; de mâine începe culesul cartofilor. Mergem aici, aproape, la colhozul de la Şoniha.

A doua zi de dimineaţă, încadraţi de ceasovoi, trecem peste un pârâu ce-şi mâna apele spre Volga. Suntem la 60 de km distanţă de Nijni-Novgorod. În poiană, o uliţă cu vreo sută de case de lemn, toate într-o rână, parcă cerşind ajutor. La marginea satului, grajd povârnit şi o remiză peste maşini cu acoperişul spart, în mijloc, o tablă roşie pe care scrie: „Întreceri socialiste; brigăzi fruntaşe". Dar nici un nume nu stă scris pe tablă. Oamenii din Şoniha sunt prea săraci ca să le mai ardă de glume.

La partea de răsărit a satului începe grădina de zarzavat şi, ca atare, acolo vom lucra, în jur, toată taigaua. Apoi câteva pluguri, trase de nişte mârţoage de cai, care vor scoate cartofii; colhoznicii le vor aduna. Nouă ni se dau cazmale. Pe echipe de trei oameni ni se repartizează terenul. Alături de noi, pe altă parcelă, vor lucra sute de fete tinere, femei şi babe. Câţiva moşnegi mână caii. Bărbaţii sunt departe, la război.

Adunăm prima grămadă de cartofi. Dinspre sat se aude „imnul cartofilor", cântat de şcoala primară. Şcolarii şi învăţătoarele se opresc la teren şi după încă un imn al recoltei, o învăţătoare se suie pe o grămadă de cartofi şi ţine un discurs patetic despre importanţa cartofului pentru stat şi datoria de a-i scoate din pământ.

Preşedintele colhozului îi îndeamnă pe colhoznici să lucreze bine şi să dea randament mare. Apoi câteva recitări – cu ceva zarzavaturi şi mitingul fulger se încheie cu „Moscova mea, ţara mea", cântată de şcolari.

Soarele, foarte înţelegător, ne încălzeşte şi trebuie să recunosc că mă simt bine. Vedem că se aprind pe tarla focuşoare – vreascuri berechet – şi ici-colo, se fierbeau în gamele sau se coceau cartofi. După vreo două ore de lucru, toţi eram cu cartofi copţi în buzunare. Colhoznicii se uitau cu jind la noi; copiii de şcoală se furişau până la focuşoarele noastre şi cu ochii măriţi de foame şi de poftă, ne rugau: „Dă-mi şi mie, nene!" Şi iată că împărţeam prada, pe din două, cu aceşti copii flămânzi. Colhoznicii au încercat să coacă şi ei cartofi, dar „prezidatele" şi brigadierii, înjurându-i, le împrăştie focurile; nu era voie să risipească bunul comun. Apoi preşedintele colectivului se aşeza pe o buturugă, scotea din geanta de muşama, care-i atârna de la şold până la călcâie, o bucată de pâine albă, proaspătă, întindea frumos unt pe ea şi mânca încet, tacticos; toate gurile colhoznicilor se umpleau de apă. Ei nu aveau pâine, deloc, cât despre unt, nici vorbă, iar zahărul nu-l văzuseră de cinci ani.

În zilele următoare ne-am organizat. Fiecare companie (erau două) a venit cu un cazan potrivit şi cu sare. Înainte de a începe lucrul adunam în pripă găteje şi lemne, spălam două-trei sute de kilograme de cartofi şi lăsam doi oameni să-i fiarbă şi să-i coacă. Când totul era gata, fluierau. Ne adunam în jurul cazanului şi ne primeam porţia; ce nu puteam mânca, duceam în lagăr pentru prieteni.

Praznicul acesta avea loc în fiecare zi; mergeam să culegem cartofi, prin rotaţie. Ca atare, trebuia să ne facem rezerve pentru zilele de aspră postire.

Apoi noi am început a fierbe şi a coace tot mai mulţi cartofi; la ora mesei veneau toţi copiii cu mâinile întinse şi plecau cu braţele pline; pe tarlaua vecină îi aşteptau mamele, surorile şi bunicii, care ne strigau: „Mulţumim, mulţumim, Dumnezeu să vă binecuvânteze, căci dacă n-aţi fi voi, noi am muri de foame lângă cartofi". Preşedintele ne înjura pe toţi, în bloc.

După vreo săptămână, o babă s-a apropiat de mine cu teamă mare şi mi s-a adresat:

- Plecăciune, părinte! Mă iertaţi că vin la dumneavoastră, dar avem noi, colhoznicii, o mare rugăminte şi ne-am gândit să v-o facem sfinţiei voastre.

- Spune, mătuşă, care vi-i necazul? Bătrâna îmi spune, tainic:

- Vă rugăm pe dumneavoastră, prizonierii, să nu scoateţi toţi cartofii din pământ.

M-am uitat la dânsa întrebător. Ea a continuat.

- Cartofii ce rămân în pământ îi vom scoate la primăvară şi ne-om ţine zilele. Tare ni-i greu, ascultaţi-ne.

I-am umplut mătuşii broboada cu cartofi copţi.

*

A trecut iarna, s-au topit zăpezile şi, după ce s-a zbicit pământul, pe tarlaua unde au fost cartofi în toamnă, pământul a fost răscolit, cu cazmale, de colhoznici şi, în felul acesta, flămânzii au avut cartofi pentru un timp.

*

Trecuse o săptămână şi timpul se menţinea frumos. La cules, totul mergea bine. Dar cât avea să mai ţină acest bine? La plecare, fiecare îşi umfla cu cartofi buzunarele, gluga de la manta, pantalonii, legaţi jos cu sfoară. Ne opream la poartă şi, număraţi, garda ne preda apoi ofiţerului de serviciu, înăuntru ne depuneam prada în raniţe, sub căpătâie, fiecare unde credea.

Într-o seară, la poartă, apar ofiţerul de serviciu, preşedintele colhozului şi alţi civili. Suntem număraţi ca de obicei, dar poarta nu se deschide. De la coada coloanei începe percheziția. Şi ce să vezi atunci? Într-o clipă s-au umplut şanţurile cu cartofi. Prima grupă din coadă a căzut victimă; la carceră cu ea.

Preşedintele şi civilii adună cartofii, luptându-se cu ceasovoii din garda noastră – care-şi umpluseră buzunarele şi sacii de merinde. Coc şi ei cartofi, în bordeiele lor.

A doua zi nu mai intrară cartofi în lagăr, în zilele următoare însă, cu riscul de a intra în carceră, reluarăm atacul.

Uneori reuşeam să-i trecem de poartă, altă dată îi aruncam, ca la comandă, în fața pericolului.

Fapt este că, în ziua în care culesul cartofilor s-a terminat, noi aveam sub căpătâi cartofi, să ne ajungă până la Crăciun.

Garda de la poartă, la fel, se aprovizionase frumos, furându-ne pe noi, prin percheziție. Şi aşa, lucrurile s-au aranjat, încât toată lumea a fost mulţumită.

*

Coceam cartofii seara, după ce ne întorceam de la pădure. Venise iarna şi pădurile oftau de vânt şi de zăpadă. Noi ne uitam în sus şi constatam, cu adâncă tristeţe, că cerul e prea sus pentru ca Dumnezeu să ne poată auzi.

Coceam cartofi şi ne hărţuiam la gura celor două sobe din bordei. Eram prea mulţi şi cartofii se amestecau în spuză; era necesară o întreagă contabilitate pentru păstrat ordinea aici. Cartofii îi mâncăm aşa, pe jumătate cruzi, pe jumătate copţi. Nu vedeam o altă ieşire.

Dar Niţă Hilchi avea o altă părere. Născocitor, de la natură, făcuse aici multe năzdrăvănii, din te miri ce. Printre altele, două ceasuri numai din lemn şi tinichele, care mergeau ca nişte cronometre. Ruşii de la poartă îşi controlau ceasurile după orologiile lui Niţă. Tot felul de opaiţe, pomenite în preistoria dacilor, le-a reactualizat Niţă pentru nevoi locale. Aşa că, tot el trebuia să găsească o soluţie pentru coacerea cartofilor.

Într-o sâmbătă, după-masă, în bordeiul 14, într-un grup restrâns, Niţă declară: „Am găsit soluţia. Haideţi după mine". Şi-am pornit după el. Afară, în unghiul de către apus al lagărului, erau vreo trei bordeie, încercuite cu sârmă ghimpată. Când venea un nou lot, acolo îşi făcea carantina.

Ajungem la acest gard, ne ferim de privirile rusului din prepeleac, şi-l auzim pe Niţă: „Rupeţi câte un metru de sârmă şi apoi, pe căi răzleţe, întindeţi-o la bordeie".

Adunaţi la gura sobei, executăm poruncile lui Niţă: „Aşa, scoateţi ghimpii. Bine. Întindeţi sârma. Ştergeţi-o bine cu o cârpă. Întocmai! Acum faceţi un cerc". Îl vedem pe Niţă că trece sârma printr-un cartof, apoi prin al doilea şi până la urmă se înşiră vreo 30 de cartofi, bine spălaţi. Noi facem la fel.

- Ascultaţi, zice Niţă, ăsta-i un colier pentru balul de la Opera mare, aţi înţeles?

- Am înţeles, răspundem noi atenţi.

- Şi ce facem cu el? întrebă Sandu Muscă, intrigat.

- Ce facem cu el? Îl punem la gât şi ieşim la plimbare pe aleea principală; lămurit?

- Nu! răspundem noi în cor.

- Bine, haideţi după mine; luaţi două bucăţi de fier mai lungi şi să ieşim. Afară bate crivăţul şi din pădure vine întunericul. Niţă ia o bucată de fier şi un colier. Noi, tăcuţi şi zgribuliţi, îi urmărim fiecare mişcare. Niţă se urcă cu greutate pe bordei, se opreşte lângă coş, aşază bucata de fier pe coş şi apoi înşiră pe această bară, atârnând înăuntru, colier după colier. Trece la al doilea coş şi figura se repetă.

- Haidem în bordei, vom vedea noi ce-am putut realiza cu asta!

Peste o jumătate de oră, Niţă ne face semn din sprânceană, invitându-ne să mergem să vedem ce-i cu cartofii.

Fierul frige la mână, colierele frig, crivăţul îţi taie respiraţia.

- Intraţi în bordei, zice Niţă: luaţi o cârpă curată şi frecaţi fiecare cartof, până se duce coaja arsă. Apoi, poftă bună.

Ce bucurie pe noi! Ce plăcere rară! Cartofii abureau şi răspândeau în boxe un miros plăcut de brutărie braşoveană. Bine copţi, rumeni, delicioşi. Ne lipsea untul.

- Trăiască Niţă, ura, ura!...

Niţă, mulţumit, ronţăie zâmbind un cartof rotund şi neted, ca o piatră de râu.

Toate conflictele de la gura sobelor au încetat. Patentul lui Niţă a fost furat de toate bordeiele şi de toate naţiile. Noi i-am răsplătit patentul cu un cartof. Neamurile, când îl vedeau, zâmbeau satisfăcuţi: „Brava, Niţă, Brava, Niţă!" Şi toţi eram mulţumiţi; foc pentru copt cartofii era suficient.

Până într-o zi. După ce am venit de la pădure şi repetam povestea cu colierele de cartofi, poarta lagărului s-a deschis larg şi înăuntru a intrat un pluton de ostaşi; s-au împărţit câte doi, pe la fiecare bordei, s-au suit pe bordei şi vai, neruşinaţii, ne-au descoperit invenţia! Toate colierele au căzut pradă nesătuilor ceasovoi. Ostaşii ruşi, cu ochii oblici, râdeau cu gurile până la urechi şi treceau dincolo de poartă, la braţ cu colierele noastre.

- Ce facem, Niţă?

- Ştiu eu, măi băieţi? Să vedem ce se întâmplă mâine, poimâine.

A doua zi, nu, dar a treia zi ruşii ne-au furat iarăşi cartofii. Din nou înghesuială şi scandal la gura sobei; iar cartofii, copţi pe o parte şi cruzi la mijloc.

- Ce facem, Niţă?

- Să vedem, să mai chibzuim! Cea mai mare ciudă a noastră era pe un sergent bătrân care făcea pe ofiţerul de serviciu la poartă. Făcea totdeauna scandal, pentru orice nimic. Vorbea, vorbea mult, ţipa şi înjura. Se numea Ermolaiev, dar pentru gălăgioasa lui atitudine, noi l-am botezat Hărmălaie. Aşa i-a rămas numele pentru toate naţiile de la Mănăstârca.

Observasem noi că, atunci când era Hărmălaie de serviciu, ni se dădea atacul la coliere. Mai rar se întâmpla acest lucru la ceilalţi ofiţeri de serviciu.

- Se vede că lui Hărmălaie îi plac cartofii copţi. Ei, lasă că-l săturăm noi de cartofi, încheie Niţă.

Gândeam noi că nu-i dreptate pe lume! Dacă ruşilor le plac cartofii, n-au decât să fure de la colhoz şi să-i coacă în bordeiele lor. Aşa, se reped ca hultanii şi ne jecmănesc pe noi care, cu atâtea greutăţi, reuşeam să-i strecurăm în lagăr; nu-i dreptate şi cinste pe lume, nu-i!

Era o după-masă de iarnă, cu cer străveziu, în aer jucau stele aurii, stele verzi. Mercurul coborâse jos, jos de tot. Arăta -47°. Era „răcoare". Niţă, pe patul de la uşă, pregăteşte un colier, două. În loc de cartofi, agaţă cu sârmă două bucăţi de tablă pe care scria ceva, cu litere mari. La alte bordeie, după comanda şoptită a lui Niţă, câţiva procedează la fel, cu priviri piezişe spre poartă. Ferindu-ne oarecum de ochiul viclean al lui Hărmălaie, aşezăm coliere la toate coşurile. De vreo trei zile nu mai puseserăm la coşuri nici un colier. Simţeam că, în dosul porţii, inima lui Hărmălaie se încălzise de bucurie. Pândeam din bordeie, să vedem ce va fi.

Şi a fost că, la ceasul cuvenit, ca şi altădată, Hărmălaie cu soldaţii au năvălit în lagăr. Cu mâini rapace apucă colierele. Hărmălaie aşteaptă lângă poartă, cu mâinile adânc băgate în fundul buzunarelor. Soldaţii scot sârmele înroşite, se frig, privesc tăbliţele cu scrisul pe ele, înjură mânioşi şi le aruncă. Un soldat aduce un colier lui Hărmălaie.

- Ce-i asta? Unde-s cartofii? întreabă ţepos Hărmălaie.

- Citeşte ce scrie aici, tovarăşe sergent, şi degetul uzbecului arătă tăbliţa.

- Ce, ce? Eu să mănânc HUIA? Ha? Ce? Mama voastră de ofiţeri romani; lasă că vă arăt eu vouă!

Hărmălaie, cu întreaga trupă, s-a retras ruşinat dincolo de porţi. Colierele stăteau risipite pe alee, printre bordeie. Pe tăbliţe, scris cu litere mari, se putea citi: „pajalusti HUIA".

De atunci, am putut să ne coacem cartofii, nestingheriţi de nimeni. Hărmălaie s-a dat învins.

Caravanele cu fildeş

Şi a început o vifornită, ca nicăieri pe fața pământului. Taigaua se frământa şi fluiera şerpeşte, prin mii şi mii de vârfuri de copaci. Zgomotul era mai puternic decât furioasele valuri, care bat rupând din țărmurile argintii.

Crivățul bătea cu biciul mâniei lui Dumnezeu, de-ți lua şi răsuflarea. Pe la coturi, se întindeau dune uriaşe de zăpadă, pe care năprasnicul vânt le aduna, le fixa cu o presiune de nu ştiu câte sute de metri pe minut, formând la suprafața lor o scoarță tare, zgrunțuroasă, peste care se putea trece fără ca piciorul să se înfunde. Iar lagărul Mănăstârca se tupila la pământ, de frica vijeliei. Printre bordeie, nămeții erau de doi metri înălțime. Luptând din greu, cu lopeți şi cocioarve mari, se putea face o pârtie până la poartă şi până la bucătărie.

Iar noi înfruntam vijelia stihiilor dezlănțuite. Cu crivățul în coastă, înaintam spre pădure (trebuiau lemne pentru lagăr, pentru Gorki). Cu căciulile legate sub bărbie, cu şervet legat peste față şi doar cu ochii liberi, care lăcrimau fără pauză, cu haine vătuite, numai zdrențe pe noi şi, în picioare, cu bocanci de pânză.

Înaintam unul după altul, călcând pe aceleaşi urme. Prin poiană numai dune de zăpadă. Abia scoteai piciorul şi vântul cu zăpada acopereau urma imediat.

Când am intrat în pădure, s-a făcut o linişte de mormânt; sub bolta brădetului, vânt nu bătea şi era o pace, ca-ntr-o catedrală. Deasupra, cer vânăt; sub el, se frământau vârfurile copacilor, dar jos, jos, la rădăcina plopilor şi pe crengile brazilor, zăpada se aşeza liniştită.

Înaintăm în şir. Trecem prin poieni cu vârtejuri, intrăm iarăşi în cetatea lui Strâmbă-Lemne. În adâncul pădurii nu sunt urme de animale, nici de păsări. Pădurea este lipsită de viaţă. Ierni fără sfârşit, zăpezi înalte; cum să trăiască vieţuitoarele? Pe unde mai sunt, s-au strâns şi ele pe margini de ape, lângă sate.

Ne întoarcem, cu câini şi ceasovoi, fiecare cu o loasbă de mesteacăn de 2 metri pe umăr. În şiruri, precum duc caravanele deşerturilor fildeşul.

Albul zăpezii, argintiul mestecenilor şi al plopilor, ţinuturile reci reeditează mersul caravanelor peste deşerturi, peste dune. Crivăţul se repede hoţeşte în noi şi ne ia povara de pe umeri, trântindu-ne în zăpadă. Ce chin ca să te ridici cu mâinile ude – cu ciorapi pe mâini în loc de mănuşi – cu vifornița care-ţi astupă gura. Inima bate până la spasm şi se întreabă până când? Când ridici ochii lăcrimaţi în sus, norii sunt prea jos şi Dumnezeu, Care rămâne dincolo de ei, nu te aude.

Unul după altul, pe aceeaşi urmă de picior, o mie, două, trei mii de oameni...

Şi crivăţul chiuie nebun!

„Caravanele" intră în păduri la ceasul dimineţii şi bat la porţi când umbrele înserării ne mână către adăpost. Purtăm pădurile de argint în spate aşa cum caravanele poartă fildeşul.

*

Toată iarna aceea am cărat cu spatele, blestemând zăpezi şi oameni. Apoi au venit alte ierni şi la greutatea zilelor s-au adăugat alte greutăţi.

Purtat printre lagăre, m-am întors la Mănăstârca, pe la începutul lui ianuarie 1946. Oamenii erau aceiaşi, parcă mai puţini, mai slabi, mai vineţi. Pădurea stătea pe loc, dreaptă şi puternică, bătându-şi joc de vânturi şi furtuni.

Noi am fost puşi la sănii. Patru înainte, la oişte şi alţi patru la ţepuşe; o sută, două sute de sănii – poate mai multe, şi-n jur escortau şi câinii-lupi. Legaţi cu odgoane încrucişate pe piept, trăgeam sania după noi încărcată până sus, un kilometru, zece, douăzeci de kilometri. Şi asta în fiecare zi, fără repaus. Când urcam panta, curgeau pe frunţile noastre sudori, care îngheţau îndată, şi simţeam apa curgând pe şira spinării. Când ieşeam la loc aşezat, îngheţau hainele pe noi şi tălpile săniilor. Iar la vale, sania se pornea în coborâş iute; te smulgea, repezit, din hamuri; trebuia să alergi ca vântul, cu ochiul mereu înapoi. Câte accidente, picioare rupte, coaste rupte!

Şi parchetele tăiate erau tot mai departe, prin locuri pe unde n-a intrat joagăr de la facerea lumii.

Asta, în fiecare zi de iarnă; un an, doi, trei, patru...

*

Şi într-o dimineaţă, pe la sfârşitul lui aprilie, ne-am trezit cu ceţuri dese peste păduri, încât nu se mai vedeau, şi peste lagăr, unde nu se mai zăreau bordeiele.

O ceaţă deasă şi caldă care te îneca. Ceţurile curgeau uşor, dinspre nord-vest şi se duceau la vale; pe Oka, coborau pe Volga, spre Astrahan. Zăpezile se topeau, scădeau şi pe dedesubt curgeau mări – spre Caspica.

Ceaţa topea zăpada. Peste o săptămână s-a arătat uscatul; pete negre, ici-colo vineţii.

Şi „Noe a dat drumul unui porumbel”... Iar noi, când am intrat în lagăr, în seara aceea, am văzut un cârd de grauri pe acoperişul bucătăriei. Şi „Noe a înţeles că potopul trecuse”. Iar noi ne-am bucurat că prăpădul iernii a trecut. Pe aripile graurilor călătorea primăvara, spre nord.

Curgeau sloiuri de ape, iar pe sus dădeau glas becaţele şi gâştele; se duceau spre Marea Albă, se duceau spre Polul Nord.

Şi după luni de zile de absenţă, peste ceţurile ce se trăgeau spre sud, a apărut soarele frumos, tânăr, strălucitor.

La începutul lui mai se încălzeşte şi-n două săptămâni – atât ţine primăvara – pădurea înfrunzeşte şi poienile se acoperă cu flori de pădure, iar păsările cântă, refăcându-şi cuiburile.

E frumos afară – nu-i frumos ca la noi, dar primăvara-i luminoasă şi noi oftăm, oftăm. Am schimbat săniile pe căruţe, înhămaţi la căruţe, cărăm pădurea la vale.

Într-o zi, trecând pe lângă o tarla a colhozului de la Şoniha, am văzut şi n-am putut crede cele ce vedeam; un tractor stătea la marginea tarlalei. Făcuse iarna pe câmp. De altfel, şi celelalte maşini-unelte se „adăpostiseră" în timpul iernii în curtea colhozului, sub cerul liber.

Am deschis ochii, iar i-am închis, m-am pişcat de nas ca să mă trezesc. Totuşi, asta era realitatea. Erau mai multe pluguri. La cormană câte un bărbat şi la hamuri, de fiecare plug, câte opt femei. Cel de la cormană le îndemna „hai, hai, mână!" La marginea arăturii, prezidatele, contabilul şi alţi responsabili priveau şi fumau.

După câteva zile, stăpânirea lagărului a încercat şi cu noi această figură.

Ne-am opus hotărât, amintindu-le că suntem oameni. E drept că mâncam ovăz şi trăgeam la ham, dar la plugărie – am pus piciorul în prag. Înjurături, carceră, ciomege pe spinare...

Soldaţii prizonieri au cedat. Trecând spre pădure, îi vedeam înhămaţi la pluguri, tot câte nouă oameni, cărând pe brazdă, ca vitele slăbite. Seara, cu joagărul pe umăr, veneam de la pădure. Priveam şi mă chinuiam să înţeleg ce se petrecea aici. Este drept că Ştefan cel Mare arase câteva costişe cu mândrii polonezi. Dar asta a fost la anul 1500. Robii de atunci nu erau protejaţi de Crucea Roşie internaţională şi de legile umanitare care se cunosc şi se aplică în ţările civilizate.

De neînţeles pentru mine era faptul că şi colhoznicii trăgeau la plug. Mai marii colhozului făceau planuri, fumau mahorcă şi cântăreau normele. Ceilalţi asudau, trăgând în ham.

Şi am constatat că era foarte interesantă istoria acelor zile. Şi de necrezut.

Când ni-i sete, bem seva din mesteceni. Ciocârliile cântă înalt – ca şi pe la noi, iar cucul îşi cântă numele româneşte.

Blestemat amestec de primăvară şi de chin. Bădiţa, la ora când ne rezemăm de trunchiurile de brad, stând la soare, îşi scoate fluierul de la cingătoare şi ne cântă doinele de pe Rarău.

Dorurile noastre – sute – călătoresc spre apus, spre Ţara de sub Carpaţi. Acolo ni-i inima şi rădăcina.

Jocuri de cărţi

În lagăr se jucau cărţi; iarna, în boxa de lângă sobă, iar vara, la mesele dintre bordeie. Fiecare bordei avea două intrări; coborai şase scări, deschideai încă o uşă şi în faţă îţi apăreau cele două poduri suprapuse – pe stâlpi – care închideau boxele şi, în jurul blocului, coridorul; la fiecare intrare era câte o sobă. Deoparte şi de alta a sobei erau două mici boxe. În una ţineam gamelele – pe rafturi – şi în alta era lumina unui opaiţ. Vara problema era mai simplă; se juca la mese, afară, sau se întindea o pătură pe iarbă şi jucătorii şedeau lungiţi, ca nişte romani veritabili, şi nu auzeai decât: pas, parol etc.

La Mănăstârca, situaţia era la fel ca în celelalte lagăre. Jocurile de noroc erau oprite; dar lagărul era mare – 35 de bordeie – şi controlul era greu pentru ofiţerul rus. Carcera era mereu ocupată de „delincvenţi". Stăpânirea ne înştiinţase că sunt permise: şahul, tablele şi bridge-ul – pe care ei îl numeau „joc englezesc". Toate celelalte jocuri erau aspru sancţionate. Se pare, cu drept cuvânt, că jocul cel mai întâlnit la Oranki şi Mănăstârca era bridge-ul; urma şahul şi, pe ici-colo, se mai distrau tablagii, zornăind zarurile. Cărţile de joc erau confecţionate din placaj subţire, sau din sită de plop sau tei, cu frumoase desene în culori – operă de migală din gama artelor minore. Pocherul, bacaraua, chemin-de-fer-ul erau interzise. Totuşi, nu era bordei care să nu-şi aibă pasionaţii lui, care jucau, seară după seară, cu riscurile şi ameninţările de care am amintit. Moneda? Foarte rar rublele – pentru că erau puţine şi fără valoare – şi, în majoritatea absolută, jocul se făcea pe ţigări. Când venea câte o secetă peste lagăr şi ţigările lipseau, atunci jucătorii deveneau morocănoşi şi irascibili. După trei, patru luni de astfel de lipsă, când reapărea tutunul, lagărul era în sărbătoare, în bordeie nu te mai puteai vedea de fum, iar atmosfera era de-a dreptul insuportabilă. Nefumătorii erau câţiva şi din această categorie făceam parte şi eu. Am cerut să ne ducem în bordeie separate, spre a scăpa de acest blestem. Mai ales mahorca era puturoasă, acră, insuportabilă.

Şi pentru că veni vorba despre tutun, pot să afirm că fumatul este cel mai puternic viciu. Dacă m-ar fi auzit Bădiţa, ar fi dat aprobativ din cap; şi el este doar un fumător pasionat. Nimeni în lagăr nu a murit de dorul nevestei sau al logodnicei; nimeni nu s-a ofticat pentru că-i lipseau vinul şi ţuica. Dar tutunul i-a dus pe mulţi la tuberculoză şi la cimitir. Ca să vedeţi cât de puternică este această patimă, ţin să pomenesc că au fost fumate paiele din saltele – pe unde erau saltele – frunzele din copaci, fân de pe câmp. Pentru un stacan – un pahar de 1/4 litru de mahorcă – se dădea cămaşa; pentru 2 stacane, vestonul, căci alte cămăşi sau vestoane nu mai erau. Gol, iarna grea, omul se îmbolnăvea şi murea. Sau, pentru un chiştoc de ţigară îţi dădeai raţia de pâine. Anemie, tuberculoză, sau distrofie şi sfârşitul se ştia. Nimeni nu şi-a dat cămaşa pentru o stacană de vodcă deşi s-ar fi găsit. Nimeni nu şi-a sacrificat vestonul pentru vreo ticăloasă pornire animalică. Tutunul însă a ucis pe mulţi.

Şi iată, revenind, ţigările însemnau o monedă foarte preţioasă.

Erau jucători care pierdeau şi erau necăjiţi de mama focului, dar erau şi din cei care câştigau, mai puţini la număr, şi care fredonau fericiţi, fumând cu capul pe raniţa plină de ţigări:

„Aprinde o ţigară...
Şi-n fumul care zboară..."

În timpuri de criză, am văzut oameni care se mulţumeau să respire fumul de la ţigară, rugându-l pe fumător să stea împotriva vântului – să ajungă până la nările lui, larg dilatate, mirosul de mahorcă.

*

A venit iarna şi munca la pădure redevine un chin. Zăpada înaltă de un metru. Cu lopata faci loc spre tulpina mesteacănului şi cu joagărul îl tai la această înălţime; în cădere, cu vuiet prelung, repetat peste creste, mai dărâmă încă cinci-şase copaci. De ger a îngheţat şi inima bradului. În cădere, dispare sub zăpadă. Ei, acu' începe chinul; îl scormoneşti cu mâinile şi picioarele prin zăpadă; trebuie să-i tai la doi metri, să-i aşezi în metri steri, iar crengile să le aduni. Şi-i ger de trosnesc pădurile. Priveşti în sus şi-L cauţi pe Dumnezeu. Deasupra se mişcă vârfurile copacilor, căinându-ne: „Vai de voi, vai de noi".

Când ajungi în bordei, cu bocancii toacă şi hainele scoarţă, parcă se face linişte. Eşti gata să-ţi pierzi sufletul; se albesc umerii feţii şi lobii urechilor.

Sobele ard ca-n brutării; dar ce pot bietele sobe împotriva crivăţului?

Pe pereţii bordeiului stă promoroaca groasă, ca-ntr-un frigider. Şi totuşi, după cină, unii cântă acompaniindu-se cu chitara, alţii povestesc încet trecute întâmplări. Cei mai bătrâni „torc" din amintiri; între tineri se nasc contrarieri; ei nu au amintiri; mintea lor lunecă, proiectându-se în viitor.

Şi-n semiîntunericul bordeiului, lumina vine de la gura sobei şi de la câteva anemice opaiţe. Unul, nevăzut, anunţă: „în seara asta, bacara la bordeiul 14" şi pasiunea îi scoate din bordei şi-i mână, prin viscol, la apele nestatornicului destin.

Ruşii ştiu că seara se joacă cărţi, pe bani şi ţigări. Din timp în timp fac control prin bordeie şi se aleg, foarte adesea, cu bogate capturi. Vânătorul cel mai experimentat rămâne tot sergentul Hărmălaie. E supărat pe români de când cu cartofii şi, la rândul lui, se ocupă, foarte îndeaproape, de bordeiele cu români. Şi când dă peste o masă cu jucători înfierbântaţi, îi „atinge” usturător: confiscă ţigări, cărţi, bani şi pe jucători îi duce direct la carceră.

Şi nenorocita de carceră de la Mănăstârca-i blestem, nu alta. Tot un bordei, mai mic, cu boxe multe, despărţite cu scânduri, cu geamuri sparte şi fără foc. Raţia? O zi, chipitoc – apă fiartă, o zi, mâncare, porţie redusă.

Şi totuşi, au fost oameni care au stat şi o sută de zile într-o astfel de carceră. Jucătorii se uitau la Niţă cu subînţeles: „Scapă-ne, bre, de Hărmălaie”.

Se apropie Crăciunul. Gerul se mai domoleşte, în schimb zăpada cade deasă, ca nişte pene mari de gâscă. Nicăieri n-am văzut fulgi de zăpadă atât de mari ca aici. Când stau vânturile şi încep ninsorile, fulgii coboară încet, alene, se învârtesc uşor şi se aşază în palma întinsă, acoperind întreg podul palmei; apoi se topesc uşor.

E seară; oamenii, obosiţi, s-au culcat. Mi-a venit rândul să fac de planton, schimbul unu. La masa de după sobă, zece, cincisprezece jucători îşi încearcă ursita. Geamurile sunt complet acoperite de zăpadă, nu vezi nimic afară. Las' că e noapte, dar nu poţi fi văzut nici înăuntru.

Niţă Hilchi, înalt, slăbănog, cu mantaua pe umeri, stă rezemat de sobă; lângă dânsul se află un hârdău cu apă.

În liniştea bordeiului, doar ici-colo câte un suspin şi, şoptite, cuvintele de ordine ale jucătorilor.

Când trec, păşind încet, prin dreptul lui Niţă, îmi şopteşte: „Nu da alarma când vine Hărmălaie. Vezi-ţi de serviciu”.

- Bine, şi trec mai departe, făcând ocol şi întrebându-mă ce are de gând să facă.

Bordeiul este în întuneric; doar razele slabe de lumină, de la masa jucătorilor, întind umbre diforme, cufundat, până-n unghere. Să fie miezul nopţii?

Deodată, observ că pe geamul din stânga intrării se arată o minusculă pată neagră. Pata se măreşte repede, până la dimensiunile unei ruble de argint; observ o gură ţuguiată care suflă de zor în geamul îngheţat; pe buza de sus, o mustaţă cânepie. Apoi, în locul gurii ţuguiate, apare un ochi oblic ce priveşte îngheţat spre masa jucătorilor. Eu stau la trei metri, în dosul unui stâlp şi sunt atent. Cât priveşte ochiul, îngheaţă geamul şi atunci iar apar buzele ţepoase. Un minut, două, ochiul lui Hărmălaie a fotografiat scena cu jucătorii şi apoi geamul îngheaţă repede. Hărmălaie trebuie să fie pe la uşă. Niţă îmi face semn: „L-ai văzut?"

Dacă într-un bordei sunt 150 de oameni, se înţelege că şi noaptea uşa de la intrare se deschide mereu. Aşa că nu suntem surprinşi, Niţă şi cu mine, când uşa se deschide uşor de tot. Hărmălaie, în pufoaică şi pâslari, cu căciula legată pe sub bărbie, cu mii de precauţiuni, păşind pe vârfuri ca o pisică ne face semne cu două degete la gură, să tăcem. Eu zâmbesc. Niţă, şiret, îl priveşte pe Hămălaie în vârful căciulii.

Hărmălaie aruncă o privire fugară asupra oamenilor ce dorm se vede în deplină siguranţă şi, înc-odată făcându-ne semn să tăcem din gură, se apropie de jucători; îşi pune mâinile la spate şi priveşte pe sub subţioara unuia. E mic de statură; încercase să privească peste umerii jucătorilor, dar n-a fost posibil. Se vede că era un moment decisiv al jocului şi toţi jucătorii, inclusiv cel ce dădea cartea, se ridicaseră în picioare.

Hărmălaie se uită atent, foarte atent, cu respiraţia reţinută. Pe masă, câteva ruble şi un morman de ţigări. Prada este bogată, îl văd că se ridică pe vârfuri, se îndeasă printre jucători, îşi face loc, ridică o mână cu gheare rapace şi fulgerător o lasă pe cărţi cu un glas răguşit: „Stai aşa".

- Hărmălaie! strigară speriaţi jucătorii şi, val-vârtej, o întinseră, cine, cum şi unde a putut. În această vălmăşeală, masa a fost răsturnată, cineva, în fuga lui disperată, l-a îmbrâncit pe Hărmălaie şi într-o fracţiune de secundă, mâna lui Niţă l-a tras pe Hărmălaie înapoi; împiedicându-se, acesta a căzut cu fundul în hârdăul cu apă. Opaiţul se stinsese, şi-n întuneric, se auzeau tropotele fugarilor şi ţipetele disperate de spaimă ale celor treziţi din somn: „Ajutor, ajutor, ne omoară ruşii!"

Hărmălaie se căznea să iasă din hârdău, ţipând necăjit:

- Planton, planton! Unde-i plantonul?

- Aici sunt, domnule Hărmălaie.

- Acolo ești? Lasă că-ți arăt eu ție. Aprinde lumina! Când aprind un chibrit, nu-mi vine să cred ochilor; ușile amândouă date de perete și în culcușuri, nici un om. Hărmălaie, fixat pe hârdăul cu apă, se zbătea să iasă, înjurând ca la nuntă: „Mama voastră de ofițeri români, las' că v-o plătesc eu!"

În timp ce eu aprind opaițul, Hărmălaie reușește să iasă din hârdău și, cu apa șiroind pe el, se îndreaptă spre sobă.

Zgribuliți și speriați apar în bordei – cu pași neîncrezători – locatarii, desculți, în cămăși și indispensabili. Intraseră în zăpadă, până la brâu.

- Ce-i cu voi, măi? întreb eu.

Dârdâind și de frig și de frică, răspunde Mitrache transilvanul:

- Am crezut că ne împușcă rușii și de frica morții am fugit până-n sârme. Mai să tragă ceasovoiul din prepeleac. Ce-a fost aici?

Niță caută căciula lui Hărmălaie și după ce-o scutură de marginea hârdăului, i-o pune, udă, pe cap.

- Îți mulțumesc, Niță, îți mulțumesc pentru căciulă și celelalte; mâine te prezinți la carceră tu și plantonul și ceilalți de la jocuri, mama voastră de români, mama voastră de ofițeri români.

După ce lucrurile s-au lămurit – cu ceea ce se întâmplase în bordeiul nostru, căci se crezuse că rușii au intrat peste noi ca să ne execute și somnoroșii fugiseră peste paturi, călcând peste picioarele și capetele celorlalți – am râs, ușurați.

*

Când am ieșit din carceră și am intrat în bordei, toți l-au înconjurat pe Niță: „Măi, să trăiești că ne-ai salvat țigările; de cinci zile Hărmălaie n-a mai fost văzut în lagăr".

Și nici în zilele următoare Hărmălaie nu trecea mai departe de clopotul de la poartă. Cum ne vedea, ne înjura mânios: „Mama voastră de români".

Scrisori din ţară

În lagăr la Mănăstârca bordeiele aveau pereţii căptuşiţi cu scânduri. La interior erau două rânduri de paturi suprapuse. Mai corect, erau două podine de scânduri, pe tot interiorul bordeiului, rămânând un coridor îngust, roată în jurul pereţilor. Câteva ferestre dădeau o lumină palidă, insuficientă, iar noaptea ardeau opaiţe improvizate de noi din cutii de tinichea. Pentru luminat, contribuia fiecare cu câte un pic de seu din raţia proprie. Asta pentru timpul iernii. Vara lucrurile stăteau altfel. Ziua era extrem de lungă, cu lumină suficientă, dar opaiţele rămâneau agăţate de policioară, pentru iarna ce urma să vină.

Suntem atât de mulţi în bordeie, încât stăm în boxe precum stau sardelele „Robert" în cutii – şi dăm bătălii sângeroase cu ploşniţele.

Odată cu primăvara, încep să sosească scrisori din ţară; bucurii şi decepţii. Războiul a trecut, cu distrugeri grele, peste ţara noastră, aducând, pe lângă prefacerile sociale, şi o destrămare morală, un dezmăţ, cum pe la noi nu era în obicei.

Când pentru prima dată în viaţa lagărului s-a anunţat că la comisariatul politic au sosit scrisori din ţară, mai întâi toată lumea a dat un chiot de bucurie; apoi s-a lăsat o tăcere de mormânt în bordeiul 14, unde domiciliam.

Patru ani de zile am fost total rupţi de familii şi mulţi, mulţi, cei mai mulţi, au murit fără să mai fi ştiut ceva de acasă. Primele scrisori! Cine vor fi fericiţii ce le vor primi cei dintâi?

Din când în când, ni s-au dat cărţi poştale ca să le trimitem în ţară. Am scris mereu, dar cărţile rămâneau undeva, la păstrare.

Şi iată, suntem la început de primăvară 1946 şi comisariatul s-a decis să ne dea scrisorile venite de acasă.

Starşele[9] bordeiului nostru s-a dus la club împreună cu ceilalţi starşi să primească scrisorile.

În bordei e linişte; dinspre apus bat în geamuri ultimele raze de soare. Stăm tăcuţi, cu nervii întinşi strună de vioară.

A trecut un ceas, dar nouă ni se pare că a trecut o lună, un an. Iată-l pe starşele nostru; apare după colţ. Câţiva îi sar grăbiţi în cale. Ceilalţi stau pe marginea patului, cu sufletele chircite. Să fie adevărat?

De necrezut, dar în mâna starşelui, sus ridicată, sunt mai multe scrisori. „Linişte, domnilor – ca să citesc adresele...". Până şi ploşniţele îşi suspendară dizgraţioasele lor plimbări prin priciuri.

Vorbind rar, plin de importanţă, starşele începe un discurs, interminabil, despre grija Uniunii Sovietice pentru prizonieri, cărora nu ştiu câte feluri de binefaceri li s-au făcut... Şi, iată acum, aceasta, cu scrisorile. Primim sfaturi de a ne împrieteni cu stăpânirea, de a ne înscrie în mişcarea antifascistă şi alte comedii şi, când credeam că supliciul nostru este fără sfârşit, starşele se opreşte, speriat de propria-i limbuţie. Apoi, continuă, spunând că el este omul ruşilor şi că pe aceştia îi reprezintă în bordeiul nostru, iar noi luăm act de aceste declaraţii repetate şi pararepetate – le ştiam pe de rost. În sfârşit, ridicând scrisorile în lumina de asfinţit a soarelui, pronunţă vârtos: „Domnilor, soarele ne-a adus scrisorile acestea, nu Dumnezeu". Mai târziu am aflat că toţi starşii de bordeie, inclusiv starşele lagărului – maior român, supranumit de noi, pentru calităţile lui evidenţiate de comisariat, Boul apis – se aflau direct, ca vizionarii de pe

[9] şeful

vremuri, sub inspirația nemijlocită a Comisarului Terlețchi[10]. Obosit, după un discurs politic ca acela, cu voce maiestuoasă citește adresele, împărțind scrisorile celor în cauză. Rumoare, nervozitate; plicurile sunt cercetate pe toate fețele: scris, timbre, ștampilele oficiilor poștale – unele scrisori sunt venite de un an, un an și jumătate...

Mă uit la cei șapte aleși ai „soarelui". Unul plânge, nu știu dacă de bucurie sau de durere; altul sărută iscălitura mamei, al treilea înjură furios. Soția l-a părăsit.

- Lasă-mă, că-ți găsești tu o altă nevastă, nu s-a terminat neamul femeilor – încearcă să-l consoleze cei de aproape.

Mai departe, lângă geam, stă cu un plic galben în mână Ion Boerul[11] de la Iernea, de pe Târnave. Plânge ușor, fără vaiete, fără scânceli.

Mă apropii de el și-i pun mâna pe umăr:

- Ce-i, Ioane?

- Nu îndrăznesc să deschid plicul. Văd că adresa este scrisă de sora mea mai mică. Dacă va fi murit tata?

- Nu poți să tragi o astfel de concluzie, numai pe considerentul că altcineva ți-a adresat scrisoarea și nu bătrânul! Hai, s-o deschidem și ne lămurim imediat.

Încet, cu grijă, Ion rupe marginile plicului; scoate ușor din el o filă de caiet, se uită în josul paginii și strigă vesel: „trăiește". Și izbucnește într-un plâns nervos. Suntem mai mulți lângă Ion și încercăm să-l potolim. Lacrimile lui stropesc și deformează iscălitura tatălui său. A răsuflat odată din adâncul pieptului, și-a șters ochii cu mâna, se uită la noi cu atenție: „Trăiește, înțelegeți? Trăiește tata".

Privește scrisoarea, zâmbește și mi-o întinde mie. Citesc ce scrie acolo în auzul celorlalți: „Dragă Ioane, când s-a primit scrisoarea de la tine, am plâns cu toții și cu noi a plâns tot satul. Mort ai fost și ai înviat! Noi cu toții, din mila lui Dumnezeu, suntem sănătoși. Tatăl tău, Valeriu."

---

[10] evreu de la Cernăuți, politruc.

[11] medic veterinar - sublocotenent.

Mă uit la scrisoare şi citesc „şi cu noi a plâns tot satul..."
Două lacrimi mici, micuţe, cristaline îmi împăienjenesc vederea.

*

Pe urmă scrisorile au început a ne căuta pe fiecare. Familii decimate, căsnicii distruse, foamete, lipsuri, boli. Oricum, prin ele, simţeam că ţara stă la dreapta noastră.

Într-o zi, ajungând în lagăr, s-a aflat o minune: că unui locotenent austriac îi sosise un pachet de 5 kg cu alimente, de la Viena. Pe recipisă se arăta că pachetul fusese trimis de Crucea Roşie de la Viena, cu vreo 8 luni în urmă şi că trebuie plătită la poştă o taxă de 800 de ruble. Austriacul s-a sfătuit cu prietenii lui şi până la urmă a renunţat să-şi scoată pachetul. Poate că-n 8 luni de zile alimentele se stricaseră. Apoi, 800 de ruble reprezentau solda a 80 de locotenenţi pe o lună, ceea ce a părut extrem de costisitor.

A fost singurul pachet venit unui prizonier, în toată această lungă şi grea captivitate.

Al 8-lea „sinod" ecumenic

Am constatat că în lagăre sau pușcării problemele religioase sunt de mare actualitate și pasionează. În condițiile de viață pe care le ai aici, cu primejduirea vieții la tot pasul, raporturile cu veșnicia se echilibrează și sufletul este pus pe primul plan.

Probleme de conștiință, probleme de întoarcere la Dumnezeu, de trăire în duh a legii morale și multe alte aspecte ale manifestărilor spirituale – reafirm, niciodată și nicăieri nu se pun mai insistent decât în locurile de chinuire.

Războiul s-a terminat; sufletele au fost răvășite și apoi își caută sprijin și pace în Dumnezeu. Salvarea pentru acum și pentru lumea de dincolo se caută și se află în Iisus. De aceea, Biblia a fost cea mai întrebată, căutată carte în lagărele rusești. Copiată și difuzată, lumina sufletului, așeza furtunile, împăca pe om cu suferința.

În pușcării, problemele religioase erau aceleași, dar Cartea ne lipsea. Tânjeam după ea. Și când puteam găsi câteva pagini din Sfânta Scriptură, acestea erau „sorbite" și treceau, cu mii de precauțiuni, din celulă în celulă.

Când, la o minuțioasă percheziție – la Aiud, în 1955 – a fost găsită o astfel de comoară, nu ne-a îndurerat atât pedepsirea lui Leonid, cât faptul pierderii iremediabile a sfintelor pagini.

O altă latură a problemei o formau în lagărele Oranki și Mănăstârca cercurile de ofițeri, care studiau și tălmăceau Sfânta Carte sub controlul activ al preoților.

Prin bordeie se nășteau discuții, mai ales în jurul problemei unității creștine. Contactul creștin cu lumea catolică şi cea protestantă – de diferite nuanţe – ne-a pus în situaţia de a ne compara învăţăturile şi manifestările religioase. Trebuie să fac însemnare de faptul că, în lagăre, după ce ne-a fost permis serviciul religios, românii au organizat coruri religioase atât de bine puse la punct, încât la liturghiile de Duminică erau tot atât de numeroşi protestanţii şi catolicii, cât şi ortodocşii noştri. Frumuseţea serviciului nostru divin a fost o revelaţie pentru bisericile apusului. La Mănăstârca, ortodocşii slujeau pe la orele 8 dimineaţa; la cină – protestanţii; la orele 9 se oficia Missa catolică. Eram invitaţi la serviciul religios şi ne duceam, cei ce înţelegeam ce se comemorează acolo. La orele 10 urma liturghia ortodoxă. Iarna, dar mai ales vara, când slujeam afară, pe platou, tot lagărul era prezent, ca la o manifestare cu drag aşteptată. În duminicile de vară, de prin poiene apăreau femei, copii, moşnegi care, stând la distanţă, în afara sârmelor, se închinau, se rugau şi îngenuncheau odată cu noi. Pe acolo era mare lipsă de preoţi. Dar toţi mujicii erau creştini, chiar dacă biserica era pusă la pământ.

*

An după an, această problemă rămânea vie şi întrebarea se punea tot mai limpede. Înţelegem; au fost multe cauze care au dus la ruptura dintre apus şi răsărit în anul 1054 şi, mai apoi la despărţirea dintre catolici şi reformaţi, începând cu Hus, cu Luther, Calvin şi Zwingli, până la ultimii reformatori de mai mică importanţă; înţelegem apoi, că prăpastia s-a adâncit cu timpul şi pare imposibil de acoperit. Dar mai cu seamă acum, în orele prezente, când creştinismul – în întregul lui – este atacat, cu intenţia de a fi desfiinţat, măcar în faţa primejdiei comune, nu şi-ar putea da mâna frăţeşte, făcând front comun, toţi acei care-l mărturisesc pe Hristos ca Domn?

Salvarea culturii şi civilizaţiei creştine nu poate veni din afara lumii creştine. Deci, la luptă pentru unitate creştină şi apoi la luptă pentru salvarea sufletului!

Şi, dacă din sânul credincioşilor se fac tot mai des auzite aceste chemări la unitate, se înţelege că oamenii de răspundere ai Bisericii trebuie să se mişte.

Vag, ajunsese până la urechile noastre vestea că-n apus, pe la Strassbourg şi pe la New York, sunt nişte comitete de luptă creştine, în care intraseră reprezentanţi creştini de toate nuanţele. *Isvestia*, gazetă oficială, a pomenit odată sau de două ori despre o „Internaţională neagră” care atacă ideologia comunismului.

Iată, strigau pasionaţii problemei, creştinii de pretutindeni gândesc la fel, fie că trăiesc în America, fie că se află în Karaganda.

*

Într-o seară – era la începutul lui mai 1946 – pe o bancă între bordeie stăteam câţiva preoţi români. Vorba noastră stăruia asupra unei încercări de discuţie interconfesională, ca să ne lămurim atât pe noi, prin acest contact direct, cât şi pe credincioşii ortodocşi, despre ce se poate face în problema unirii bisericilor. Eram şapte la număr, în seara acelei zile. Şi sorţii au căzut pe mine; să merg să stau de vorbă cu celelalte „strane”...

Într-un bordei, aproape de mine, se aflau doi preoţi italieni: un călugăr franciscan – don Armenie – de la o mănăstire din nordul Italiei şi un preot secular – don Allai, din Roma.

Îl întâlnesc pe don Armenie, seara – la o zi, două după ce primisem împuternicirea de la preoţii ortodocşi – şi ne plimbăm pe aleea din fundul lagărului, de la Mănăstârca. Şi-l întreb, după un timp:

- Don Armenie, mata eşti catolic, iar eu sunt ortodox. Pe mine mă pasionează problema unirii creştinilor. Te rog să fii bun şi să mă lămureşti, cum vedeţi dumneavoastră această problemă?

Don Armenie m-a privit cu teamă şi mi-a răspuns:

- Să mă ferească blândul Iisus şi fericita Fecioară ca eu să discut astfel de lucruri. Acestea sunt exclusiv de competenţa Părintelui, Papa. Numai el – sau împuterniciţii lui –

pot pune şi rezolva astfel de probleme. Nu pot, nu pot... Şi, schimbând subiectul, povesti despre frumuseţile munţilor din nordul Italiei. Don Armenie era alpin[12].

Seara următoare stau de vorbă cu don Allai. Îmi povesteşte despre frumuseţile Romei, de trei ori milenară, de trei ori imperială. Tot ce-mi spune este încântător şi-mi întăreşte şi mai mult dorinţa ca-n viitor – sperând că nu – voi muri până în anul 2000 – să vizitez Italia. Dar timpul se scurgea şi pe mine, deocamdată, altceva mă ţinea aici.

- Don Allai, iartă-mă că te întrerup, vreau să te întreb ceva, care mie îmi stă la inimă. Uite, totul e bine şi frumos, după voia lui Dumnezeu. Mata eşti preot catolic şi eu preot ortodox. Te rog să mă lămureşti – ca lămurirea s-o duc mai departe la fraţii mei de-o lege şi de-un sânge; în ce condiţii se poate face unirea ortodocşilor cu catolicii?

- Vai de mine, o, Santa Maria, Iisus, Maria, iertaţi-mă, dar astfel de probleme sunt de resortul exclusiv al Sfântului Scaun.

- Bine, don Allai, îi răspund eu, dar părerile matale nu angajează catolicismul, după cum ale mele nu angajează ortodoxia.

- Ştiu, răspunde don Allai, dar la noi nu se pun astfel de întrebări. Presupunând totuşi că aş vrea să discut cu dumneata problema unirii dintre noi, ar trebui să am o împuternicire din partea Părintelui, Papa.

- Exclus să o poţi căpăta, răspund eu; nici nu are sens să pretinzi la Roma aşa ceva. Eu însă nu am nevoie de o astfel de împuternicire de la Bucureşti sau de la Constantinopol. Sunt preot ortodox şi, fie că mă găsesc aici pe Volga sau la Arhanghelsk, eu reprezint în faţa dumitale ortodoxia şi pot discuta orice şi concluziile mele nu angajează şi nu obligă la nimic Biserica. De altfel, discuţiile noastre nu ar avea alt caracter decât acela de a schimba păreri. Şi, de unde ştii? Poate că aceste întâlniri dintre noi pot genera acţiuni frumoase în viitor.

[12] vânător de munte.

Eu stau hotărât pe principiul că frontul e copt şi-n această problemă trebuie făcut ceva; să ne apropiem, să ne unim în duhul dragostei Mântuitorului comun şi a jertfei Lui mântuitoare, valabilă pentru toţi cei ce cred în El.

Don Allai mă ascultă, dă din cap afirmativ, dar totuşi conchide: „Ce pot să fac? Nu am împuternicire, adresaţi-vă Sfântului Scaun".

Oare încercarea mea să se încheie atât de lamentabil? Nu, nu depun armele. Dacă Italia nu poate discuta, haidem în Germania. Cine ştie? Poate acolo vom găsi mai multă independenţă de gândire, de acţiune.

Raţionamentul meu a fost just. Părintele Dr. Aloia Ludwig, de la Bonn, căruia mă adresez, zâmbeşte auzind povestea încercărilor mele.

- Da, este un canon pus de Sf. Scaun pentru a frâna aceste discuţii, care niciodată nu ştim unde ajung. Însă eu personal cred că, contrar canonului în speţă, dacă accept propunerea unei discuţii ea nu angajează catolicismul şi nici ortodoxia, mai ales că ne vom mărgini la informaţii din lumea noastră şi din lumea ortodoxă.

- Eu merg mai departe, Dr. Ludwig, şi cred că dacă Dumnezeu ne-a pus faţă către faţă, pe atâţia reprezentanţi ai confesiunilor creştine, asta a făcut-o şi cu scopul de a ne cunoaşte. Şi dacă ne vom cunoaşte mai bine, s-ar putea ca gândul cel bun al unirii noastre să nu mai sperie pe nimeni. Dumneata la Bonn, don Allai la Roma şi eu la Bucureşti am putea arăta căldura dragostei cu care ni s-au îmbăiat sufletele în credinţa marii minuni. Cine ştie? Punem şi noi umărul să urnim carul istoriei, împotmolit la 1054. Apoi putem întinde o mână de frate şi peste anul 1500.

Şi am căzut de acord: pentru a fi scutiţi de curiozitatea nedorită a Comisarului, vom discuta la o masă – între bordeiele 14 şi 15 – trei preoţi ortodocşi, trei preoţi catolici şi trei preoţi reformaţi.

Am plecat fericit la confraţii mei şi adunarea celor şapte, convocată ad-hoc, a desemnat încă doi reprezentanţi pentru şedinţele celui de al 8-lea „sinod" ecumenic, în persoanele preotului Gh. Beşchea-Buzău şi Const. Popescu de la Muscel.

Până noaptea târziu am lucrat la programul sinodului: probleme în discuţie, materiale de comentat, translatori.

Totul trebuia făcut în secret.

*

Dimineaţă, în „piaţa robilor"[13] de la poarta lagărului, aşteptând repartizarea la lucru, mă caută Dr. Ludwig şi, luându-mă deoparte, îmi spune:

- Ştii că n-o să putem face nimic?

- De ce? întreb eu contrariat.

- Dumneavoastră, pe noi, catolicii, ne socotiţi schismatici şi, ici-colo, ni se aruncă o vorbă că am fi eretici (din pricina dogmelor mai noi, pe care le avem). La rândul nostru, vă socotim schismatici. Deci, între noi putem discuta; nu-i nici un impediment. Ce facem însă cu reformaţii?

- Foarte bine, discutăm şi cu ei: cât ştiu, ei sunt tot creştini!

- Ai dreptate; dar pentru noi şi pentru voi ei sunt eretici. Or, cu ereticii nouă ne este oprit să discutăm – sub ameninţarea pierderii preoţiei – aşa că-i dificilă problema sinodului!

- Atunci, răspund eu, sinodul nostru va avea un dublu aspect; discuţii între ortodocşi şi catolici şi apoi între ortodocşi şi reformaţi; pe noi nu ne opreşte nimic de la astfel de discuţii.

- Prea bine, se luminează Dr. Ludwig. Aşadar, pe mâine. Dar, vă rugăm, ca în discuţiile cu protestanţii să arătaţi şi, dacă se poate, să apăraţi poziţiile catolice. Aseară am discutat cu preoţii catolici germani, austrieci şi unguri şi lucrurile le-am gândit întocmai, cum le stabilim acum noi doi.

[13] locul de adunare a brigăzilor.

Constat – încheie Dr. Ludwig – pentru a mia oară, prezența Duhului Sfânt între noi.

*

10 mai, seara – adunare în sala de mese, cu discursuri și cântece. Se preamărește regalitatea română – un rege democrat – și strânsa colaborare cu forțele poporului, sub conducerea Dr. Petru Groza. Ce ironie, ce caraghioslâc! Rege – larg democrat – în fruntea unui stat ce merge rapid spre schimbarea formelor sociale. Cum mai poate să stea un rege pe tronul său? Peste un an va fi nevoit să plece.

Deci, *10 mai seara.* La o masă mare, acoperită cu un cearșaf, se deschid ședințele sinodului nostru. Fată în față, delegațiile. De o parte, cea condusă de Dr. Ludwig, Părintele H. Hartman de la Praga și Pr. D. Bader de la Fulda. De cealaltă parte, ortodoxia. La capetele mesei, profesor Profiru Pop de la Alba-Iulia – translator de limbă latină și, pentru limbă germană, colonelul Aurel Luncan de la Suceava și sublocotenentul N. Gabriel – teolog catolic din București. Pe masă, trei Biblii: una românească, una germană și a treia franceză, ediția Crampon. Deasupra noastră, Cerul, iar la apus, soarele.

Și discuțiile au început frumos, așezat, cuminte. Istoria celor două mii de ani de viață creștină a curs limpede prin fața sinodalilor. Doar noi, ortodocșii, avuseserăm în mâinile noastre cândva – nu-i mult de atunci – cărțile pe care-și făceau învățătura apusenii. Apoi, a doua seară și celelalte care au mai urmat, până la numărul de 30 de ședințe, au însemnat serioase întâlniri și pasionate apărări de poziții. Ardea sufletul în mine cât eram la muncă și așteptam seara ca pe a Doua Venire. Părintele Ludwig – înalt, alb la față ca hârtia, cu păr negru, lung, precis în informații și adânc cunoscător al bisericii sale, a observat just în argumentarea mea o sumă de contradicții. „Noi, zise el, ne fundamentăm gândirea pe Aristotel, iar ortodoxia, pe Platon. Ortodocșii întrunesc spiritualitatea elină, iar noi ne legăm de moștenirea practic romană. Dar Hristos același este și pentru noi și pentru voi. Când vor înțelege oare popoarele acest lucru?”

„Sinodul" şi-a ţinut şedinţele la aceeaşi masă şi la aceeaşi oră, tot timpul. Dar secretul n-a mai rămas secret, în seara a doua, în spatele catolicilor au apărut câţiva nemţi; lângă banca noastră, câţiva români şi lângă translatori, nemţi şi unguri. În serile următoare, asistenţa a crescut considerabil, încât cei ce nu ne puteau privi s-au suit pe bordeiele vecine. Când discuţiile s-au stins, în spatele delegaţiei catolice, aliniaţi ca la paradă, făcând zid, stăteau o sută de preoţi catolici şi, în spatele lor, sute de ofiţeri catolici.

În spatele nostru, încă patru preoţi români-ortodocşi şi sute de ofiţeri români, iar în spatele translatorilor, circa 200 de pastori protestanţi cu credincioşii lor. Mai la un colţ, cei doi preoţi italieni.

Şedinţele erau urmărite cu viu interes şi au devenit chiar motiv de discuţii interminabile, prin bordeie, până noaptea târziu. La ultima şedinţă, am rezumat concluziile la care ajunseseră sinodalii. Asistenţa din loje şi de pe bordeie ne-a aplaudat frenetic, subscriind în felul acesta, hotărât, la concluziile noastre. Şi când ne-am îmbrăţişat, ortodocşi şi catolici, în ochi aveam lacrimi de bucurie. Peste capetele noastre plana, în razele soarelui ce apunea, Sfântul Porumbel.

Era primăvară-n toi; cald, frumos, vreme bună. „Sinodul" îşi deschide la 10 iunie 1946 şedinţele, pentru a doua serie de întâlniri, dintre ortodocşi şi reformaţi – la aceeaşi masă, în aceleaşi condiţii, cu aceiaşi translatori, cu aceeaşi asistenţă numeroasă. Pe banca din faţă iau loc Părintele V. Costaş, pastor calvin de lângă Budapesta (oraşul Baia), Părintele J. Lendan, pastor luteran de la Hamburg şi Dr. Sneider, pastor luteran din Regiunea Sudeţilor.

Şi, cu aceeaşi bună amiciţie, dar cu un ritm mai vioi al discuţiilor, istoria reformei – cauze şi consecinţe – a trecut prin faţa noastră. Se înţelege că inovaţiile cu care a venit lumea protestantă în reforma creştinismului erau suficient de cunoscute pentru noi, dar în susţinerea temelor respective au adus argumente noi şi originale, referindu-se adesea – cu libertatea caracteristică discuţiilor celor ce vin din lumea reformaţilor – la poziţiile catolice pe care le atacau.

Temperam ieşirile mai tari, pentru că observam pe feţele şi-n privirile rândurilor catolice ascuţindu-se oţelul.

Convorbirile noastre au ţinut zece seri – zece şedinţe, iar încheierea lucrărilor a fost emoţionantă. Părintele Costaş a afirmat lozinca dragă nouă tuturor: peste graniţe şi peste împerecheri de cuvinte, mai presus de toate, stă acelaşi Domn Iisus – mărturisit de toţi creştinii, ca Dumnezeu unic.

La ora închiderii „sinodului" al 8-lea, ortodocşi şi protestanţi ne-am îmbrăţişat şi felicitat pentru reuşita acestei întâlniri interconfesionale cu urmări rodnice, credeam noi, în viitor.

Era ora 11 noaptea şi soarele se pregătea să apună. Peste păduri aburea o boare rece. Rugăciunea noastră de seară a adus mulţumiri lui Dumnezeu Tatăl pentru gânduri bune şi cereri pentru împlinirea gândurilor luminoase.

*

A doua zi am fost chemat la comisariatul politic. La fel s-a întâmplat cu Părintele Ludwig şi cu Părintele Costaş. Terleţchi „politicianul" ne-a ţinut un discurs: „Aţi făcut o adunare popească, călcând disciplina în picioare. V-am lăsat să o ţineţi; am ştiut de ea, dar ne-a interesat şi pe noi spiritul nou, care domneşte între creştini; noi nu avem specialişti care, ideologic, să vă combată şi să vă arate netemeinicia credinţei voastre despre inexistentul Dumnezeu. Dar ni-i vom face. Mai mult decât asta, ne-a interesat latura politică a acţiunii voastre de viitor. Concluziile la care am ajuns noi şi autoritatea se vor aplica pe spinarea voastră. Vă dau eu unitate! Marş afară, umbre ale întunecatului trecut!"

Afară ne-am uitat unul la altul şi-am râs, dându-ne frăţeşte mâinile. Noi ne-am atins scopurile şi hotărârile luate vor rodi. Unde şi în ce condiţii şi cu ce greutăţi de cheltuieli materiale şi-ar fi putut da întâlnire trei sute de preoţi ai marilor confesiuni creştine ca, 40 de seri la rând, să discute problemele pe care le-am pus noi?

Iată prezenţa lui Dumnezeu în lume. El ne-a adunat aici la Mănăstârca şi ne-a şoptit în inimi: „Căutaţi-vă, căci Eu sunt cu voi şi cu toţi acei ce se adună în numele Meu."

După voia lui Dumnezeu, ne-am găsit şi ne-am înţeles frăţeşte. Iată, zice Scriptura Sfântă: „Nimic nu este mai bine şi mai frumos, decât să locuiască fraţii împreună.”

Ş-apoi, că a ştiut Terleţchi de noi şi de fapta noastră, nu e de mirare. Iisus a avut lângă El numai 12 oameni şi unul din ei s-a numit Iuda. În lagăre – şi-n puşcării – mişună închinătorii lui Iuda. Pentru Iuda, blândul Iisus a indicat creanga de măslin şi spânzurătoarea.

*

La Mănăstârca a fost atunci o grevă de lucru, care pornise de la Oranki şi răbufnise şi la noi. Comisariatul politic, spre a sfărâma greva, ne-a adunat şi înfierat pe grevişti. Rezultatul a fost că, în timpul numărătorii de seară, pe cei socotiţi a fi în fruntea acţiunii ne-a ales imediat şi ne-a răspândit pe la alte lagăre. A trebuit să plecăm cu saltelele în spate, Părintele Ludwig, Părintele Costaş şi eu. Mai norocos decât celelalte loturi, cel de vreo 20 de români – la care am fost alipit şi eu – a ajuns într-un ceas la Oranki, pentru a fi izolaţi.

Stăteam lungit sub pat, pe o rogojină – într-o cameră bună pentru 10 oameni, dar în care eram ticsiţi, ca la „şerpăria” din Jilava, 153 de oameni – şi mă gândeam ce fericită ar fi creştinătatea dacă ar primi concluziile „sinodului” nostru!

Lăsând la o parte, ca nişte bunuri inalienabile, dogmele şi tradiţiile fiecărei confesiuni, ce fericire ar fi dacă peste toate acestea ar fi repus în funcţie, ca în timpul Bisericii de până la 1054 – sinodul ecumenic, care să diriguiască viaţa întregii creştinătăţi, iar hotărârilor lui să i se supună patriarhiile, papii şi super intendenţii. Cine ştie? Poate că într-o sută, două sute de ani se va putea ajunge şi la unitatea creştină.

Posibilă este mai întâi unitatea de conducere. Primul nostru obiectiv – care se poate realiza integral – este sinodul ecumenic.

*

Peste doi ani eram din nou la Mănăstârca. La *8 iulie 1948* plecam spre Gorki şi până la poartă m-a condus Părintele Ludwig; a lăcrimat pe umerii mei, şoptindu-mi:

- Adu-ţi aminte de noi şi de reformaţi, adu-ţi aminte de „sinodul" nostru.

- Peste câteva zile, voi pleca în Patrie. Scrie-mi acolo. Când apele se vor limpezi, să începem bătălia pentru realizarea gândurilor noastre bune.

Am plecat la drum lung; anii s-au scurs unul după altul şi apele greu se aşază, greu se limpezesc.

Din satul blestemat, în care îmi duc zilele, trimit un gând frăţesc spre voi. În luminoasa viaţă de mâine, văd realizându-se unificatorul sinod al 8-lea.

Spaţiu vital

La începutul lui iunie 1946, am revenit în lagărul de la Oranki, fiind pedepsit pentru două lucruri: 1) pentru înjghebarea celui de al 8-lea „sinod" ecumenic şi 2) pentru o grevă de lucru, pusă la cale în lagărul Mănăstârca. Deci, cum am intrat pe poartă – mai eram cu încă vreo 20 de români – mă trezesc îmbrăţişat de bădiţa Costache Bicioga care, fericit de această întâlnire, îmi ia salteaua din spate, cum ai lua samarul de pe măgar (aşa era obiceiul în partea locului, când te mutai dintr-un lagăr într-altul, trebuia să cari cu tine nu numai raniţa cu lucrurile tale, ci şi tot cazarmamentul).

Când se făceau astfel de schimbări de domiciliu, convoaiele de prizonieri păreau nişte caravane din părţile arabe – cu saltea, cu pătură etc. Am fi renunţat la paiele din saltea, dar iarna, fără ele, riscam să dormim pe blat.

Aşa se face că bădiţa Costache – care-i cu un an mai în vârstă decât mine şi îmi pretinde să-i zic „bădiţă" – îmi luă salteaua din cârcă şi, poruncitor, mă cheamă: „Hai după mine".

Celelalte naţii din lagăr – italieni, nemţi, unguri, spanioli –, alături de români, se îngrămădiseră la poartă. După ce se lămuresc ei cu cine au de-a face – nişte grevişti – se risipesc.

Românii, puţini la număr, vreo 50 de ofiţeri, ne conduc cu alai spre corpul 7, în biserica de iarnă a mănăstirii, unde ne repartizase rusul de la poartă.

După orele 6, după numărătoarea de seară, prizonierii scăpaţi de grija zilei se plimbă pe alei, fumează mahorcă sau picotesc sub brazi. Sus, cerul este albastru spălăcit şi în jurul bisericii, decapitată de cruci, se învârtesc în zbor rapid sute de lăstuni ce fluieră supărător. Mă uit în dreapta, mă uit în stânga; situaţia aici este aceeaşi din 1943.

Clădirile sunt dărăpănate şi primăvara, care a ajuns şi pe aici, nu reuşeşte să ascundă urâciunile şi coşcoveala zidurilor.

- Haide, mă, ce tot caşti gura? Mănăstârca e tot aşa cum o ştii, doar că-n lagăr suntem ceva mai puţini; poate să fim o mie de oameni. O parte din locatari s-a mutat în Europa; aşa că locuri pentru dormit se găsesc berechet.

Bădiţa merge în fruntea grupului nostru, şi când intrăm în corpul 7, de pe „crăci" privesc cu vădită curiozitate celelalte naţii, care aflaseră că noi am făcut o grevă de lucru. „Auziţi, îndrăzneală! Ei, da! Aici, unde nu se puteau imagina astfel de lucruri!? Greva este posibilă în Occident, dar aici, în Răsărit? Aşa ceva nu s-a mai pomenit de pe vremea «tătucilor»".

- După cum vezi, tot „crăci", a cinci rânduri de paturi suprapuse...

Mă uit la oameni, la paturi; aici au stat, cu trei ani în urmă, două mii de prizonieri. Cred că în aceste cutii suprapuse, ca nişte sicrie bune pentru trei oameni, să mai fie acum doar un sfert.

Privesc spre locul unde a fost altarul. Duşumeaua e ceva mai ridicată, iar în „boxe" foarte puţini locatari.

Fiecare nou venit se aşază pe lângă vreun prieten.

- Dumneata unde stai, Bădiţă? întreb eu.

- Las' că vezi tu îndată, omul lui Dumnezeu.

Şi văd că salteaua mea pleacă spre altar. Eu, cu ochii după Bădiţa. Ne oprim în dreptul unei ferestre mari, înalte, care deschide un larg orizont peste pădurile fumurii.

- E frumos aici, zic eu mulţumit.

- Bine, fârtate, că-ţi plac locurile. Hai, sus după saltea.

Îl văd pe Bădiţa cum se caţără pe stâlpul dintre boxe, parcă ar fi electrician. De la înălţimea celor cinci metri – marcaţi pe platforma de la etajul cinci – mă îndeamnă: „hai, ce mai aştepţi?"

Mă uit la „înălţimea" lui, privesc împrejur şi văd locuri libere, în boxele de jos, câte pofteşti.

- Nu viu, îi răspund hotărât.

- Ce face? Dar de când, mă rog matale, acest duh de răzvrătire, în subţirelul tău trup?

- Bădiţă, e prea sus locul unde te-ai cocoţat dumneata. E greu de suit şi coborât pe stâlpul acesta. Pot să cad de acolo şi să-mi rup gâtul.

- Nici o pagubă, se grăbi să-mi răspundă Bădiţa. Grăbeşte, băiete, şi n-aştepta multă poftire.

- Hai să-ncerc, răspund eu, nemulţumit, şi-i dau raniţa, pătura şi mantaua. Când ajung în dreptul boxelor de la trei, zic:

- N-ar fi mai bine să te cobori aici, Bădiţă? Uite, locuri ar fi...

- Am spus eu că acolo nu sunt locuri? Ce tot te codeşti? Dă mâna încoace! Când m-am văzut sus pe platformă, am răsuflat uşurat. Greu să te ridici până aici, pe stâlp geluit şi încălţat cu bocanci.

Mă uit; în toată biserica, la etajul nostru, nici un alt locatar; numai noi doi.

Bădiţa, mulţumit de toate, îmi aşază salteaua, din care se ridică praf uscat. Paiele vor fi fost puse în saltea, pe vremea când Bunul Dumnezeu făcea Pământul. Peste saltea a întins pătura; raniţa a pus-o căpătâi şi apoi către mine:

- Bocancii ţi-i scoţi şi-i pui sub cap.

- Bădiţă, curge praf în ochii celor de sub noi.

- N-au decât să se mute mai sus. Până ce-mi aprind pipa, poţi să te uiţi pe fereastră.

De la zidul ce înconjoară Mănăstârca şi până la capătul pământului – oare nu-i acolo Vladivostokul? – pădure şi numai pădure fumurie, taiga fără de hotare.

Mănăstirea e aşezată pe o ridicătură şi de aici, de la înălţime, se văd vârfurile brazilor şi mestecenilor mişcându-se încet, ca o mare liniştită. În depărtări, spre apus, ceţuri violete. Parcă mă strânge pădurea de gât. Prea multă pădure, prea mult pustiu.

Pe alături de noi, voci stinse povestesc întâmplări ce-au fost, se aud cântece abia şoptite şi fum, mult fum înecăcios de mahorcă, în mijloc, sub mica boltă centrală, atârnă, de un fir lung, un bec ce împrăştie lumină slabă, palidă, mută.

Bădiţa şi-a aprins pipa şi trage dintr-însa cu vădită plăcere. Cu un zâmbet mulţumit, care-i luminează faţa, zice:

- Mai întâi trebuie să-ţi mărturisesc că te-am aşteptat. Când am aflat de răzmeriţa de la voi, am bănuit că vei veni aici. Şi mi-am zis că trebuie să te primesc frăţeşte şi să te fixez aproape.

- Bine, zic eu, totuşi puteai să te aşezi ceva mai jos.

- Nu, băiete, căci aici e locul nostru şi tu nu poţi să stai decât lângă mine. Trei sunt motivele care m-au determinat să te aduc aici sus şi al patrulea ţi-l voi spune la urmă. Ai răbdare – eu încercasem să deschid gura – ai răbdare. Va trebui să răspunzi doar la întrebările mele. E adevărat că tu eşti călugăr?

- Adevărat, Bădiţă.

- Pe cât ştiu eu, eşti chiar preot.

- Şi asta-i aşa, cum zici, răspund eu domol.

- Şi, mă rog, poţi să-mi spui unde se cade să locuiască monahul şi preotul? Eu ridic ochii întrebători.

- Lângă biserică, părintele, şi anume chiar lângă altar. Şi dacă aici oamenii dorm şi fumează în biserică, apoi ţie ţi se cade să dormi în altar. De fumat ştiu că nu fumezi. Aşa, să ştii, omule, că te-am adus la loc priincios făpturii tale. Asta, mai întâi. Al doilea: să-mi spui tu, pentru ce-au făcut nemţii acest război pe care, după cum constaţi pe propria-ţi piele, l-au pierdut?

- Cred că nu mai aveau loc acasă; trebuiau să roiască.

- Drept ai grăit; se cunoaşte că citeşti încă din pruncie Sfintele Scripturi şi poruncile Domnului ţi-au intrat în oase. Aşa-i, cum ai spus. Nemţii aveau nevoie de spaţiu vital, au încercat să-şi mărească apartamentul. Dar tu? Tu ce-ai căutat încoace? Ai vrut Basarabia, Bucovina, spaţiu vital, nu? Nu poţi să te plângi de rezultate. Ai din belşug spaţiu vital.

Privesc peste păduri; pustiu şi gol fără de sfârşit, fără margini. Peste taiga începe să bată vântul dinspre Volga. Simt în şira spinării un fior rece.

- Alo, unde te uiţi? Uită-te aici, pe platforma de la cinci; locuri multe, multe pentru tot natul. În fine, ţi-ai atins scopul, ţi-ai asigurat un bogat spaţiu vital. Noi doi am câştigat bătălia. Eu cred că şi nemţii de acolo, ba chiar şi italienii care nu mai dovedesc să se încălzească de când au plecat de acasă – au suficient spaţiu vital. Vezi, toţi am pierdut războiul, dar în schimb am câştigat spaţiu vital.

- Zi mai departe, Bădiţă, îl îndemn eu curios.

- Mai departe... Să ţi-l spun deci pe al treilea. Tu vezi că eu stau cu capul sus; am pus – drept căpătâi – toată averea mea. Fă şi tu la fel, pune sub cap şi bocancii şi tinicheaua din care mănânci, ca să ţii fruntea mereu sus, cât mai sus. În felul acesta, găsindu-ne la al cincilea etaj şi cu capetele în nori, oamenii vor înţelege că noi avem tendinţe înalte. Chiar şi când dormim, ne rezemăm frunţile de cer... Al patrulea motiv fiind de natură strict confidenţială – personală – ţi-l voi comunica mâine.

S-a lăsat întunericul peste păduri şi-n poartă rusul a bătut clopotul pentru stingere. În prepelece ceasovoii strigă nopţii cu glasuri aspre, mongole, în boxe vocile scad, tot mai puţine se aud şi, în curând, liniştea se aşterne, ca o pătură ruptă. Unii ţipă în somn, alţii se vaită. Ne urmăresc în vise coşmaruri, lupte şi icoane din îndepărtatele noastre cămine...

Dimineaţa, soarele-şi trimite razele luminoase şi-n boxele robilor; el răsare deopotrivă şi pentru cei drepţi şi pentru cei păcătoşi.

Bădiţa, ridicat într-un cot, mă priveşte atent; îmi întoarce faţa la dreapta, la stânga, se uită la mâinile mele şi oarecum mulţumit zice:

- Acum ai înţeles, „cuvioase Daniele”, care a fost al patrulea motiv de bucurie între noi? Nu? Poftim, priveşte-te în oglindă!

Când m-am uitat într-un ciob dintr-o fostă oglindă, am înţeles; peste noapte fusesem atacat de ploşniţe.

- Ei, vezi, aşa mi-am făcut eu socotelile şi aşa-i drept, după iscusinţa mea, să împărţim necazurile cu ploşniţele pe din două. În fiecare noapte vei da tribut de sânge. Mă, zice Bădiţa, confidenţial, nicăieri nu am văzut mai multe şi mai lacome ploşniţe ca la Oranki. Ne sug, nu altceva. Orice bătălie cu dânsele este pierdută. Le-am opărit, nimic. Le-am udat cu apă şi astă-iarnă le-am lăsat să îngheţe la -50°, nimic. Rezistă la teren. Dar, tot stau şi zic, punând în cumpănă lucrurile; nu se poate câştiga spaţiu vital, fără să sângerezi.

Încercăm diseară altă stratagemă, dormim în submarin.

- Adică, ce vrei să spui?

- Las' că te lămuresc eu diseară. Acum nu-i vreme. Hai să ne mâncăm caşa.

Şi pe scaunul al şaselea n-au şezut...

În perioada aceea, la Oranki, nemţii erau naţie majoritară. Starşele de lagăr şi toată administraţia interioară erau nemţeşti. Noi, românii, formam o companie cu efectiv redus şi stăteam sub comanda unui căpitan. Comandantul nostru, pus de stăpânire, era omul ruşilor – şi era ţinut de noi la distanţă. Totuşi, printr-însul primeam şi executam ordinele stăpânilor. Nemţii care „se înroşiseră" se uitau la noi ca la nişte ciumaţi – era nemaiauzit pe-ntinsurile ruseşti să existe grevişti. Ceilalţi nemţi, italieni, unguri – care nu se convertiseră la comunism – se uitau la noi cu o vădită admiraţie: „Îndrăzneţ neam de oameni..."

Într-o sâmbătă, după ce am venit de la lucru – greva se încheiase, cu arma la picior, şi ni se îmbunătăţiseră condiţiile de muncă – îmi spune Bădiţa:

- Vezi că, peste cinci minute, mergem la frizerie; e ziua noastră la bărbierit şi tuns.

Ca în toate puşcăriile din orient, deţinutul este bărbierit odată pe săptămână. Zic: Vin şi eu, mai la urmă.

Peste umăr, Bădiţa îmi aruncă o vorbă pe care eu nu o iau în seamă.

- Păzeşte-te de scaunul al şaselea...

Şi în acest serviciu erau nemţii. Ca-n toate muncile din interior, mai uşoare, şi foloasele erau mai mari. Rupeau din raţia noastră.

Când am ajuns la frizerie, m-am aşezat la coadă. La uşă stătea un neamţ care, pe măsură ce se făcea loc liber, dădea câte o fişă, cu un număr de ordine. Cu numărul acesta, te prezentai la scaunul şi frizerul respectiv. Frizerii nu erau de meserie şi lucrau cum puteau. Săpun de rufe – cea mai de jos clasă – şi nici un penson. În frizerie ţi se spunea ritos: „freacă-ţi barba cu mâna; freac-o bine, căci bricele-s de oţel sud-african, s-ar putea să rămâi fără piele."

În aceste condiţii, bărbieritul era o pedeapsă şi nu o plăcere, ca-n Europa.

Cei care ieşeau din frizerie erau cu faţa roşie, se pipăiau şi înjurau cu necaz, iar eu înaintând spre uşă, sporovoiam încet cu Ionică Hânguleşteanu. Atenţia îmi era ţinută de veştile dintr-o scrisoare a lui Ionică. Şi tot înaintam câte un pas.

Bădiţa iese din frizerie – nu l-am văzut când – şi, cu două degete, îmi ridică capela de la ceafă spre ochi:

- Fii atent, fii atent la ce ţi-am spus... Zic:

- Aşteaptă-mă, că imediat ies de la măcelărie.

Iată-mă în frizerie: o cameră mare, scundă, cu zidurile mâncate de lepră, împrejur, 12 scaune cu gât de contrabas – strunjite cu barda, din lemn de brad. Câţiva frizeri lucrează; cei mai mulţi dintre ei aşteaptă clienţii în timp ce mă săpunesc, privesc halatul unui frizer, mai de aproape, încerc să număr peticele şi mă încurc; de fapt nu este un halat ci a adunare de petice, cusute unul de altul. Totuşi neamţul l-a spălat – acest presupus halat – şi a făcut chiar o încercare de a-l călca.

- Domnilor, ni se adresează, curtenitor, şeful frizeriei: frecaţi bine bărbile... Astăzi am avut multă clientelă şi s-au tocit bricele.

Ionică, săpunit gata, îndreptându-se spre scaunul lui, zice tare, ştiind totuşi că nemţii nu-l înţeleg: „bricele sunt tocite încă din fabrică; aşa li-i neamul".

Eram singurul care mai rămăsesem; îmi săpuneam barba – ziceam eu – foarte bine şi căutam din ochi un frizer liber.

- Pardon, ce număr aveţi indicat în fişă? Scot fişa şi i-o arăt. Cu un gest – din ochi – îmi indică scaunul respectiv.

Deocamdată fiind ocupat, aştept. Simt cum se strânge săpunul pe faţă. Încep iar săpunitul şi, puţin contrariat – toate scaunele erau libere, în afară de cel indicat pe fişa mea – mă îndrept zâmbitor spre frizer, căruia îi cer favoarea de a mă bărbieri.

- Ce scaun indică fişa dumneavoastră?

Îi dau fişa. Neamţul purta nişte ochelari groşi, legaţi cu o aţă neagră, în jurul capului, era înalt, uscat, străveziu, osos, de culoare leşietică. Întoarce fişa pe toate părţile – era un număr scris cu creion chimic, pe un pătrăţel de placaj – şi stă în cumpănă.

- Nu ştii, spune el, e numărul nouă sau şase?

- Dumneavoastră ce număr de ordine aveţi la scaun? îl întreb eu, deşi dacă aş fi fost atent aş fi văzut pe speteaza scaunului un şase cât o zi de post.

- Şase, îmi răspunde calm frizerul; însă eu cred că fişa dumneavoastră este pentru numărul nouă şi socotesc că acolo trebuie să vă adresaţi.

Mă duc – mulţumindu-i pentru indicaţie – la numărul nouă. Frizerul, mic, bondoc, albastru-n priviri şi cânepiu la frizură – se uită la fişă şi mi-o înapoiază imediat: „Domnule ofiţer, este pentru numărul şase". Foarte mulţumit, salutându-l cu respect – mă întorc zâmbind – la cunoştinţa mea de adineauri, frizerul de la scaunul şase.

- Domnule frizer – zic eu – iată că nouă mă trimite la şase. Poftiţi fişa.

Leşieticul de la numărul şase ia fişa în mână, se uită la dânsa, surâde; nu-mi spune nimic, îl văd că se duce la numărul nouă şi discută ceva. Fişa trece dintr-o mână în alta. E o mică neînţelegere asupra unui punct, ce-ar fi trebuit să indice, precis, dacă-i şase sau nouă. Cei doi frizeri, amabili, se adresează pentru mediere şefului lor; şeful este un băiat tânăr, blond, subţirel. Se uită la fişă şi apoi spune: „Este pentru numărul şase".

Ce bucurie pe mine! În sfârşit, voi fi bărbierit: frizeria era golită de clientelă. Frizerul de la şase îmi face semn să mă aşez pe scaun. Faţa mă ustură îngrozitor. Săpunul de rufe îşi făcea efectul.

Ceilalţi frizeri se uitau, alene, pe geamuri. Privirile lor treceau peste păduri, ori poposeau obosite pe Oder, Elba, Nekar, Rin. Tare-s departe Heidelberg-ul, Feilda, München-ul, Bonn-ul...

Ca un preot în oficiul său slujeşte frizerul meu. Ce gesturi largi, sacramentale! Îmi pune un fel de cearşaf în jurul gâtului – cearşaf să fie? Îmi fixez capul pe gâtul contrabasului şi cu ajutorul unui ou de lemn – care a fost cândva penson – mă săpuneşte; observase că pe faţa mea, după atâta târguială, se uscase săpunul.

Ridică de pe masă un brici – singurul, de altfel – şi-l priveşte atent, cu ochi miopi. Se pare că briciul a ieşit bine la inspecţie, deoarece neamţul nu-l mai trage pe curea. Cu un „ia" – care nu spune nimic bun – îşi îndoaie şira spinării, se apleacă, mă apucă cu mâna stângă de barbă – cu degetele lungi şi osoase ca de mort – şi începe.

Ochii mi se umplu de lacrimi. Strâng, scrâşnind, din măsele, apropii genunchii, îmi înfig unghiile în scaunul pe care stau şi îndur suferinţe de martir.

Frizerul lucrează încet, calm; dă mereu cu pensonul şi din când în când „ia, ia" („da, da"), şi dă cu scuipat. Ceilalţi frizeri privesc, tăcuţi, spre al şaselea scaun. Când ajunge cu briciul sub bărbie, simt că trebuie să urlu şi să fug. Neamţul îmi înţelege intenţia şi mă linişteşte: „ia, ia" („da, da") şi lucrează mai departe. Se pare că lucrul merge greu. Printre lacrimi, observ pe faţa neamţului broboane de sudoare. Ceilalţi frizeri şoptesc ceva. Chinul e supraomenesc; satârul – pardon, briciul neamţului – este plin de sânge. Se apropie câţiva frizeri şi privesc la mine. Ochii lor îmi spun că-i rău. Omul meu începe să tremure, nu mai este sigur pe brici şi când ajunge la mărul lui Adam, hârşti! Rapid mi-l nivelează. Ţip ca-n gură de şarpe, sar de pe scaun şi ţâşnesc, ca fulgerul, pe uşă. În urma mea rămân frizerii zăpăciţi, cu gurile căscate.

Afară mă așteaptă Bădița și alți amărâți. Pricep, dintr-o privire, ce mi s-a întâmplat. Galop cu mine la infirmerie. Doctorul mă spală, mă unge, mă cârpește.

Mă reazem afară, de un brad; în jurul meu, mai toți românii mă căinează, îmi suflu zgomotos nasul; parcă m-am mai liniștit.

Bădița abia-și stăpânește râsul.

- Îmi pare că te-am prevenit! Deh, dacă umbli cu capul în nori. Măi, tinerețe fără bătrânețe și viață fără de moarte, ia spune-mi, ai citit tu vreodată Cartea psalmilor?

- Pe mine mă întrebi, creștine? Ripostez eu, mângâindu-mi fața scrijelită la măcelărie; desigur că am citit-o.

- Dacă-i așa, ții tu minte ce se spune în psalmul numărul 1?

- Desigur.

- Spune-l!

Și, eu, forțându-mi puțin memoria, recit: „Fericit bărbatul care n-a umblat în sfatul necredincioșilor. / Și-n calea păcătoșilor n-a șezut și pe scaunul batjocuritorilor nu s-a așezat. / Ci în calea Domnului va cugeta ziua și noaptea..."

- Destul... Am înțeles; tu ai rămas tot ortodox. Bădița ridică un deget și, adresându-se mie, spune ritos, ca la bară: „Din moment ce Luther a răsturnat conceptul dogmatic catolic, aderenții lui, mergând pe drumul trasat de reformator, au adus serioase modificări, chiar și Sfintei Scripturi. Mai aproape de timpurile în care ne găsim noi astăzi, luteranii se forțează să înnoiască creștinismul. Reforma merge într-acolo, ca însuși Hristos să fie decapitat. În cele mici, reforma se ocupă de lucruri de amănunt. În susținerea celor de mai sus, aduc și faptul că frizerul-măcelar este de profesie pastor luteran. Din cercurile luterane – pe care le frecventează Pop Porfirie – știu precis că pastorul-măcelar se ocupă de modernizarea Sfintei Scripturi și, cu o muncă planificată – na, un termen nou – a ajuns cu adaptarea Sfintei Cărți la capitolele cu psalmi. Dar de unde să știe un călugăr athonit – care trăiește și moare cu Scriptura încremenită sub de trei ori aminul Apocalipsei şi cu tradiţia în sân – despre astfel de preocupări la nemţi? Aşa că, preacuvioşia sa, preacuviosul şi mult pătimitorul Daniel de la Oranki, cu nevinovăţia caracteristică monahilor din Carpaţi, s-a dat în gura leului, cum făceau creştinii, sub Nero. Şi leul l-a pişcat şi l-a scrijelit. Socotesc eu, cu mintea mea cea nesocotită de moldovean, că dacă pastorul-măcelar ar fi ştiut ce miel nevinovat i-a venit sub satâr, i-ar fi tăiat complet beregata, punând la pământ ortodoxia.

Dar, se vede că ochiul lui Dumnezeu priveghează atent peste Biserica strămoşilor noştri. Şi doar aşa, ca o încercare, l-a spârcuit puţin, prin intermediul briciului reformat, pe prea alesul nostru duhovnic şi reprezentant al creştinismului celui adevărat. Şi acum, cuvioase, fii atent şi vino la realitate. „Vezi, să nu greşeşti din nou, zice Domnul nostru Iisus, ca să nu ţi se întâmple ceva mai rău" – să rămâi fără cap, de exemplu. Fii atent la poveţele mele şi nu dispreţui nuiaua gurii mele, fiule – aşa mi te-ai adresa mie, părinte ieremit, ca să-mi tălmăceşti scripturile.

- Şi eu ţi-o întorc, şi-ţi fac cunoscut că noua Scriptură, ediţia modernă a reformaţilor, la psalmul 1, sună aşa: „Fericit bărbatul carele în frizerie nemţească n-a intrat, cu săpun de rufe nu s-a săpunit şi pe scaunul al şaselea n-a şezut... Ci cugetă ziua şi noaptea ca, după Legea Domnului, să-şi lase barbă până la genunchi... Că ştie Domnul calea călugărilor păcătoşi, care îşi pun briciul în barbă şi scrijelirea gâtului este sfârşitul lor"... învaţă-l, căci poate să prindă bine. Amin, Bădiţă, închei eu, râzând.

Se vede că Dumnezeu este ortodox. A făcut El ce-a făcut şi pe pastorul luteran l-a dat afară de la frizerie.

Am răsuflat uşurat şi mi-am făcut o mie de cruci, sub zidurile plângerii.

Minunea cu peştii

La începutul primăverii anului 1946, mai mult de jumătate din prizonierii de la Mănăstârca au orbit. Cum apunea soarele, ni se punea o ceaţă pe ochi şi, până la răsăritul soarelui, eram orbi de-a binelea. Şi ziua aveam greutăţi la vedere (în lumină ne jucau puncte negre) care ne oboseau îngrozitor, silindu-ne să închidem pleoapele. Dar nu se putea lucra la pădure sau la colhoz cu ochii închişi.

Azi unul se plânge de această boală, mâine se găsesc mai mulţi: fapt cert este că mai mult de jumătate dintre noi căpătasem, după spusa medicilor, tradusă în limba neiniţiaţilor în probleme medicale, orbul găinilor.

În acest timp, lucram la săpatul unei poieni de vreo 300 ha, unde era vorba să se semene cartofi şi alte zarzavaturi. Lucrul era greu, căci săpam cu cazmalele într-o mlaştină. Din loc în loc, crescuseră usturoi sălbatic şi măcriş şi verdeţuri pe care le „păşteam" imediat. Lagărul ne dădea la masă tărâţe de orz, ovăz cu pleavă semi-coapte, în forme numite impropriu pâine, şi la gamelă, tărâţe fierte, „caşă primitivă". Avitaminoza era în floare.

Din sursă medicală – medicii erau tot prizonieri şi lucrau la infirmerii sub controlul medicilor sovietici – a ieşit zvonul că infuziile de crenguţe de brad verde sunt salvatoare. Şi toţi cei atinşi de orbire pisam crenguţe, făceam şi beam un fel de zeamă verzuie la culoare şi greţoasă la gust. Răul era prea mare ca să poată fi îndreptat pe această cale. Ceilalţi, ce rămăseseră întregi la vedere, dăduseră într-o boală chiar mai grea decât a noastră; unii din ei se umflau, deveneau puhavi şi, la apăsare, degetul se ducea până la os, lăsând un gol în muşchi, iar alţii aveau pielea uscată pe oase, ochii erau mari şi obosiţi, buzele livide, faţa galben-verzuie. Făţiş candidaţi la moarte. Medicii ne spuneau că e distrofie şi caşexie.

Primăvara a venit târziu... Abia pe la începutul lui iunie a apărut soarele şi mestecenii au înflorit. Printre bordeie, distroficii care nu mai puteau fi puşi la lucru făceau plajă. Noi, orbeţii, când reveneam în lagăr, de la lucrul nostru, ameţeam când revedeam scheletele acelea hidoase prăjindu-se la soare. Parcă ar fi fost câmpul plin de oase goale din vedeniile profetului Ezechil.

Venise o comisie rusească – medici moscoviţi – care ne examinase sumar.

Tot examenul consta în aceea că ne trăgeau de pielea de pe spate şi de pe burtă şi totul rămânea, după plecarea lor, cum fusese mai înainte.

La infirmerie erau cozi nesfârşite. Toţi erau bolnavi, în afară de comunarzi care, sub protecţia stăpânului de la comisariatul politic, Terleţchi, foloseau ce era acătării din hrana celorlalţi.

Într-o zi, întors de la lucru, îmi spune un paralitic O.K.-ist[14]: „Du-te la infirmerie, a venit untură de peşte şi rusul vă pune această licoare în ochi. Ferice de voi, orbeţilor, că a voastră este Împărăţia cerurilor".

Era categoria celor mai slăbănogi dintre distrofici care, după poruncă medical-rusească, trebuia să stea tot timpul întinşi, în boxă, pentru „odihnă, la comandă".

Supărat, mă uit cu atenţie şi îmi dau seama că glasul era al mult ispititului preot George Beşchea Mărăcineanu, ce se afla în aceeaşi orbire ca şi mine. Venea din alt lagăr, unde viaţa era la fel. Puţin la trup şi slab de îndelungi pătimiri şi aspre posturi, cu ochelarii pe vârful nasului, cu

[14] O.K. - odihnă comandă.

o barbă mică, frumos îngrijită – avea foarfece și oglindă – vine la mine și îmbrățișarea frățească ne unește inimile.

*

Aici, la Oranki, erau mai puțini orbeți. Totuși eram destui cei cărora doctorii ne picurau untură de pește în ochi.

Într-o zi, Bădița a rămas în lagăr; n-a mers la muncă. Când vin seara, mă așteaptă la poartă și-mi spune fericit: „A venit un vagon de pește; gata cu boala, băieți!"

Și a doua zi dimineața, iată-ne în sala de mese. Nemții sunt bucătari, nemții sunt chelneri. Ne așezăm 16 inși la o masă și cel care stă în capul mesei ne împarte mâncarea. În fața fiecăruia dintre noi apare o grămăjoară de pești mici – hamzi – nespălați, cu mâl și frunze, așa cum au fost prinși din Volga. Luați cu lopata, puși în butoaie, tescuiți acolo, vor fi stat câțiva ani, știm noi pe unde? Și aceia, iată-i la masă, sub ochii noștri flămânzi.

Stăm pe la mijlocul mesei; în față stă Bădița, iar alături, la dreapta mea, părintele Mitrache Bălășcuță transilvăneanul (subțirel, delicat, 'năltuț, cu ochii vii, binedispus și mereu înconjurat de ucenici într-ale dogmaticii ardelene).

Mâncăm pești cu multă poftă, așa cum sunt, fără alegere. Și apoi, privindu-ne, ne râd ochii. Am scăpat de orbire.

E sărbătoare în lagăr; toată lumea e veselă; a venit peștele, s-a dus orbul găinilor. Chiar și comunarzii se bucură; în viitor vor vedea mai clar.

Porția de peștișori apărea în fiecare dimineață pe masă.

Într-o zi, după ce am mâncat 2-3 peștișori, restul l-am lăsat pe masă. Bădița se uită cu un ochi la mine, cu altul la peștișorii rămași. Mitrache mănâncă, atent, peștișor cu peștișor. Am înțeles chemarea mută din ochii Bădiței.

- Poftim, mănâncă, vecine, eu m-am săturat de pești.

- Auzi, s-a săturat de pește!, zice Bădița în auzul celorlalți și ușor, mâna lui se făcu greblă.

Peste câteva zile, renunță și Mitrache la pește. Bădița mănâncă trei porții – circa 150 grame –, nu-i curăță deloc, câte 5-6 peștișori dispăreau ușor în flămândul lui gâtlej.

Când termina cu peştii, ne mulţumea călduros şi repeta zi după zi admirativ: „Buni-s, măi! Parcă aş fi la mine la munte; nici păstrăvii din pâraiele de sub Rarău nu sunt atât de dulci. Bine că vouă nu vă plac!"

Eu şi Mitrache eram foarte mulţumiţi pentru plăcerea pe care zilnic i-o făceam prietenului nostru.

Primăvara a fost scurtă, cu o rapidă înfruntare şi înflorire şi, la început de vară, pădurea fumega sănătate. Peste taiga pluteau nori albi de vată şi ceaţă, iar în lagăr viaţa era mai luminoasă.

Într-o duminică dimineaţă, cald, soare, cer albastru. Nu mergem la lucru, în sala de mese, animaţie. Bărbieriţi, îmbrăcaţi, periaţi, ne aduceam aminte că şi noi, cândva, am cunoscut binefacerile civilizaţiei. Ţara şi căminele erau departe. Gândurile, mai ales în zile de sărbătoare, poposeau pe crestele Carpaţilor sau în luncile dunărene. Dorurile după Dunăre şi după Ceahlău ne măcinau sufletele. Nu există nici un sentiment mai puternic decât dorul de ţară. Deschideam larg nările când peste păduri băteau vânturile dinspre apus şi adulmecam doar, doar va ajunge şi până la noi parfumul florilor de sânziene.

Duhul florilor şi al amintirilor ardeau în noi, numai în noi. Ţara cu munţi şi viori şi cu ape albastre era departe, prea departe...!

Suntem la ceai şi Bădiţa cu aceeaşi plăcere îşi mănâncă întreita porţie de peşte. Mitrache se uită neîncrezător la caşa din faţa lui. Eu beau ceaiul călduţ.

Bădiţa mănâncă, se uită la mine, îl priveşte pe Mitrache şi parcă ar avea ceva de spus:

- Zi, Bădiţă, ce mai stai în cumpănă?

Bădiţa întrerupe masa, se uită la mine, faţa-i este luminată de un gând interior, şi spune:

- Părinte Dănilă, e adevărat că Domnul Hristos a făcut o minune şi a înmulţit peştii?

- Desigur, Bădiţă, aşa este. La Sfânta Evanghelie se arată că Mântuitorul a binecuvântat 2 peşti aduşi de apostoli în faţa Sa şi, în mod minunat, peştii aceia au fost suficienţi ca să se sature cu ei câteva mii de oameni. Şi acest lucru s-a repetat încă odată. Prin omul Iisus lucra puternic harul lui Dumnezeu.

- Tu crezi că a fost cu putinţă aşa ceva?

- Tot la Evanghelie stă scris că ceea ce la oameni pare o imposibilitate, la Dumnezeu este o lucrare naturală. Desigur, eu cred că este o realitate absolută tot ceea ce stă consemnat în Sfânta Carte. De altfel, Mântuitorul ni S-a adresat – mie şi ţie, şi la alţi întrebători – spunându-ne că dacă în sufletele noastre se află credinţă măcar cât un bob de muştar, cu aceeaşi credinţă vom fi în stare să mutăm şi munţii. Vezi, El încheie – frumos de tot – cu această făgăduinţă: „toate sunt cu putinţă celor ce cred".

- Şi tu crezi?

- Da.

- Bine, aşa să rămână, cum zici tu. Te întreb mai departe: ai spus că, prin har divin, Mântuitorul a realizat minunile care sunt pomenite în Biblie. Aşa zic şi eu. Mai departe: Mântuitorul Şi-a ales un număr de apostoli, cu scopul precis de a-I duce mai departe învăţăturile. Mai mult decât aceasta, Domnul Hristos le-a dat din harul Său şi scrie, la cărţile de după Mântuitorul, că prin mâinile apostolilor se făceau nenumărate minuni, la fel ca prin mâinile Lui. Aşa-i cum spun eu sau ba?

- Aşa-i, zic eu, atent la argumentarea Bădiţei.

- Bine ai zis. Ştim apoi că sfinţii apostoli n-au luat cu dânşii, în ceruri, harul primit de la Mântuitorul, ci, grijulii pentru viitorul omenirii, şi-au ales numeroşi urmaşi, cărora, prin punerea mâinilor, le-au predat şi învăţătură şi har. Şi aşa au mers lucrurile de la apostoli la ucenici, de la ucenici la episcopi şi prin episcopi la preoţi, până în zilele noastre...

- Dreptu-i cum le arăţi, Bădiţă; dar cu asta, mă rog matale, unde vrei să ajungi?

- Unde vreau să ajung? La tine vreau să ajung. Ei, bine, eşti sau nu eşti preot?

- Sunt, păcatele mele...
- Eşti în ordine apostolică cu această preoţie a ta?
- Fără nici o îndoială.
- Bine. Atunci o părticică din harul lui Dumnezeu ţi-a revenit ţie. Logic, nu?
- Mi-a revenit.
- Prin harul lui Dumnezeu s-au făcut minuni. Prin părticica de har care a ajuns până la tine, oare nu se poate face o minune – micuţă, aşa cum îmi trebuie mie?
- Mai întâi de toate, mata Bădiţă, greşeşti un lucru: socoteşti că mie mi-a revenit o firimitură de har. Realitatea este că, prin hirotonie, am primit de la Mântuitorul, prin intermediul părintelui episcop Tit, tot harul preoţiei creştine...
- Aşa? Cu atât mai bine. Am înţeles. Eu mă mulţumesc cu o minune mică, bună doar pentru mine. Te rog, fii bun şi aici – în faţa tuturor românilor care ne aud şi ne văd, fiind şi sfântă zi de duminică – te rog, fii bun şi înmulţeşte peştii aceştia, să văd şi eu fapta şi să mă satur odată şi, din ceea ce-mi va prisosi, să împărţim celorlalţi flămânzi. Aşa ar fi şi frumos şi după pravila creştină. Nu scrie la Carte, să-l ospătezi pe flămând?
- Bagă de seamă, omule, zic eu, că tot la Lege stă scris: „Să nu ispiteşti pe Dumnezeul tău".
- Ei da, acum fugi de răspundere? Îţi cauţi o retragere creştinească? Cuvioase, cuvioşia ta, o mie de argumente nu fac cât o minune, oricât de mică ar fi ea. Să te văd.

Mă uit la confratele meu, Mitrache transilvanul, ortodox habotnic, care se uită sperios în toate părţile şi e gata să bată o mie de mătănii şi să facă o mie de cruci pentru a îndepărta ispita de la noi.

Mă uit la ceilalţi români, tăcuţi şi interesaţi. Toţi aşteaptă riposta mea.
- Bădiţă, ceri minuni de la Dumnezeu?
- Cer...
- Bine. Mă ridic de pe scaun şi uşor trag în dreptul meu fundul de lemn cu peştele ce încă nu fusese mâncat de Bădiţa.

Privesc încă odată la comeseni. Mitrache este de-a dreptul îngrozit; ar vrea să mă oprească. Nu care cumva să fac vreo greşeală şi să mă pedepsească Dumnezeu. Ceilalţi privesc la mine şi la peşte.

În tăcerea plină de semne de întrebare, vocea mea scăzută murmură: „Doamne, Iisuse Hristoase, Mântuitorul lumilor. Tu, Care ai săturat, în pustie, cu puţină pâine şi peşte binecuvântat, mii de Galileeni flămânzi şi s-au ridicat resturi suficiente de la masa acelor înfometaţi pentru a hrăni o companie de prizonieri în Răsărit, ascultă-mă, în această zi şi-n această oră, când ispita pune în cumpănă puţinătatea harului meu, şi iartă-mă pentru ispitire. Mântuitorule, prea bunule, în faţa Ta stă acum un om al foamei şi sufletul lui s-a lipit de peştişorii scoşi din Volga. Fă, Doamne, te rog fierbinte, minunea pe care ţi-o cere flămândul din faţa ta şi satură-L de peşti, încât să mai rămână şi pentru alţi doritori. Iar noi Te vom lăuda pe Tine, Stăpânul nostru, şi vom mări lucrarea Sfintei Treimi, pe care o cinstim în Persoana Tatălui, a Fiului şi a Sfântului Duh. Amin".

M-am închinat, am făcut semnul crucii peste peştişori şi uşor, i-am împins în dreptul Bădiţei.

Parcă un duh a trecut printre noi. L-am simţit cu o înfiorare.

În jur, oamenii discutau în şoaptă. Mitrache privea ţintă gamela, în sufletul lui se dădea o luptă cumplită. Nu cumva a asistat la ispitirea lui Dumnezeu?

Bădiţa mânca tacticos, ştiindu-se privit de zeci de ochi; mânca, atent la mine. Zâmbea uneori câte unui gând ascuns...

Deodată, când mâncase doar jumătate din peşte, se ridică de pe scaun şi scoate din gâtlej un sunet dezarticulat. Faţa-i devine palidă, gălbuie, ochii se măresc şi cu arătătorul ne indică ceva, pe masă.

Privim şi începem să râdem de se cutremură sala de mese. Între peştişorii de pe masă, stătea o broască mare râioasă, turtită, veştejită, cu maţele afară...

În timp ce Bădiţa apăsa cu mâinile pe stomac şi-şi croia drum spre ieşire, eu totuşi mai am timp să-i strig tare:

măi, Bădiţă, pentru un creştin ca tine, se cuvenea o astfel de minune.

*

Cât a mai stat în lagăr, Bădiţa nu s-a mai atins de peşte, înaintea lui stătea imaginea broscoiului râios. La aducerea aminte a acestei întâmplări, Mitrache ardeleanu îşi făcea repetate cruci şi murmura: „L-a pedepsit Dumnezeu. Bine i-a făcut. Au nu scrie la lege? Să nu ispiteşti pe Domnul, Dumnezeul Tău? Vezi tu, Dumnezeu nu doarme şi mai ales nu Se lasă batjocorit de oameni". Şi-şi făcea din nou o cruce cucernică.

Ştiu eu ce să mai zic? O fi avut dreptate transilvanul.

Din ceruri se sloboade ploaie...

Era pe la începutul lunii iulie, în 1946. Lucram cu Bădiţa şi cu încă alţi zece inşi la stivuit lemnele în dosul lagărului. Acolo, în afara zidului dinspre răsărit, mai erau câteva clădiri vechi – însă în bună stare – pe care le folosiseră pe vremuri călugării. În dosul acestor clădiri – locuite acum de administraţie – era un lac mic şi pe mal o clădire de cărămidă roşie cu etaj, unde locuia Ţarul atunci când vizita mănăstirea. Lângă stăvilarul lacului, la cinci metri distanţă, este o fântână largă, cu apă, zidită tot în cărămidă, la linia terenului. Din această fântână, din timp în timp, se ridică un zgomot surd, din afund, un isbuc care clocoteşte puţin la suprafaţă, apa se învălurează şi apoi încet, încet se aşază. Fântâna aceasta o îngrijeam noi. Oamenii din partea locului ne spuneau că numai oamenilor buni li se arată isbucul clocotind şi că, dimpotrivă, celor răi, ori de câte ori ar aştepta glasul izvorului, fântâna tace. Tot localnicii ne spuneau că izvorul acesta, Izvorul tămăduirilor, cum îl numeau ei, aduce celor ce cred vindecări miraculoase şi linişte sufletească.

Pentru acest motiv, noi îngrijeam izvorul şi cu sfială, stropeam feţele noastre necăjite. Gustam de fiecare dată, când ajungeam până aici, din apele izvorului.

Îmi aduceam aminte că era, lângă una din porţile Ierusalimului – pe timpul Domnului – un lac, în apele căruia, din timp în timp, se pogora un înger care unduia apele. Şi cel care intra întâi în aceste ape mişcate de aripa arhanghelului se făcea sănătos de boala sa.

Cu această aducere aminte cu rezonanță biblică, mă apropiam de izvor şi aşteptam; izvorul îndată fierbea şi, cu smerite închinăciuni, beam din apa dulce şi plăcută la gust, apoi îmi stropeam creştetul, lăsând să curgă picăturile cristaline pe faţa mea. Şi toate suferinţele care veneau peste mine uşor mă ocoleau şi eu am rămas tot timpul întreg şi nevătămat de vreo stricăciune.

Pe malul lacului, de jur-împrejur, perdea de sălcii bătrâne şi de plopi uriaşi...

În anul acesta a fost secetă cumplită peste aceste locuri şi mai departe. Seceta a plecat de la apa Volgăi şi a călătorit ca un curent peste toată Ucraina, oprindu-se tocmai în Ţara Românească, prin preajma Bucureştiului. În urma ei rămase câmpul ars, holdele mici, rare şi fără rod în spic. Frunza mestecenilor se făcea tutun. Deasupra, cer albastru, iar între cer şi pământ, vânturi aspre, pustiitoare. Norii se opriseră undeva deasupra oceanelor şi mărilor. Pe aici nu ajungea umbră de nor cu ploaie.

Pământul a crăpat de secetă. Poienile s-au uscat şi vitele, ca şi oamenii speriaţi de spectrul foamei, se uitau în sus şi aşteptau de acolo mântuirea. Dar cerul rămânea neîndupleca. Păcatul oamenilor era greu în cântarul divinităţii; urâciunea pustiirii fusese aşezată pe scaunul Celui prea înalt şi acum acesteia i se aduceau osanale, ca unui Dumnezeu: „Slavă marelui Stalin, dascălul şi învăţătorul popoarelor".

Oamenii, trişti, se gândeau la ziua de mâine, care de cele mai multe ori însemna moarte chinuită.

Noi stivuiam lemnele care veneau din pădure, sub soarele acesta care pedepsea pământul. Când scăpăm de supravegherea ceasovoiului, ne repezeam până la izvor. Câmpul de ovăz şi zarzavaturile din grădina colhozului se topeau şi oamenii în zadar băteau cu sapele în pământul tare ca piatra. Seceta usca, ardea câmpuri şi păduri.

Într-o zi, când soarele arăta ora nouă, din păduri, pe cărările ce duceau la izvor, au apărut cântând grupuri de bătrâni şi tineri. Parcă la o singură comandă s-au pus în mişcare satele de prin poieni. Până la noi ajunge cântul lor implorator: „Dăruieşte, Dumnezeule, ploaie pământului celui însetat..." Grupuri lângă grupuri, oamenii se adună încet lângă izvor, iar ceilalţi care vin mereu se aşază în spatele lor, până ce malurile lacului sunt acoperite de mulţimile care-L cântă pe Dumnezeu.

Pădurile trimit necontenit creştinii către mănăstire, către izvor. Într-un ceas s-au adunat aici mii de suflete. Mii de voci într-o armonie naturală cântă lui Dumnezeu şi-L roagă.

La fel făceau creştinii primelor veacuri. Ascunşi de ochii persecutorilor, în catacombe sau prin păduri, se adunau şi cântau imnuri în cinstea Dumnezeului om, Iisus.

Cântecul miilor adunate se ridică până la tronul marelui Dumnezeu. Un lucru cer aceste suflete înlăcrimate: „Doamne, nu ne pedepsi cu foamete pentru păcatele noastre, ci, pentru îndelungata Ta răbdare, îndură-Te de nevinovăţia copiilor şi de neştiinţa animalelor. Pentru aceste suflete curate, dăruieşte Mântuitorule, ploaie pământului celui însetat..."

În mijloc, lângă zidul de lângă izvor, sunt aşezate mai multe mese. Pe mese apar colivele cu lumânări şi mirosul tămâii pluteşte deasupra mulţimii. Lângă izvor e un preot bătrân, şchiop, îmbrăcat în haine lungi. Părul alb, ca zăpada, iar faţa, brăzdată de riduri adânci. Din ce ocnă va fi apărut? Alături de bătrân, un preot tânăr, cu părul şi barba roşie, cu ochi cutezători.

Mulţimile se închină şi cu lumânări aprinse în mână îngenunchează. Bătrânul preot se roagă şi din ochi îi curg lacrimi. Poporul suspină şi murmură cu umilinţă: „Doamne, miluieşte... Amin".

În timp ce rugăciunea continuă, mă uit împrejurul meu. Pe acoperişurile clădirilor din lagăr stau – ciucure – prizonierii, care privesc tăcuţi şi se închină. În prepelece ceasovoii s-au oprit pe loc şi nu ştiu ce să facă. Se închină, pe furiş, cu gesturi mici. De după perdele caută, iscoditor, ochii politrucului şi ai celor din administraţie. Ah, cu ce plăcere ar împrăştia Terleţchi această mulţime „proastă"! Comisarul se frământă ca-n frigurile morţii; câteva minute stă la birou, apoi iese grăbit afară, caută spre izvor. Îl supără mulţimea aceasta care se roagă şi pe faţa-i pistruiată apare sufletul lui negru, sufletul lui Iuda. Nu are nici o putere. Scrâşneşte din măsele, înjură murdar: „proşti, turmă, dobitoci".

Mulţimea se roagă.

Ceasovoiul nostru s-a strecurat până-n dosul unui plop, s-a descoperit şi stă în genunchi.

Noi stăm mai la o parte, sus, pe o moviliţă, lângă casa Ţarului şi, îngenuncheaţi ca şi mulţimea, ne rugăm. Băditţa, cu mâinile cruce la piept stă mut, extaziat de cele ce vede.

Icoanele strălucesc, auriu, în bătaia soarelui, iar chipul Maicii Domnului împarte binecuvântări peste capetele credincioşilor săi.

Serviciul divin s-a apropiat de sfârşit. Glasul preotului tânăr se ridică puternic, cu vibraţii de bas pedalist, preamărind timpurile de glorie ale genialului general Stalin. Pentru că acesta a dat pace şi libertate popoarelor şi tot el asigură bunăstarea omenirii. Ascult şi nu-mi vine să cred. Băditţa se închină murmurând: „Ptiu, ucigă-l toaca; credeam că-i preot, când colo iată unde s-a aciuit dracul..."

Aşteptam ca tânărul preot să pomenească ceva despre ajutorul pe care îl aşteptăm de la Dumnezeu şi despre binefacerile care numai de la El pornesc. Din gura cuvântătorului ieşeau panglici şi osanale pentru libertate şi conducătorul popoarelor. Nici o frază în care să se pomenească despre acţiunea mântuitoare a Galileanului. Stalin a zis, Stalin a făcut aşa, Stalin luminează orizontul.

Iar Băditţa conchide: „Stalin a făcut lumea în şase zile şi, ca atare, lui i se cuvine laudă – în Kremlin – pentru veci de veci".

Terleţchi, lângă noi, cu şapca pe cap şi cu mâinile în buzunare, ascultă, aprobă, se bucură: „Aşa, aşa, ăsta-i adevărul."

La sfârşit, e gata să-l aplaude pe vorbitor. Intră fluierând în biroul lui. Îşi freacă mâinile satisfăcut: „Prea a fost bună predica: Ar fi fost păcat dacă nu se găsea cineva care să spună gloatelor despre ce a făcut marele Stalin. Şi când stai şi te gândeşti că aceşti preoţi propagandişti se mulţumesc cu foarte puţin; o sută, două sute de ruble... Alţi agitatori cer mai mult. Iată că biserica şi-a înţeles rosturile ei sociale, în sfârşit, a înţeles că trebuie să stea în slujba poporului. Şi cu propriile ei mâini să plece grumajii mulţimilor, să o supună stăpânirii şi să o accepte nu ca pe un rău necesar, ci ca pe supremă fericire".

Iată cum acest fel de preoţi sapă, cu propriile lor mâini, o groapă mare, adâncă, lată, unde să fie înmormântate toate câştigurile şi toate bunurile spiritualităţii creştine...

Tânărul preot încheie: „Lui Stalin i se cuvine toată lauda pentru toate binefacerile lui... Amin". Şi-şi face o cruce mare, plină de cucernicie, până la pământ.

În timpul osanelelor de mai sus, bătrânul preot a stat mut şi surd, cu ochii la pământ. Mulţimile privesc pământul sleit de roadă şi apoi caută spre înălţimea cerurilor. Vorbele predicatorului ajung supărător până la urechea credinciosului; dar în inimă ele nu au ce căuta, acolo tronează blândul Iisus şi cuvintele lui stau săpate pe pereţii inimii: „Eu sunt Calea, Adevărul şi Viaţa... Rămâneţi întru Mine şi Eu întru voi; nu slujiţi la doi domni. Nu-i slujiţi lui Mamona – slujiţi numai lui Dumnezeu."

Bătrânul preot, cu pletele albe ca neaua de pe munte, încheie serviciul divin cu fraza: „Fraţii mei, căutaţi la înălţimea cerurilor. Inima mea, cea mult încercată, îmi spune că suspinele noastre au ajuns până la Dumnezeu. Şi el va slobozi ploaie pe pământ... Lui I se cuvine lauda în veci de veci. Amin."

Cu mâna dreaptă stropeşte în cruciş peste capetele descoperite, în rânduri liniştite, iar mulţimile se apropie, sărută crucea din mâna bătrânului şi se duc iar pe vechile locuri.

A trecut de amiază. Dinspre apus începe să bată un vânt la început abia simţit, apoi din ce în ce mai tare. Peste păduri, departe s-adună norii ca nişte ceţuri plumburii la vedere. Vântul bate lin prin ramuri, iar mulţimile se-nchină.

Ploaia vine cu vuiet lung şi tunetele se aud din ce în ce mai puternic. Cerul s-a acoperit de nori şi soarele, cu o ultimă privire la icoana Mântuitorului, dispare după perdeaua norilor. Frunza plopilor fluieră şi se zbate. Un fulger violent despică cerul în două şi se face pentru o clipă o linişte de mormânt. Apoi, cu vuiet lung cad, repezi, trâmbele de ploaie.

Glasul mulţimilor, acompaniat de orga tunetelor şi de freamătul pădurilor, repetă, repetă mereu: „Dăruieşte, Mântuitorule, ploaie pământului celui însetat..."

Şi ploaia cade repede, deasă, ca o revărsare de ape. Mulţimea descoperită stă în ploaie şi pe feţe se citeşte biruinţa credinţei.

Ceasovoiul de lângă noi, tot în genunchi, cântă şi se închină. Politrucul dezorientat se încuie în camera sa.

Plouă mereu şi mulţimile stau fericite sub ploaie, cântând laudă lui Dumnezeu. Bătrânul preot stă în picioare lângă izvor, iar ploaia îi spală faţa veştejită de atâtea suferinţe. Ceasovoii din prepelece se închină.

*

Ploaia a ţinut un ceas, două, iar din urma ei a venit altă ploaie şi tot aşa, o săptămână, la rând. După o săptămână s-a arătat soarele, luminos şi tânăr. Pădurea cu poienile înviorate şi firul ierbii se arătară verzi ca la început de primăvară.

Minunea se făcuse; natura renăştea. Ceea ce scăpase de arşiţa soarelui (ogoarele de ovăz necăjit şi poienile cu cartofi) s-a redresat. La vremea coacerii, toamna, va fi ceva de cules. Bucatele nu vor fi suficiente, dar suferinţele vor fi ceva mai puţine, vor fi cartofi măcar...

În ultima oră a ultimei zile când mai lucram la stivuirea lemnelor, am mers câţiva şi-am pregătit izvorul pentru iarnă, făcând o prispă de nisip în jurul lui şi acoperindu-l cu scânduri de mesteacăn.

Plopii îşi aşterneau frunza polog, iar dinspre nord băteau vânturi reci de toamnă.

Izvorul avea să rămână singur, părăsit şi troienit de zăpezi. Până când va ajunge şi pe aici vânt cald de primăvară!

Şi îngerul Domnului va atinge, cu pana aripii, unda apei cristaline. Iar minunea se va arăta pentru oamenii buni, ca să potolească suspinuri şi dureri.

Şi Vodă Cantemir a fost pe aici

În noiembrie 1946 eram încă la Oranki. De vreo lună venise aici şi Alexandru Muscă, prietenul nostru, care fiind încercat pe întinderea celor 20 de ani, de când ne cunoşteam, cu zgomotoasă bucurie i-am făcut loc lângă noi, la etajul cinci – pentru aceleaşi motive care mă fixaseră şi pe mine ici. Şi el plecase la război pentru spaţiu vital şi, ca atare, trebuia să-i facem porţie de ploşniţe. S-a întâmplat că sus câştigasem întrucâtva bătălia cu sângerosul nostru inamic. Făcusem rost de cearşafuri – umbre ale celor ce-au fost cândva – le cususem ca pe saci. La culcare ne băgam în ei, legam gura sacului pe deasupra capului şi dormeam în „submarin". Pentru aerisire, cususem un petic de tifon în dreptul nasului.

Ploşniţele ne-au dat târcoale, le-am auzit fugind pe capul nostru o săptămână, două şi apoi, extrem de amărâte, ne-au întors spatele, trecând la etajul patru.

Bădiţa avea vise rele; ştiu eu? Scene de pe front, alte aduceri aminte – fapt că într-o noapte s-a ridicat în picioare, aşa cum era în submarin, şi a strigat înfiorător, trezind tot dormitorul: „Spune-mi, eşti dracu' sau eşti Dumnezeu?"

S-a liniştit greu.

A doua zi, îmi spune: „Se făcea, în vis, că vine asupra mea un om, când îmbrăcat în lumină orbitoare, când în roşu de foc şi cu coarne de ţap. Din mâna luminoasă a omului ieşeau raze aurii, din coarnele ţapului, numai limbi roşii de foc. Şi această figură venea de departe, spre mine. Eu eram singur-singurel, pe un şes întins, gol, sub un cer încremenit... Şi de spaimă am strigat..."

Acum iată-l pe Sandu lângă noi. Vom împărţi cu dânsul bucuriile. Sandu nu poate suferi „submarinul", se teme să nu se sufoce. N-avem ce-i face. Luptă-se, cum va putea, cu ploşniţele.

Sandu-i de statură mijlocie, spate bine legat, cu privire ce trecea dincolo de prezent. Umblă – vară şi iarnă – cu căciulă, cu o bucată de pătură veche la gât, căreia el îi spune fular şi cu genunchiere. Îl auzi mereu: „Curent, bre, curent". Şi Curent i-a rămas numele. Marele duşman al lui Sandu este curentul. „Ai putea să rămâi cu fălcile strâmbate, bre..." şi pe acest temei, Sandu, care-i simpatic tuturor, este cunoscut nu sub numele patronimic de Muscă, ci de Sandu Curent.

Mai are el o meteahnă, care pe noi ne distrează: e tobă de carte – aşa zice el – şi la dânsul alergăm după răspunsuri pentru istorie, literatură franţuzească, filologie şi drept. Totuşi, pasiunea lui e instabilă la această oră; o lună e istoric, şi-n cea imediat următoare, se zbate învăţând limba turcă sau japoneză. Recunosc, le ştie pe toate. Mândru, îmi spune într-o seară: „Bre, l-am întrecut pe Dimitrie Cantemir, chiar şi pe Iorga. Vorbesc mai multe limbi decât ei".

Dar pasiunea cea mai mare a lui Sandu rămâne totuşi istoria – el o spune, o afirmă tare, la diferite ocazii – dar nu orice istorie, ci numai a Imperiului roman. Este încântat la maximum de trecutul glorios al strămoşilor noştri. Până aici, nimic neobişnuit. În general, fiecare om are o pasiune sau chiar mai multe – şi totuşi rămâne foarte plăcut cercului prietenilor săi. La Sandu, pasiunea romană s-a transformat într-o meteahnă. Băditța şi cu mine ne căznim să-l vindecăm, luându-l când cu binişorul –, căci doar ni-i prieten – când cu asprime – căci doar ne face de râs. Mărturisesc că până la această oră, nu am reuşit nimic.

Auziţi, popoare, şi vă cutremuraţi, Sandu vrea să refacă Imperiul roman – pe toată întinderea lui, împingând pe slavi spre locurile lor de origine –, iar capitala să o mute la Piscu. De ce la Piscu şi nu în altă parte? Mai întâi, pentru că Sandu s-a născut la Piscu – şi ăsta-i cel mai important eveniment petrecut în istoria acestui sat de lângă Galaţi. Al doilea, pentru că Dimitrie Cantemir, în *Descrierea Moldovei*, pomeneşte şi notează pe hartă despre Piscu. Şi, în al treilea rând, tot atât de important ca şi primul, pentru că satul Piscu este sat numai cu români, fără nici o liftă străină pe acolo. Prin urmare, Sandu se agită pentru refacerea Imperiului roman, cu reşedinţa împăratului la Piscu. Despre cine va fi acolo împărat, încă nu se pronunţă. Cine ştie? O fi având el vreun gând şi pentru acest scăunel împărătesc.

Încolo, Sandu-i băiat bun, bun român şi bun creştin, ca şi Brâncoveanu Constantin – fumează câte două kilograme de mahorcă pe lună şi scuipă lat, printre dinţi. Toţi nefumătorii prieteni depunem raţia de mahorcă la picioarele lui.

Şi iată-mă acum la etajul cinci, cu Bădiţa la stânga şi cu Sandu la dreapta. Bădiţa visează, este violent şi mă tem că în furia lui mă va arunca jos de pe cracă, iar Sandu mă tămâiază şi noaptea cu miresme mahorciene. Dar dacă suntem prieteni – vorba lui Sandu – de pe vremea lui Hantătar, se cade să ne îngăduim unii pe alţii. Ce vreţi? Am avut din pruncie aceeaşi soartă, ne-am întâlnit la Universitate şi am făcut politică la fel, războiul l-am făcut împreună şi, pe cât se vede, şi captivitatea împreună.

Seara, când ne întoarcem de la muncă, prietenii mei mă afumă, stând lungiţi pe saltele, cu capetele în sus. Pe urmă, Bădiţa îşi scoate cavalul – făcut dintr-o ţeava de alamă – şi cântă doinele şi horele din munţii noştri.

În jurul nostru se adună, încet-încet, românii, ca să audă cântecele Bădiţei. Şi când încetează fluierul, prinde a povesti Sandu. Sandu-i bun povestitor, se entuziasmează de propriile-i imagini şi nu aşteaptă multă poftire.

- Vedeţi voi pădurile şi locurile acestea străine? Au întrucâtva legături istorice cu trecutul Moldovei.

Sandu se uită dincolo de geam; noaptea-i neagră şi pădurile vuiesc. Îşi confecţionează ţigara dintr-o bucată de ziar, o aprinde şi observând curiozitate în ochii noştri, se hotărăşte să înceapă.

- Aş vrea să vă aduc aminte că, în anul 1710, a venit la cârma Moldovei cărturarul Dimitrie Cantemir. Şi printr-o politică greşită, s-a ataşat total de pulpana lui Petru cel Mare, ţarul ruşilor. Ţaru' se prezenta drept protectorul creştinilor ortodocşi şi se căznea să scoată popoarele acestea de sub domnia otomană. Pe cât se înţelege acum, nu era vorba de-o libertate în care trebuiau să trăiască aceste popoare, ci de o trecere a lor de la domnia turcească, la una – cum zice cronicarul Neculce – moschicească. Se pare că gândul lui Petru era de a se apropia de mările calde. Pricepuse acest rus cu manifestări de geniu, şi de brută, necesitatea ieşirilor la mări deschise. Dar el agita problema creştină, încercând o întârziată colaborare cruciată, cu scopul de a pune mâna pe Constantinopol, pentru ieşiri în larg. Ideea părea „ortodoxă" – aceea a panslavismului, cu scopul extinderii lumii slave – sub sceptrul ţarilor moscoviţi, până la Marea Mediterană, Marea Baltică şi Capul Nord.

Testamentul politic al lui Petru vor căuta să-l realizeze pe rând toţi ţarii Rusiei. Se pare că acest gând, de dominaţie slavă este încă şi mai intens susţinut astăzi sub chipul mesianismul slav ortodox. Mesianismul şi panslavismul şi-au schimbat firma astăzi, dar tendinţele sunt aceleaşi, de la Petru cel Mare încoace. Ba, pe cât se pare, noul mesianism rus (ruşii sunt convinş că ei trebuie să ducă socialismul la popoare) este, la acesta oră, extrem de agresiv. Moscova nu mai este a treia Romă, precum ziceau cei de până la 1918, şi, cu toate acestea, Moscova de azi pretinde dominaţia, indiscutabilă, peste cele cinci continente. Altă faţă a lucrurilor! Petru cel Mare a fost ceva mai modest. Moscova de azi îi execută ad literam testamentul şi, conform evidenţelor, îl depăşeşte chiar în pretenţii. Iată un nou imperialism agresiv, tutelar, dictatorial. Petru cel Mare poate fi mândru de urmaşii lui.

Deocamdată, să ne întoarcem la povestea noastră. Deci, Dimitrie Cantemir primeşte asigurarea că familia lui va deveni ereditară pe tronul Moldovei şi îl primeşte pe ţar la

Iaşi, cu muzică şi urale. Ţara Moldovei trece prin pârjol rusesc. Doar armata luminatului împărat intrase în teritoriul unei ţări ce stătea în acest veac slăbănog sub tutela otomană! Că în realitate aici era un neam creştin, cu un domn român, pentru ruşi nu avea importanţă. De vreme ce turcii erau suzerani, ţara trebuia prădată şi batjocorită! „Vai, vai şi iar vai – se vaită cronicarul timpului – de aşa dragoste creştinească. S-au bejenărit oamenii prin păduri şi prin ţările vecine, de a rămas biata Moldovă de izbelişte şi ocară."

De altfel, reflecta amărât Sandu, ori de câte ori ruşii „ne-au ajutat" împotriva cuiva, a fost vai de noi. Ne-au furat ca-n codru şi ne-au batjocorit sufletele, lăsându-ne doar ochi ca să plângem. Şi nu s-au urnit de la Dunăre, până nu s-a găsit cineva mai tare să-i lovească peste bot. Curat porci sălbatici, înrăiţi la jir...

Şi credeţi voi că astăzi lucrurile stau altminterea? Vom vedea, de vom trăi. Prietenia moscovită-i extrem de periculoasă: te îmbrăţişează, îţi ia ceasul, te sufoci şi tu, prostit de spaimă şi ameţit de vorbe, nu mai stai să raţionezi, ci urli ca nebunul, la mitinguri: e bine, e bine, ura, ura. Ce sistem de îndobitocire! Istoria încă n-a văzut aşa ceva. Să-ţi strângi cureaua de foame, să tresari în somn pentru nesiguranţa vieţii şi totuşi în stradă, tâmpit, idiot, să strigi: sunt fericit, să trăiască salvatorii!! Ce idioţie! Curat idioţie... Aşa ceva încă nu s-a pomenit pe pământ.

Şi să revin, bre. Războiul din iulie 1711, de la Stănileşti, de lângă apa Prutului, a fost pierdut. Vodă Cantemir, cu întreaga familie, a plecat amărât într-această amărâtă pribegie la ruşi. A trăit aici cum a putut şi a murit la ceasul când i se pusese sorocul. Asta înseamnă că el a greşit şi simţul politic nu-i prisosea. De aceea eu stau şi zic: înţeleptul n-are ce căuta în politică.

Aşa... Vodă al Moldovei s-a aciuit la Moscova şi ostaşii care-i urmaseră s-au topit acolo, în masa slavă.

Cantemir sta zgribulit, cu şuba pe umeri, şi scria cărţi. Aici avea pricepere, iar ţarul, când se trezea din beţie, trecea pe la Cantemir şi stăteau la taifas. Aşa s-au născut Academia şi şcolile ruseşti. Aşa poate fi socotit Dimitrie Cantemir, ca un împărat cultural pe care l-am dat Rusiei, alături de Petru Movilă, Spătarul Milescu etc. Noi i-am ajutat cu ce-am avut mai bun. Ei ne-au răsplătit, de două sute de ani încoace – de când au apărut în istorie – numai cu obidă şi cu lacrimi, strigând la noi: „Zi, mă, că ţi-e bine, s-audă lumea întreagă şi să se crucească de dragostea noastră...”

Dimitrie Cantemir avea o fată deşteaptă. Nu era frumoasă, dar învăţase carte multă la Constantinopol şi, cu inteligenţa ei naturală şi prin contactul cărturăresc cu oameni aleşi, cu care se vedea tatăl ei, se dovedise a fi superioară tuturor rusoaicelor, care nu erau în stare să dezlege o buche. Petru – am spus că această brută avea momente de trezie şi de sclipitoare inteligenţă – a observat fata, a discutat cu ea, rămânând uimit de cunoştinţele ei şi de gândirea ei sănătoasă. Vizitele la „ex vodă” al Moldovei se îndesesc; ciocniri de pahare, vodcă, discuţii.

Maria Cantemir devine amanta ţarului şi va rămâne până la moarte „împărăteasa neîncoronată a Rusiei”. Aşa o numesc istoricii ruşi. Maria Cantemir îl domina pe ţar, prin inteligenţă. Petru se vedea mic în faţa ei.

După a mea părere, această ruşine o suporta cu greu Vodă Cantemir. Dar el şi familia lui sunt absolut la cheremul ţarului. Se înţelege că împărăteasa Ecaterina află de această prinţesă moldoveancă care ar putea să dea ţarului un urmaş. Atunci ia măsuri împotriva Mariei. Petru ştia că Maria rămăsese însărcinată şi-şi făcea calcule că din unirea lui cu inteligenta prinţesă moldoveancă va avea un moştenitor de geniu, care să-i ducă mai departe testamentul.

Împărăteasa Ecaterina – în timp ce ţarul şi Dimitrie Cantemir se războiau în Caucaz şi la Astrahan – a otrăvit-o pe Maria.

În frigurile chinurilor, Maria a născut un făt care nu era de toate lunile şi a murit. Cu ajutorul vracilor, prinţesa a fost salvată de la moarte.

Petru, întors victorios de la Astrahan, află imediat de toată întâmplarea şi, în văzul întregii curţi, îşi bate nevasta cu cnutul, cum ar fi făcut cel din urmă mojic.

Apoi, s-a liniştit. Şi dându-şi seama că Ecaterina va căuta să se răzbune pentru ruşinea făcută, îndată l-a silit pe Dimitrie Cantemir să plece cu toată familia la Mănăstirea Oranki, unde va trăi între monahii cărturari, care-l vor sluji ca pe un Domn.

Şi iată că Domnul Moldovei cu familia au locuit la Oranki cinci ani de zile şi cu lege împărătească li s-au dat aici trei moşii de pe care să se hrănească el şi casa lui. Pe cât înţeleg, pădurile, poienile, care se învecinează cu cele ale Mănăstirii, vor fi fost, acum 200 de ani, date în proprietatea Domnului Moldovei. Pădurea nici acum nu aduce mare folos pe aici, dar acum două veacuri şi ceva?

Aici, la Oranki, Vodă al Moldovei va fi stat la sfat cu înţelepţii monahi şi va fi fost ajutat la tiparniţă. Iar fata a stat la canon – în căsuţa hexagonală, cu etaj, de lângă zidul de nord.

Pădurile şi poienile l-au amărât pe Domnul Moldovei. Unde-i apa Nistrului şi unde-i brădetul din Carpaţi? Şi-n serile de iarnă aspră, la strană, alături de călugări, va fi psalmodiat nazal: „Doreşte să se sfârşească sufletul meu după tine, Moldovă, (Doamne) ca un pământ deşert şi fără apă..." Şi-a aşteptat, an după an, ca Ţarul să-şi adune oştile din nou şi să le mâne împotriva turcilor.

Ţarul a venit la un Paşti – trecuseră cinci ierni şi tot atâtea anotimpuri şi, după ce s-a închinat la Sfântul Altar, în timp ce clopotele băteau în clopotniţă salutul pentru împărat, a venit la strana lui Dimitrie Voievod, a lăcrimat şi şi-a cerut iertare, pentru exil şi pentru uitare.

Petru avea un moştenitor. Ecaterina îl născuse între timp pe viitorul ţar Paul I. Ameninţarea trecuse şi când ţarul se întoarse la Moscova, cu dânsul plecă şi Vodă cu toată familia. La vremea lor, în 1724, vor muri şi vor fi îngropaţi la Moscova Dimitrie Cantemir şi prinţesa Maria. Apoi, aşa precum ştiţi, în 1935 trupul lui Vodă Cantemir a fost adus în ţară şi îngropat la biserica „Sfinţilor Trei Ierarhi" din Iaşi.

Şi iată aşa, peste veacuri, oasele domnitorului cărturar au revenit în patrie şi se odihnesc în pământul Moldovei. Sufletul voievodului se va fi liniştit acolo, unde se află şi acum. Şi-a ispăşit scump ataşamentul faţă de politica răsăritului. Ţara l-a primit cu cinste, culcându-l lângă ţărâna strămoşilor ca pe „ale sale, dintre ale sale".

Şi acum, de ce să ne mirăm, când coborâm în poieni şi tăiem pădurile de pe aici, că ne simţim stăpâni? Suntem în moştenirea lui Vodă Cantemir...

Afară bat vânturile iernii şi-n depărtare vuiesc pădurile, în altar, în jurul nostru, se ridică nori groşi de puturoasă mahorcă. Becul cu lumină galbenă, când se vede, când dispare în ceţuri. Prietenii mei fumează tăcuţi, trăgând în piepturi sineliul fum înecăcios.

Bădiţa încheie:

- Mă, fârtaţilor, hai la culcare; mâine mergem să-nşfăcăm vreo sută de sănii de lemne din pădurile lui Vodă Cantemir. Ce ne-am face noi de lemne, pe o iarnă atât de cumplită, dacă n-am avea proprietăţi pe aici? Cred că ăsta a fost motivul, de ne-au adus ruşii la Oranki. Sandule, să-l întrebi tu mâine pe comisar dacă-i aşa, au ba? Să vedem ce zice Terleţchi de povestea ta?

Alegeri şi reflexe

Eram la Mănăstârca când s-a terminat războiul. La 9 Mai 1945 am fost duşi în dosul lazaretului (infirmeriei); aşezaţi, în careu, aşteptam. De sus ningea şi ploua – norii erau jos, umezi, murdari. Parcă plângea cerul. O femeie apăru pe o estradă de pământ. Bătrâioară, ştearsă, comisara politică Gurlaciova citeşte o telegramă scurtă: „Germania a capitulat".

În ochi se ivesc lacrimi, pentru înfrângerea de pe front. Cerul plânge alături de noi. Asupra lagărului s-a lăsat linişte de moarte.

Ne gândeam: pe ce mâini rapace a intrat Europa? Şi cât va dura prăpădul?

*

Apoi, muncă de rob. Zile şi luni de zile sterpe, fără salturi, fără nimic.

A mai trecut un an şi iar ne-am felicitat la 1 Ianuarie. A venit Paştele cu primăvara şi iar am cântat „Hristos a înviat".

Apoi greutăţile lui 1946 – cu consiliul ecumenic şi greva de lucru – şi iată-ne iar la Oranki. Ceea ce se petrecea în politica românească – şi peste graniţă – mă interesa şi nu prea. Vag, ştiam că la Paris, către sfârşitul verii, s-a ţinut o conferinţă de pace şi când veneam de la lucru, nu puteam rămâne nepăsător la informaţiile pe care le purta unul sau altul dintre cei ce lucrau în lagăr. Fiind în categoria slăbănogilor – cu pasiunea politică în ochi – ei te informau în cinci minute despre tot ce se petrece pe faţa pământului şi despre tot ce au zis Truman şi Stalin.

Desigur că nu puteai rămâne indiferent la aceste informații și mulțumeai admirativ pentru cele aflate. De altfel, lucrul era și simplu și clar. Comisarul Terlețchi aducea zilnic *Isvestia* în lagăr și perivocii (translatorii) o citeau la Club celor ce doreau să știe ce-i în lume. Și apoi, noi aveam acolo, prezenți la datorie, doi camarazi pasionați după noutățile politice – unul era căpitanul Costin Bucur de la Galați și celălalt, căpitanul Ghiță Stăncescu de la Buzău. Între aceștia doi parcă era o concurență: care să fie mai precis și mai clar în informații. Ca nu cumva să se nască vreun diferent, își notau informațiile pe niște plăci de placaj și apoi, după ce le revedeau, ne cereau „puțintică liniște" și ni le citeau tare, răspicat. Surd să fi fost și tot îți intra în cap. Te aflai complet informat, fără să fi mișcat un deget măcar.

Așa se face că, întinzându-ne osemintele pe așternut, discutam cu Bădița și cu Sandu politică.

- Ați auzit că la Paris s-a încheiat pacea?, zice Bădița către noi.

- Auzit, răspunde Sandu, trăgând dintr-o țigară de mahorcă, groasă cât degetul.

- Și, n-ai nimic de obiectat?

- Că nu m-a chemat și pe mine acolo?

- Ce vorbești, românule?

- Tu n-ai auzit ce-a făcut Tătărăscu acolo? Guță-pandurul, Guță-megafon a dat Basarabia și Bucovina ca pe ceva care îl incomoda. Nici n-a adus vorba de aceste provincii românești și de cetățile de pe Nistru. Îmi pare că rușii au fost modești; trebuiau să ceară Țara până-n Carpați. Sigur că Guță le-ar fi oferit-o ca pe o țigară: „fumați Carpați?"

- Mă, Sandule, degeaba îți ciulești urechile la *Isvestia*. Ce le trebuie rușilor Carpații, când au în mână Elba și se plimbă pe ulițele Berlinului, ca la ei acasă. Degeaba filosofăm pe marginea informațiilor auzite! Nici o bucurie; asta nu-i pace. După neînsemnata mea părere, ce s-a semnat la Paris este doar un intermezzo, o pauză, pentru ca popoarele să-și tragă sufletul și să-și ascută săbiile tocite. De vom trăi, vom vedea. Dacă vom muri, vor fi suficienți cu care să experimenteze această pace pe propria lor piele. Că noi nu ne bucurăm pentru actul semnat la Paris, este lucru ușor de înțeles, dar ceea ce observ eu – și nici voi nu sunteți chiori – stă în faptul că nimeni nu joacă de bucurie pentru o astfel de pace.

- Cam pesimist, Bădiță, cam întunecat îți pare orizontul, constată Sandu.

Stau cu mâinile sub cap și privesc peste păduri până-n hotarul cu cetăți, până în apa Nistrului. Bădița are dreptate, între oameni nu-i bunăvoire.

*

Bat vânturi de toamnă și frunzele cad din copaci. Ion Bolnavul[15], slab, gălbejit, cu căciula trasă pe nas, le mătură și le duce la gunoi. Lui Ion îi pare rău pentru moartea frunzelor; pe cele mai mari le ia în mână, le întoarce și le privește nervurile vineții și fața galbenă de ceară. Apoi, nemulțumit pentru moartea verii, zvârle cu pumnii frunze veștede, în aer. Pe Ion îl îmbolnăvește chiar numai gândul că vine iarna.

- Când te gândești că la noi abia se coc strugurii în podgorii și începe culesul prunelor brumate pe dealurile Muscelului!

Ion suspină după dragi aduceri aminte și lăcrimează pentru frunzele moarte.

Au venit apoi dinspre apus ploile reci și în noaptea următoare, peste păduri și peste noi, a nins cu fluturi albi.

- Ce facem, bre, cu iarna asta?

- Luptăm, Sandule, ca-n poveștile cu Strâmbă-Lemne. Iarnă să fie, că are cine degera.

- Văleu, bre, că tare-i frig, n-ai o țigară? Și Sandu-și încălzește mâinile și vârful nasului la cărbunele mahorcii.

Au început nopțile negre și lungi. În corpul șapte[16] plutește o duhoare acră și umedă; se usucă obielele și țoalele.

---

[15] învățător rămas bolnav după tifos.

[16] camera 7 - un grajd al mănăstirii.

Stăm pe paturi cu mantalele pe picioare şi ascultăm. La trei sau patru, sub noi, e discuţie aprinsă. Pe ziua de 19 noiembrie vor fi alegeri parlamentare în România. Liberalii cu Dinu Brătianu[17] şi Maniu[18] cu ţărăniştii lui, vor lupta cu coaliţia guvernamentală; comuniştii, socialiştii, tătărăscienii şi o fracţiune de ţărănişti, cu necunoscutul Anton Alexandrescu, vor candida pe listă comună. Lupta e grea, liberalii candidează separat şi ţărăniştii la fel.

Jos, discuţiile se învârtesc în jurul greşelii pe care o fac partidele istorice că nu colaborează. Frontul democrat – aşa se numesc guvernamentalii – are sprijinul larg al armatei ruseşti şi al autorităţilor de ocupaţie. Pe cât se pare, acum se dă bătălia politică de afirmare a comuniştilor. Dacă vor reuşi, se vor scutura de resturile burgheze pe care le folosesc deocamdată ca trambulină şi, încet-încet, având timp, susţinuţi tare de Moscova, se vor trezi stăpâni pe ţară. Se pare că partidele burgheze, care colaborează cu comuniştii, socotesc că, prin politica lor, îi duc pe comunişti şi tergiversează sau întârzie procesul de îndoctrinare comunistă a ţării. Nesocotinţa aceasta stă în aceea că nu-i cunosc pe comunişti, programul lor, tactica lor; vor vedea foarte curând de ce sunt în stare.

Discuţiile merg mai departe. Liberalii şi ţărăniştii înţeleg încotro este împinsă ţara. Văd interesul Moscovei şi fac gesturi neputincioase de împotrivire. Apusul – necunoscător al problemelor comuniste - tratează totul cu uşurinţă şi crede în vorbe şi-n cuvânt. Cine ştie când şi-n ce condiţii se va dezmetici acest Apus?

Deocamdată, pentru alegerile din 19 noiembrie, stânga este prezentă, mobilizată, pentru această hotărâtoare bătălie, iar partidele istorice, speriate de propaganda deşănţată care se face în ţară, încearcă să facă ceva, încearcă să ajungă până la alegători, încearcă să vadă ce spun ţăranii...

---

[17] Mort în închisoare la Sighet.

[18] Mort în închisoare la Sighet.

Noi aşteptăm rezultatul atenţi, dornici de a fi aşa cum ne este sufletul.

Am rămas şi mai puţini aici. Pentru alegerile ce vin, pentru propaganda ce trebuie făcută în vederea reuşitei blocului de stânga, stăpânirea rusească, înţelegătoare, a făcut „cadou" ţării douăzeci de mii de prizonieri. Aceştia vor trebui să ajungă la Bucureşti în preajma zilei de alegeri, ca să facă zarvă şi propagandă.

Aşa că am rămas şi mai puţini; a plecat acasă marea majoritate a celor câştigaţi pentru comunism. S-au strecurat dintre noi, cu umerii căzuţi, cu ochii în pământ, vinovaţi.

Terleţchi, la huiduielile noastre adresate vinovaţilor, în loc de „drum bun", ne înjură în bloc, ameninţându-ne: „vouă, imperialiştilor, aici au să vă putrezească oasele".

- Da, îngână Muscă, scuipând hăt, până la cinci metri. Auzi cine ne vorbeşte de imperialism? Noi am furat oare sudul Poloniei şi am alipit Ucraina subcarpatică, care de o mie de ani aşteaptă nefericită ora alipirii la scumpa mamă sovietică?! Noi am furat Karelia, Ţările Baltice, Prusia Orientală, Bucovina şi Basarabia?! Auzi, prostul, imperialism românesc...; şi iar scuipă Muscă, cu năduf.

Şi dacă am rămas puţini, ne lipim şi mai mult unul de altul, ca să simţim umărul vecin.

*

Da, astăzi e ziua de alegeri în România. Terleţchi trece prin faţa noastră mândru; noi îl sfidăm. Simte şi ştie că nu-i iubim; îl dispreţuim pe el şi pe uneltele pe care şi le-a recrutat dintre noi. Îşi dă toată osteneala ca să ne îngenuncheze. Munci grele, în condiţii neomeneşti; carceră – aşezată pe o gheţărie, cu ciment pe jos, bătăi în biroul lui.

Dar noi stăm cu frunţile senine şi când ne îngrămădim în carcere, cântăm tare cântecele noastre, de răsună în tot lagărul: „Nu-i temniţă să ne-nspăimânte".

Terleţchi ne-ar rupe-n colţi, dacă ar putea. Scrâşneşte din măsele, pândeşte şi aşteaptă. Aşteaptă momentul potrivit.

Şi aşa a trecut ziua alegerilor. A venit noaptea şi-n dimineaţa următoare, ca-n fiece zi, plecăm la pădure.

Când venim, după-masă, uzi de zloată, obosiţi şi flămânzi, pe uşa sălii de mese, pe un afiş mare, cu litere de-o şchioapă, citim rezultatul alegerilor: au învins comuniştii.

Simt un cuţit înfipt în inimă.

Ce-au făcut ţăranii?! Cu cine au votat?!

*

Nu-i timp pentru întrebări, nu-i cine să ne dea răspunsuri, în uşa comisariatului apare Terleţchi, rânjind turbat:

- Voi, voi câinilor, aţi crezut c-o să reuşească Maniu şi Brătianu?! Da, le-a apus steaua! Am reuşit noi! Ei, acum o să vă arătăm noi ce putem, în ham, fuga marş – şi se repede în noi cu pumnii, cu picioarele, cu dinţii.

- Stai, domnule, ce dai în noi? Doar venim de la lucru. Nici n-am mâncat astăzi.

- Las' că vă dau eu vouă mâncare, pui de căţea ce sunteţi[19]. Noi ne ferim din calea lui şi intrăm buluc în sala de mese. Şi-am mâncat, dar vai de masa noastră!

Când am ieşit de la masă, comisarul se îndrepta spre poartă. Noi am intrat în corpul 10 – un grajd – unde fuseseră mutaţi românii, de câteva zile. Frig, înghesuială mare, mizerie. Şi acum aşteptăm ce se va întâmpla. Terleţchi era beat de fericire, după victoria din alegerile recente.

De când aşteaptă el un ceas ca acesta! An după an a strâns veninul în guşă şi înţelegem că-i imposibil să se mulţumească cu pugilistica de odinioară. Din zilele căderii noastre în captivitate, noi am rămas aceiaşi: tari, rezistenţi, inflexibili. Toate protestele la adunări şi pe terenurile de muncă, împotriva neomeniei autorităţilor, de la noi plecau. Ne-am socotit în permanenţă în luptă cu comunismul.

---

[19] Pui de căţea, adică fiii hrăniţi de lupoaică - noi, urmaşii lui Remus şi Romulus. Ana Pauker, Terleţchi şi ruşii dădeau un sens peiorativ expresiei.

Şi au urmat dislocări şi trimiterea noastră prin lagăre mizerabile, cu tratament sălbatic, încarcerări, pe sute de zile şi munci de rob. Când, în 1943 şi următorii doi ani s-au dat bătălii ideologice pentru îndoctrinarea noastră, pentru formarea diviziilor „voluntare" ce aveau să aducă sprijin militar partidului comunist, noi ne-am ridicat făţiş împotriva acestor acţiuni. Noi am lansat atacuri împotriva acestor acţiuni ruseşti, în şedinţele provocate de agitatorii lor, şi lămuriri de la om la om, între români. Şi-am oprit prăbuşirea! Ei, ruşii, agitatorii, aveau toată puterea. Noi? Noi aveam credinţa în virtuţile neamului nostru şi dinamita aceasta a înfrânt şi încovoiat pe inamic.

Şi când am socotit că muncile depăşesc condiţiile sclaviei, ne-am ridicat cu preţul vieţii şi am spus: „nu mai lucrăm".

Iată, au trecut patru ani. Atâtea frecuşuri, atâtea neînţelegeri trebuiau să fie plătite. Doar Terleţchi, numai acum câteva minute, ne scuipase în obraz: „Pui de căţea, acum, noi am biruit la voi acasă. Las', vă arătăm noi vouă".

Stăm cu privirile pe geam, gândind; toate celelalte naţii sunt disciplinate, acceptă răul ca pe o fatalitate. Totuşi, când li-i teamă, ne strâng mâinile cu entuziasm şi se miră în dosul ochelarilor: „Ce fel de oameni sunt aceştia?"

- Vin! 70 de glasuri anunţă, ca la comandă. Repede blocăm uşa şi ferestrele cu paturile noastre. Şi aşteptăm, în dosul baricadelor. Terleţchi, cu câţiva ofiţeri, tot personalul administrativ şi un pluton de soldaţi vin în pas grăbit către Corpul nostru.

La noi e linişte, ca-n faţa marilor bătălii. Se încearcă uşa şi înţelegând că ne-am baricadat, comisarul răcneşte:

- Deschideţi, că vă omor!

- Intră, îi răspundem noi, hotărâţi. Şi soldaţii pun umărul. Noi sprijinim baricada, pe dinăuntru. Cu nişte pari în mână, soldaţii sfărâmă geamurile şi cu lomurile sparg uşa. Pe deasupra baricadelor – printre paturi – începe bătălia; pumni, picioare, ciomege. Dau ei, dăm şi noi; numai icneli şi of-uri. Terleţchi, cu mâna însângerată, se retrage din luptă.

Atacăm vijelios şi-i respingem pe inamici, zvârlindu-i afară din „cetate".

Baricadăm din nou ferestrele şi uşa. Ne suflăm nasurile şi ne pregătim pentru atacul ce se pregăteşte afară.

Apar încă două plutoane de ceasovoi şi, la comanda unui locotenent major, cu bâte în mână, vin la atac. Şi lupta începe, fără ca gornistul să fi sunat semnalul de bătălie.

Ne loveau pe unde nimereau; loveam şi noi cu sete, cu năduf, cu obidă.

Pe care-l prindeau, îl zvârleau afară şi târât de picioare sau de chică – cum s-a întâmplat cu Ion Vodă cel Cumplit – se trezea în afara porţilor.

Iată-mă că mă aduce şi pe mine afară, după ce fusesem târât, ca o sanie. Cei doi ceasovoi mă lăsaseră în pace şi zâmbeam gândind la toată întâmplarea: „măi, ce interesante-s şi alegerile de parlament..." Nu băgasem de seamă când, dar iată-ne pe toţi cei din cetate, cu excepţia a şapte luptători, duşi la spital. Iată-ne în faţa colonelului Grisciuc, comandantul lagărului; el, sus pe parapetul podului, noi, jos, înconjuraţi de o sută de ceasovoi.

- Câinilor, nu vreţi să munciţi?! ni se adresează răstit colonelul. Las' că pun eu şaua pe voi.

Terleţchi cu vânătăi pe faţă şi plin tot de praf se frământă. Colonelul ne arată săniile cu mâna:

- În ham, fuga marş.

Nu ne mişcăm nici unul.

- Aşa?! Nu răspundeţi la ordinul dat?! Bine. Tovarăşi soldaţi – se adresează ceasovoilor – începeţi biciuirea cailor.

Şi abia acum a început bătălia adevărată, „vifornița cea mare". Puşi la pământ, bătuţi cu ţepuşele de la sănii, strângeam din măsele, răbdam şi rar dacă de pe buzele noastre scăpa câte un vaiet.

Apoi, ceasovoii ne-au ridicat pe picioare şi peste piepturi ne-au pus hamurile...

Până la miezul nopţii, am făcut două transporturi. Cădeau ceasovoii de oboseală; nu mergeau săniile. Noi eram bătuţi, îngheţaţi şi flămânzi. Trebuiau să pună mâna şi să ajute; altfel, horhăiau şi ei toată noaptea în pădure.

Înjurau ceasovoii şi împingeau la sănii. Noi abia ne ţineam în hamuri; tremura carnea pe noi, şi deasupra noastră îngheţase cerul sticlos.

Peste vreo două zile, cu saltelele în spate, încadraţi de ceasovoi, George Fonea, Aurel Stati, Mircea Rădulescu şi alţii pleacă la Mănăstârca.

Şi acolo, ca şi la Oranki, toată iarna, chiar şi sărbătoarea, vor căra lemne, înhămaţi la sănii.

Terleţchi, de câte ori ne întâlnea, întorcea capul în altă parte. Noi, chiar înhămaţi, nu am acceptat zâmbetul stăpânului. Am fost bătuţi, am răspuns la bătaie cum şi cât am putut. Terleţchi simţea că suntem de fier, neînfrânţi. Uneori, vânăt de mânie, scăpa pe buzele lui subţiri, pastişând pe „tanti" Ana: „Pui de căţea, ah, ce otravă v-ar trebui vouă. Las' că vă usuc eu sufleţelele".

Dar noi râdeam. Eram mai tari decât moartea, căci acceptaserăm moartea.

*

- Vezi, tu, măi Sandu Curent, cât de cuprinzător e proverbul cu „unde dai şi unde crapă"? Alegerile-s la Dunăre şi bătaia-i pe Volga.

- Da, Bădiţă, proverbu-i cunoscut şi pe la Galaţi. Arde-o-ar mama focului de politică. Aş vrea să-i dau foc pământului şi nu ştiu de unde să încep.

- Uite ce, măi Sandule, eu te ştiu viteaz mare. Nu mă susţineai tu cu focul artileriei la Orhei? Eu ţi-aş spune să te potoleşti şi să-mi scaperi un foc pentru lulea. Poftim, fă-ţi şi tu o ţigară. Şi-apoi, cu prea cuviosul între noi, să cântăm marşul de bătaie al răzeşilor lui Ştefan cel Mare:

„Hai, fraţi, hai, fraţi/ La năvală daţi,/ Ţara v-apăraţi".

- Hei, măi Bădiţă – răbufnesc eu – pe Ştefan Vodă al Moldovei să-l aud din corn sunând şi Moldova adunând! Tare mi-e dor de Nistru şi de cetăţile de la hotar!

„Măria ta, Ştefane Voievod, ridică-te din mormânt. Noi flăcăii neamului, te aşteptăm. Treci în fruntea noastră şi du-ne peste vaduri. La biruinţă. Vino, Măria Ta, vino, să rotunjim Ţara."

Când l-am botezat pe Mişa

În ianuarie 1947 s-a lăsat asupra regiunii un ger năpraznic. S-a înseninat şi aerul a devenit transparent. Peste lagăr, la Mănăstârca, trec stoluri de corbi cenuşii, mari cât găinile şi răguşiţi la glas, şi din urma lor am simţit cum curge, peste ape şi peste păduri, un curent rece.

Soarele e gata să coboare sub orizont şi-n razele roşiatice joacă stele verzi, joacă stele aurii. Frigul, gerul te cuprind şi te mumifică. Simţi cum acele înţeapă faţa şi plângi, plângi cu lacrimi mari. Îţi treci un şervet peste faţă şi peste cap, lăsând doar ochii să privească printre lacrimi. Picioarele ţi le înfăşori în cârpe şi aştepţi să te prefaci în stană de piatră – pardon, de gheaţă. Este ca şi cum ai fi gol. Cămaşa şi pufoaica se fac scoarţă şi te mişti în ţoale – ţopăind, ca să te încălzeşti. Simţi că în ele te-ai contractat şi te învârţi micşorat, ca-ntr-un cilindru. Te mişti puţin la dreapta, pufoaica rămâne ţeapănă, te întorci la stânga, pantalonul stă pe loc ca un burlan. Pe şira spinării parcă te unge cineva cu spirt alb. Ferestrele bordeiului sunt bocnă, pereţii sunt brumaţi şi sobele ard, absolut neputincioase. Când se deschide uşa, frigul năvăleşte aburind, de nu se vede om cu om, şi imediat preface picăturile fine din respiraţia noastră în chiciură.

Afară s-a înnoptat, şi-n gerul care curge ca o apă, spre sud, spre apus, totul tace. Oameni şi animale stau la adăpost, o săptămână, două, până ce trece gerul. E o îndrăzneală necugetată să te avânţi pe afară. Dacă localnicii s-au pus la adăpost, cu lemne, apă şi hrană în locuinţă, şi noi înţelegem că trebuie să facem ca ei.

Deocamdată, mă uit la cerul încremenit; stele mari, bogate, lucioase, foarte aproape de capul meu. Pădurea e vânătă şi de frig trosnesc copacii. Zăpada a îngheţat şi când arunc o cană de apă în sus, la picioarele mele cad picăturile imediat îngheţate.

- Frig, măi băieţi, frig de crapă pietrele – remarcă Mircea Rădulescu, mângâindu-şi barba mare, lată şi trăgând când de o mustaţă, când de cealaltă, auziţi voi? Sunt -56°C.

- Rămânem în bordei, care va să zică – răspunde unul, dârdâind.

Era lege pe aici ca, atunci când termometrul arăta sub -40°C, să nu fim scoşi la lucru. Nu de mila noastră, ci pentru că îngheţau ceasovoii.

Mai trecusem noi prin astfel de situaţii. Păcat că din pricina gerului nu puteai nici să citeşti, nici să coşi; un singur lucru îţi era îngăduit: să tremuri.

A trecut o zi, două, trei, o săptămână şi gerul stă pe loc; tremurăm, degerăm şi ne consolăm: „frig, mă, dar o să treacă".

*

Într-o seară, aproape de ora stingerii, vine la mine un băiat tânăr, într-o manta lungă, nemţească, şi-mi spune că mă caută.

- Dacă pe mine mă cauţi, eu sunt acela. Pot să ştiu cum vă numiţi şi pricina care v-a adus încoace, pe gerul ăsta?

- Deşi am venit într-o misiune destul de delicată, totuşi ţin să vă spun că mă numesc Ion Ionescu – numele nu-mi spunea nimic – şi sunt sanitar la spital.

- Bine, domnule Ionescu, vă ascult.

- Părinte, cred că-i bine să nu ne audă şi să nu ştie nimeni ce vorbim.

- Atunci, e ceva de mare secret... Şi mă uit la Vili, care îşi dezgheaţă nasul la ţigară, mă uit la Gioni, care, lungit pe blat, tremurând, dezleagă probleme matematice. Mai încolo alţii, fiecare cu preocupările lui. Poţi fi liniştit domnule, în bordeiul nostru lumea-i luminoasă.

- Nu mă îndoiesc părinte, deloc; ştiu eu cine stă în aceste bordeie de la margine. Dar e absolut necesar ca nimeni să nu cunoască vreodată obiectul întrevederii noastre.

- Bine, domnule Ionescu, să fie aşa cum zici dumneata.

- Părinte, iată despre ce-i vorba. Un copil al unei familii din serviciul lagărului, de curând născut, e slab şi se prea poate să moară.

- Şi doctorii, ce zic?

- Zic că o să moară. Acum tatăl şi mama ţin, neapărat, să-şi boteze copilul.

- Foarte bine.

- Şi eu îi felicit pentru gestul lor creştinesc.

- Şi-acum, de ce au nevoie?

- De un preot.

- Şi n-au găsit?

- Dintr-o discuţie cu tatăl copilului, am înţeles că, din pricina gerului, nu poate pleca la Gorki, să-l boteze acolo, şi nici nu crede că vor putea afla, pe o sută de kilometri în jur, vreun preot. Prin urmare, cu multă precauţie, m-a întrebat pe mine, astăzi, după-masă, dacă nu cumva aş putea trata această problemă cu vreun preot din lagăr. El ştie că sunt aici tot felul de preoţi. Sigur, i-am promis că mă voi interesa. Şi după ora şase, am început căutarea preotului. Vă rog să mă credeţi că nu sunteţi primul căruia mă adresez. Peste tot locul am găsit înţelegere, şi la catolici şi la protestanţi şi la ortodocşi, dar când a fost vorba să meargă cu mine careva, nu am găsit om. Vă spun că lucrul necesită oarecare curaj. Acum o jumătate de oră a venit tatăl copilului şi m-a rugat – insistent – să mai caut prin lagăr, poate găsesc undeva înţelegere. Şi iată, am venit până aici, la bordeiul din fundul lagărului, unde, cum spuneţi, stau oameni luminoşi...

- Bine, merg chiar acum.

- Mergeţi, părinte?

- Desigur, şi citesc o mare bucurie în ochii tânărului sanitar. Uşor, îmi strecor în sân Sfânta Carte şi o cruce de lemn. Mergem.

Când ieşim afară, intrăm ca-n spirt... Sus pe cer, o jumătate de lună, îngheţată.

- Ţin să vă avertizez, părinte, că veţi ieşi afară din lagăr. La poartă vă va aştepta un sergent, care vă va conduce la uşa locuinţei respective. Vi se va face percheziţie. Fiţi atent, ofiţerul de serviciu a dat aprobare, împotriva tuturor ordinelor, ca un medic să meargă să consulte copilul. Medicul sunteţi dumneavoastră. Mai departe vă descurcaţi cum ştiţi.

La o privire a mea – întrebătoare – reia:

- Eu mă opresc la spital, dumneavoastră vă duceţi singur la poartă şi anunţaţi-vă: „sunt medicul".

Şi Ionescu Ion dispare după un bordei. Singur rămas, mă gândesc: N-o fi o ispită? Nu de la diavol, ci de la comisar?

Îmi fac o cruce mare, cucernică şi c-un „Doamne, ajută", pornesc spre poartă.

În lagăr nu-i ţipenie de om. Mă mişc singur, ca într-un pământ pustiu şi lăcrimez de ger, nu de jale. Iar luna-i nesuferit de spălăcită.

Bat la poartă, o dată, de două ori...

- Intră, răspunde o voce joasă de dincolo. Şi am intrat, dând bună seara.

- Tu eşti doctorul? Mă priveşte iscoditor Hărmălaie.

Gata să-i spun adevărul: nu, domnule Hărmălaie, eu nu sunt medic, ci sunt preotul cutare. Îmi daţi voie să mă duc să botez un copil, care-i gata să moară? Dar mă opresc şi – păcatele mele – răspund curajos: da, da, eu sunt doctor de copii.

Mă percheziţionează cu multă atenţie. Dar şi eu mă întorc când cu spatele, când pe o coastă şi scap întreg cu Sfânta Cruce în sân. Cartea-i în grai franţuzesc şi Hărmălaie o socoteşte vreun manual de medicină. „Treci dincolo", şi-mi face semn să ies în afara porţii. E greu să fii medic, când de fapt eşti preot.

Din dosul porţii se dezlipeşte un ceasovoi gradat şi către mine: „Să mergem repede, doctore". Şi porneşte pe o cărare înaintea mea. Trecem pe lângă gater, apoi ne abatem pe o altă cărare, spre dreapta; acolo-s locuințele personalului. Nămeții, înghețați bocnă, stau ca niște ziduri ce străjuiesc cărarea. Doar cu capetele de ieșim deasupra zăpezii. Peste râu și până-n Șoniha, pustiu alb. Sub picioare zăpada scârțâie strident. Am ajuns în fața unei case de lemn lungă și cu uși multe. Sergentul îmi face semn, să mă apropii de o intrare, unde el bate încet. La geamul de alături, e lumină palidă. La celelalte locuințe, lumea doarme, e întuneric.

Tocmai e minutul când Hărmălaie bate în clopotul de la poartă ora stingerii și ușa de aici se întredeschide. În antreu e întuneric și o voce stinsă mă îndeamnă să intru. Ceasovoiul mă îndeamnă, „intră". Fac un pas, ușa se închide în spatele meu și o mână întredeschide o altă ușă și-n lumină mă trezesc în fața sublocotenentului Ivanov și a Soniei, comisară politică pe aici.

Îmi străfulgeră prin minte: „iată o cursă bine întinsă; să vedem cum ies de aici".

Privesc la Sonia, mă uit la Ivanov; văd în brațele femeii un copil și-i aud scâncetul. Nu-i cursă. Dar ce-i atunci? Spun, respectuos, bună seara.

- Poftiți, domnule părinte, intrați, nu vă fie teamă, mi se adresează femeia, cu un zâmbet stins. Copilul e bolnav. S-ar putea să moară nebotezat, așa spun doctorii, și noi nu vrem să moară nebotezat. Poftiți mai aproape și ajutați-ne.

Mă uit la Ivanov, care întărește spusele femeii, repetând: „Așa-i, așa-i? Dorim să botezăm copilul. E primul nostru copil. Și-am dori atât de mult să trăiască! Poate că Dumnezeu ne va ajuta, ce credeți, părinte?"

În ochii femeii și-n privirile bărbatului sunt lacrimi. Copilul scâncește slăbuț și se frământă.

Mă gândesc la Dumnezeu și le spun, încurajator: „Copilul va trăi".

- Credeți, părinte?

- Da!

- Ah, dacă ar vrea Dumnezeu să vă ajute!

Mă pregătesc pentru botezul copilului. Ivanov îmi aduce – la cerere – un lighean curat şi apă. Avea pregătită o lumânare.

În timpul acesta mă gândesc: sublocotenentul Ivanov este ofiţer de carieră, erou al Uniunii Sovietice, cu fapte de bravură pe front şi soţia sa, Sonia, este evreică şi, pe deasupra, comisar politic. Dar, dacă Dumnezeu vrea, se biruiesc rânduielile firii.

Sonia desfaşă copilul şi, când aprind lumina, se aud nişte paşi grăbiţi, sub geam şi apoi câteva bătăi la uşă. Soţii se privesc speriaţi. Bătăile se repetă şi nu-i timp pentru tergiversări. Ivanov deschide uşa de la săliţă şi o trage discret după el, apoi se aude cheia în broască şi prin uşa întredeschisă, întreabă cineva: „A venit doctorul? Ce-a zis? Vreau să văd şi eu copilul..." Ivanov se apără de vorbăreaţa sanitară Asea. Cu greu reuşeşte s-o convingă să plece şi după ea încuie uşa. Învârtind cheia de două ori în broască, vine la noi, zicând: „Să facem lumina mai mică. Asea e o fată indiscretă" (De fapt, Asea era o fată mai mult decât indiscretă; era chiar foarte periculoasă, fiind informatoarea comisariatului politic, pentru sectorul spitalului). Sonia înţelege pericolul prin care trecem şi pune repede o pătură în geam.

Sonia, la dreapta lui Ivanov, ţine copilul în braţe, iar eu oficiez taina mântuirii: „Botează-se robul lui Dumnezeu Mihail, în numele Tatălui – amin, al Fiului – amin – şi al Sfântului Duh – amin. Ivanov, ca şi cum ar trăi cine ştie ce îndepărtate amintiri din copilărie, repetă cu mine „amin" şi apoi „Gospodi-pomil" (Doamne-miluieşte). Ivanov citeşte frumos, rar, Crezul (Verui), iar la citirea fragmentului evanghelic „Mergând în toată lumea, botezaţi în numele Tatălui, al Fiului şi al Sf. Duh", soţii stau în genunchi. Sonia ţine braţele încrucişate pe piept. Ivanov se închină, cu cruci mari, ca orice pravoslavnic rus.

Serviciul botezului s-a terminat. Mama înfăşoară copilul în scutece şi-l ţine în braţe, legănându-l, ca orice mamă, „nani, nani puişor"... Tatăl pune totul în ordine şi mă copleşeşte cu mii de mulţumiri. Sonia îi pomeneşte despre un pahar de vodcă şi când Ivanov e gata să toarne în pahar, se aud paşi scârţâind pe zăpadă şi bătăi în uşă.

- Cine-i acolo? întreabă sublocotenentul.

- Eu, sergentul Ioachimov. Am venit după doctor.

- Bine, aşteaptă tovarăşe, şi Ivanov se întoarce imediat, toarnă trei păhărele de vodcă: „Beţi, părinte, un păhărel de rachiu, vă încălziţi."

Şi ciocnim toţi trei, cu urări de sănătate, pentru copil şi pentru părinţi.

*

Când ies în prag, mă izbeşte în faţă frigul năprasnic. Sus, luna a leşinat de frig. Stelele clipesc din pleoape şi picură lacrimi de gheaţă peste lumi. Pe bolta cerească, un cerc uriaş portocaliu, pe care se înscrie o cruce perfectă, albă, cu luna pe jumătate, exact la întâlnirea braţelor crucii.

Minunat fenomen ceresc, care se poate vedea numai în regiunea nordică şi pe timpuri de geruri mari.

Totul a încremenit, păduri şi ape sub lumina palidă a lunii mărite, sub straja crucii de gheaţă mată de pe firmament.

Sergentul Ioachimov sare şi îşi izbeşte călcâiele unul de altul „frig, doctore, frig, ca pe Decisei", iar eu îi răspund ca-n baladă, „straşnic frig", încercând şi eu figura cu călcâiele, dar cad în zăpadă.

Sergentul Ioachimov, înjurând frigul de mama focului, remarcă: „Doctore, nu ştii cazaciocul. Las' că te învăţ altădată; acum e prea frig pentru lecţii de căzăcească. Hai fuga, că murim amândoi de frig".

Şi dăm buzna peste Hărmălaie, pe care-l găsim tropăind – jucând mărunt, lângă soba de tablă: „Mama ei de sobă, n-are nici o putere..." şi către mine: „Du-te, doctore, şi te culcă; vai de oasele tale, românule!"

Cu un „sdrastvuite"[20], îmi iau rămas bun de la cei doi care se antrenează la joc în jurul sobei şi, mulţumit că am trecut pe aici fără percheziţie, când intru în lagăr, printre

[20] sănătate

bordeie, o iau la fugă ca un alergător de fond şi cu sufletul la gură, gata-gata să mă părăsească, cobor bocănind în bordeiul 14. Aici, întuneric, miros acru, îngheţat, iar plantonul doarme. Mai bine aşa. Taina să rămână taină, până la o vreme.

Apoi gerul a plecat de la noi şi, trecând peste Urali, s-o fi oprit pe Decisei sau pe Obi. Mai departe nu ne priveşte ce s-a întâmplat cu gerul. Ne priveşte altceva, că noi am pus hamul la gât şi hai la pădure; nu-i sărbătoare, nu-i zi de odihnă.

De câteva ori, de departe, am văzut-o pe Sonia! Când intra sublocotenentul Ivanov de serviciu, corect îşi vedea de serviciul lui. Nici un semn. Ca din întâmplare, am trecut pe la spital. Sanitarul Ionescu fusese mutat la Oranki. Asea era prezentă, cu ochii ei iscoditori, de mongolă. Mă chinuia întrebarea: Ce-o fi cu copilul? N-aveam pe cine să întreb.

Până într-o zi. Era pe la sfârşitul lui februarie şi începuse iarna rusească; ningea zi şi noapte fără pauză, liniştit; şi când ninge, nu-i atât de frig. E un viscol sănătos, cu rare răbufneli de vânt, care ţine până către aprilie. Ninge, ninge, iar nămeţii cresc cât casa.

Într-o zi dintr-astea, de iarnă sănătoasă, lucram la gater. Asta era chiar lângă lagăr şi munca era uşoară; aduceam trunchiuri mari de brad până lângă ferăstraie; acolo le luau alţii în primire. Şi tot aşa, cu lungi pauze. Eram puţini aici la lucru şi aveam unde să ne încălzim; era o locomotivă care purta gaterul, iar lemne se găseau mai mult decât suficiente.

Brazii şi mestecenii troieniţi aşteptau dormitând raza primăverii, care să-i despovăreze de nămeţi. Nici o pasăre, nici un iepure măcar. E prea lungă iarna, e prea înalt troianul; pier jivinele de foame. Toamna călătoresc şi păsări şi jivine pe ape, spre sud, spre soare-apune.

Pe la ora două, trece în inspecţie sublocotenentul Ivanov şi se uită la noi; împingem un trunchi uriaş, pus pe un cărucior, către ferăstrău.

Peste o jumătate de oră, în spatele nostru, un caporal din gardă întreabă de mine. Şeful gaterului mă cheamă.

- Eu sunt. Ce doreşti?

- Eu nu doresc nimic – răspunde caporalul, însă te cheamă sublocotenentul Ivanov. Îmi pare că n-o să-ţi fie prea moale.

Am plecat cu garda după mine, sub privirile compătimitoare ale celorlalţi: „Săracul, iar o nimereşte la carceră”!

N-am ajuns la carceră, dimpotrivă. Am ajuns într-un loc foarte plăcut.

Intrat în locuinţa sublocotenentului Ivanov, acesta mă primeşte la uşă cu priviri aspre şi răstit: „Vasăzică tu eşti, banditule? Ei, lasă că ne răfuim noi. Intră înăuntru”. Şi către caporal: „Tu du-te, tovarăşe; îl aduc eu în lagăr”. Şi caporalul a plecat, a făcut stânga-mprejur.

Am intrat în camera unde mai fusesem într-o noapte cu ger aspru şi cu lună amărâtă. Şi imediat am dat de Sonia veselă, veselă, cu copilul în braţe:

- Poftiţi, părinte, bine-aţi venit părinte, iată-l pe Mişenka: sănătos, voinic şi râde. Îl aduce lângă mine; copilul se uită cu ochii mari albaştri; deschide guriţa mică rumenă şi dă un chiot, parcă mi-ar spune: „ura, trăiesc”. Trăieşte, părinte, e mare şi sănătos, mânca-l-ar mama! Ce mulţumită sunt, Doamne!

Sublocotenentul Ivanov râde şi mi se adresează: „Nu se putea altfel; iartă-mă!” Şi râdem toţi trei. Sonia pune copilul într-un coşuleţ de nuiele şi, pricepută, expeditivă, aşază masa. Bucate obişnuite, dar gătite ca acasă. Făceam comparaţie cu ovăzul din caşa de seară. Doamne, pe lume se poate trăi şi altfel decât cu varză fiartă şi tărâţe coapte.

- Părinte, spune Ivanov, după toată rânduiala, astăzi, cum vezi, ne-am învrednicit să facem masa pentru cumetrie. Dumneata l-ai botezat pe Mişenka şi tot dumneata eşti cumătrul nostru. Hai să ciocnim un pahar de Cotnari. Şi-mi pune dinainte o sticlă de trei sferturi de vin vechi, românesc. Mă uit la etichetă, mă uit la vin şi întrebător, la Ivanov.

- L-am cumpărat de la Moscova, dragă părinte, pentru sănătatea lui Mişenka al nostru.

Şi-am ciocnit. Am simţit în cerul gurii buchetul şi-n nări parfumul Grasei de Cotnari. Sorbeam picătură după picătură, parfumatul vin de lângă Dealul Cătălinei.

- Nu-ţi place vinul, părinte? mă întreabă amfitrionul.

- Cumetre, zic eu, ăsta nu-i vin; ăsta-i nectar ceresc; pe vremuri îl beau doar zeii. Dar de când Olimpul a fost deposedat de legendă, uite că-l bem noi, aici pe Volga. Cumătrul Ivanov pricepe, râde şi spune:

- Eu am fost pe la Cotnari, în 1944, şi cunosc valoarea vinului de acolo, de la faţa locului. Eram cu războiul şi satul fusese evacuat, trupele române se găseau la Târgul Frumos şi la Podul Iloaiei, spre Iaşi. Am trăit acolo, la Cotnari, o aşa viaţă, cum nicăieri n-am găsit în altă parte. Şi doar am fost la Bucureşti, la Praga şi la Berlin. Era acolo primăvară şi păsări multe, multe şi cântau frumos şi pădurile erau verzi pe crestele de deasupra Siretului, iar vinul era ca mierea, aşa cum îl vezi...

- Eu sunt de pe acolo, cumetre, şi multe toamne le-am petrecut la cules de vii...

- Ei, da? Asta-i tare interesant! Era acolo o pivniţă mare... Şi începu o povestire cu amănunte despre Cotnari şi bunătăţile pământului, strânse în cramele de acolo.

Îl ascultam şi mă gândeam: tare-i plină de cotituri viaţa omului! Iată, un om din toată lumea, pe care soarta l-a dus la pragul casei părinţilor mei, mă cinsteşte azi cu vin de pe dealurile noastre.

- Cumetre, zic eu, hai să vă arăt cum se bea Cotnarul, ca să-i simţi tot farmecul. Mai întâi mănânci ce ai pe masă şi abia când ai ajuns la prăjitură sau la plăcintă, cum e cazul nostru, torni aşa, ca un degetar, în pahar şi-l sorbi încet, picătură cu picătură. Îţi parfumezi sufletul, nu alta.

Sonia râde, veselă; băuse un pahar cu vin. Cotnarul îşi făcea efectul. Sonia remarcă, arătând sticla, că ruşii beau direct cu sticla şi nu se opresc până ce n-o golesc. Că după ce se ameţesc – şi asta-i toată fericirea lor – cântă, se sărută şi plâng. Aşa-i obiceiul la ei!

Cumătrul Ivanov mă lămureşte:

- Sonicica e fată bună, dar ea n-a fost în Europa şi nu ştie cum trăiesc europenii. Am de gând să mă duc la Bucureşti. Acolo o să vadă ea multe lucruri frumoase şi-o să vadă că este şi o altă viaţă decât a noastră. O să vadă şi o să creadă.

- Nu cred, Vova, răspunde Sonia – cu faţa serioasă. Poate că voi aveţi dreptate, dar lumea merge după noi şi poate că atunci când vom ajunge la Bucureşti lucrurile să fie şi acolo întocmai ca aici. Şi, să beau vinul direct din sticlă.

Ivanov răspunde: „Ce poţi să ştii? S-ar putea ca Sonicica să aibă dreptate!”

*

La poartă, Ivanov mă predă în ordine lui Hărmălaie şi, trecându-mă prin uşiţă în lagăr, îmi strigă de acolo: „Dacă înc-odată te mai prind cu vreo abatere cât de mică, te bag la carceră şi acolo îţi putrezesc oasele, bandit nazist ce eşti! Pleacă la bordei!”

Hărmălaie mă priveşte atent, atent: parcă m-ar cunoaşte de undeva. Îşi răsuceşte mustaţa aspră, cânepie şi întreabă: „Îl bag la carceră?”

Ivanov îi face semn de lehamite, parcă ar zice: „Lasă-l în pace. Şi-a luat el plata”.

Cu buzunarele încărcate cu plăcintă – Sonia mi le pusese în buzunare – am intrat în bordei. Toţi cu ochii pe mine. Vili mă întreabă compătimitor: „Te-a bătut, părinte?”

Eram roşu la faţă ca bujorul; am tăcut şi m-am culcat. Auzeam primprejur vorbe: săracu', rău l-au sfărâmat, nu i-ar mai răbda pământul de asiatici! Târziu, noaptea, mă scol şi-l trag de picior pe părintele Beşchia.

- Ce-i, Daniele, ţi-i rău?

- Ba, mi-i foarte bine. Scoală şi mănâncă.

Ia din plăcintă. În bordei e întuneric, şi, dându-şi seama că-i plăcintă, întreabă, cu gura plină: „Ce-i cu asta? De unde-i?”

- Nu cerceta aceste legi, că-i periculos de le înţelegi. Mănâncă şi să fii sănătos. Am să te lămuresc peste zece ani. Şi pe nesimţite, m-am strecurat în patul meu.

*

În zilele ce-au urmat, dacă întâmplător Ivanov dădea cu ochii de mine, îmi şoptea: „Naşe părinte, finul e sănătos". Şi mă bucuram. Pe Sonia o vedeam mai rar. Se uita atent în jurul ei şi-mi făcea semn cu mâna: Mişenka e sănătos.

A venit primăvara, cu repede dezăpezire şi iată că suntem la început de vară.

Lucram, în acea zi, în dosul locuinţelor celor din administraţie; nu-mi aduc aminte ce corvoadă făceam pe acolo. Şi, după uşă, l-am văzut de aproape pe Ivanov, care mi-a spus bucuros: „Plec la Bucureşti". Apoi a apărut Sonia cu Mişa în braţe şi se juca cu el tot mai aproape de noi. A scăpat ceva jos. Eram mulţi pe acolo, dar eu am înţeles şi m-am apropiat repede de ea. Am ridicat de jos un pacheţel. Sonia îmi şopteşte: „Pune-l repede în buzunar... Şi apoi, părinte, dragă părinte, plecăm chiar acu în România. Sunt bine. Vova spune că am să văd şi să învăţ acolo o altă viaţă; că pâinea e mai dulce şi că se găsesc struguri. Dragă părinte, îţi mulţumesc pentru ceea ce ai făcut cu Mişa. Şi să fii bun ca să te rogi lui Dumnezeu pentru noi. Vova spune că dumneata eşti omul lui Dumnezeu. Şi eu cred că Vova are dreptate! Nici noi nu te vom uita. Eu cred c-o să vii repede acasă. O să-ţi scriu acolo."

Peste o oră, caporalul ce ne păzea ne-a trimis pe câţiva să ridicăm, într-un camion, puţinele bagaje cu care plecau Ivanovii în România.

Când maşina a plecat, Ivanov şi Sonia, cu mânuţa lui Mişenka ridicată în sus, ne-au salutat pe cei de jos. Ruşii socoteau că lor li se adresează salutul. Eu am înţeles că pe mine mă salutau. În braţele Soniei, Mişa surâdea gângurind. În ochi mi-au apărut două lacrimi calde, pentru călătoria spre sud, pe care cine ştie când o voi face şi eu către mănoasa ţară dunăreană.

Mişenka se ducea să mănânce acolo struguri. Sonia să vadă o altă lume, iar Vova, cum spunea el deschis, să trăiască bine.

Eu? Mai am de tăiat pădure.

Să tragă artileria!

Pe front, când plecau ruşii la atac şi se apropiau de liniile noastre, infanteriştii cereau rapida intervenţie a artileriei, spre a le frânge avântul atacanţilor. Strigătul lor, repetat în lungul frontului, până la Stalingrad, ne-a rămas înfipt ca un cui în creier: „Să tragă artileria, să tragă artileria!"

Este vara anului 1947. La poarta lagărului erau patru bordeie, unde era cazată compania de ceasovoi. Mai mulţi ofiţeri erau în serviciu aici. Fiecare cu calităţile şi cu scăderile lui. Locotenentul Tihonov, tânăr, spălăcit, mai curăţel decât ceilalţi, la numărătoarea de seară îi plăcea să fie înconjurat de un întreg stat major de tălmaci, starşi şi alţi şefi de serviciu. Când, după ce bătea clopotul pentru numărătoare, companiile erau aliniate pe aleea principală, starşele lagărului, Boul Apis – se ducea la poartă şi-l poftea să numere. Venea, cu tot grupul amintit mai sus, până în dreptul bordeiului nr. 1. Aici starşele lua poziţia şi-i raporta în româneşte efectivul prezent şi absent, din care, Tihonov, care stătea stană de piatră, cu ochii ţintă la starşe, nu înţelegea nimic. Apoi, începea numărătoarea, companie cu companie. Tihonov păşea pe dinaintea noastră mândru şi înfipt ca un mareşal. Pentru aceste nebănuite calităţi, noi l-am botezat Mareşalul Tihonov şi aşa i-a rămas numele.

Să nu uit. Unii ofiţeri ruşi, la numărătoare, ne cereau să ne aşezăm în coloană de câte 5, alţii de 4 şi, într-un singur caz, de câte 3.

Când afară era timp frumos, se mai producea câte o încurcătură la numărătoare. Cu voie, mai adesea, uneori din neatenţie, ne aşezam pe cinci, tocmai când era de serviciu ofiţerul rus, care ştia să numere până la 4.

Încurcătura era şi mai mare dacă o companie era aşezată pe 5 rânduri, alta pe trei şi cea de alături pe patru.

Se înfuria rusul şi striga la starşe: „Eu am dat ordin să fie oamenii aşezaţi pe cinci şi când colo sunt companii pe câte patru!”

Când era vreme urâtă, nu mai făceam nici o glumă; numărătoarea ţinea o oră şi uneori chiar două. În astfel de cazuri, ne interesam noi singuri ce ofiţer intră de serviciu. Cel cu 5, cu 4 sau cu 3? Ca să le uşurăm numărătoarea.

Singur Tihonov nu se încurca, era tare la matematică.

Şi aşa, la numărătoarea de seară, pe care vreau să o amintesc, apare Tihonov. Statul major îl salută şi în momentul când starşele îi dă raportul, se aude clar un strigăt: „Vin ruşii, vin ruşii!” Şi, molipsiţi de această nouă joacă, companiile din fundul aleii strigă sacadat: „Să tragă artileria, să tragă artileria.”

Tihonov şi statul major rămân de piatră. Privesc în toate părţile cu spaimă şi nu înţeleg nimic. „Ce-i asta, starşe?”

Şi starşele, speriat, încearcă să explice ceva că va lua măsuri, că nu se va mai întâmpla şi apoi tace sugrumat de spaima răspunderii lui.

Un tălmaci se apropie de urechea lui Tihonov şi-i povesteşte cum stăteau lucrurile pe front cu atacurile, cu infanteria şi artileria...

Tihonov ascultă explicaţiile – intrigat la început – şi apoi îşi manifestă o vădită simpatie pentru această glumă: Tot ofiţerii români au făcut-o şi pe asta! Şi, făcând cu ochiul la starşele prostit de întorsătura lucrurilor, înjură şi râde cu gura căscată până la urechi: Haraşo, bună glumă.

Şi Tihonov a dat următoarea dispoziţie: „Când intru eu de serviciu şi vin la numărătoare, companiile de la poartă să strige: «Vin ruşii, vin ruşii», iar cele din fundul aleii să răspundă: «Să tragă artileria, să tragă artileria»”.

Şi contractul dintre noi şi ruşi – adus la cunoştinţa generală – s-a executat întocmai. Trei mii de oameni strigau de la poartă către pădure „vin ruşii, vin ruşii" şi dinspre pădure către poartă „să tragă artileria, să tragă artileria"!

Nemţii şi ungurii strigau doar atât: „artileria", „artileria" şi era o frumuseţe de petrecere prezidată de Tihonov. Vuiau pădurile de strigătele de război. Tihonov se bătea cu mâinile peste burtă, vesel nevoie mare, iar ceasovoii din prepeleac strigau în cor general: „artileria", „artileria".

Despre planificare şi alte necazuri muncitoreşti

Aseară a venit la mine George Ciurel, supranumit primul oltean din lume. Asta nu înseamnă că Georgică e primul om din clanul indo-european care a pus piciorul pe pământ oltenesc! Nu, ferit-a sfântul! Dar este primul oltean deportat în Bărăgan. La scurt timp după el, a venit Costică Stanciu, al doilea oltean împământenit aici, la Dunăre. Şi acum cei doi olteni îl aşteaptă pe cel de-al treilea. Ca să fie – zicea Georgică – „trei, Doamne, şi toţi trei"... Georgică e profesor de gimnastică; înalt, bine legat olteanu' şi caută să se însoare. Vorbeşte tot timpul; ştie o mulţime de lucruri pe care le tălmăceşte olteneşte şi pe faţa lui nu s-a văzut umbră de îngrijorare. Numai ce-l auzi: las' că-i bine.

Cum zic, intră la mine. El vorbeşte, iar eu tac şi ascult.

- Îţi mai aduci aminte părinte, de „sfânta" noastră Rusie şi de băieţii de acolo?

- Desigur, câte ceva îmi mai amintesc. Unele lucruri au trecut însă în umbră. Deocamdată vine Crăciunul, dragă Georgică şi sunt contrariat de un lucru pe care îl înţeleg, dar nu-l pot rezolva.

- Care anume?

- Anume că eu caut la cooperativă zahăr şi vânzătorul îmi oferă sare. Când întreb de ulei, îmi arată că se găseşte suficient oţet, iar când, speriat că nu mai am ce arde în lampă, întreb dacă este gaz, vânzătorul ridică din umeri şi-mi recomandă totuşi să cumpăr o perie pentru bocanci. Lângă mine, o femeie a cerut chibrituri, alta, un fitil de lampă, un altul, mai îndrăzneţ, a întrebat de o baterie pentru lanternă. Vânzătorul, ca trezit din reverii, îi răspunde invariabil: „aşa ceva n-am văzut de mult; cred însă că mai târziu, vom avea suficiente. Mai treceţi pe aici..." Trec eu, dar degeaba trec. Vorba din bătrâni despre sărăcie şi despre capete pătrate: când e sare nu-i mălai şi...

- Să nu uit, am să-ţi povestesc un fapt petrecut în Rusia despre această planificare. Şi nu-i de mirare că la noi lucrurile se petrec aidoma. Cum e stăpânul, aşa-i şi sluga. Mai ales că sluga românească este slugarnică faţă de stăpân până acolo încât linge şi... mâna stăpânului care-l loveşte cu nuiaua peste şira spinării. Să vezi aici întâmplarea cu planificarea şi cu roadele ei.

*

Lucram în port la Gorki (Nijni-Novgorod) cu o brigadă de români. Descărcam nişte şlepuri sau vapoare care veneau pe Volga. Asta nu înseamnă că numai noi făceam pe hamalii. Mai erau – separate – brigăzi de nemţi sau unguri şi, într-o parte, hamalii lor. Erau mai multe femei decât bărbaţi; ciolănoase, deformate de muncă, porcoase la vorbă; femeia de azi, eliberată din sclavie şi căreia i s-au acordat toate drepturile, în deplină egalitate cu bărbatul. Iată, deci, femei-hamali, după cum în altă parte am văzut femei-fierari sau femei-fochişti pe locomotivă. Eu stau şi zic: dacă femeile doresc astfel de ocupaţii, nu au decât să le facă. Totuşi, înclin a crede că în statul pe care eu îl visez, va trebui ca bărbatului să i se asigure un beneficiu de pe urma muncii lui, astfel încât soţia să rămână acasă şi să-i ţină casa. Chiar dacă se vor supăra femeile pe noi, socotesc că legiuitorii nu se vor speria de manifestările lor de stradă, trebuie ca ele să fie lipsite de „drepturile" de a deveni hamal, fierar, fochist şi să se întoarcă la ocupaţiile lor naturale: căminul şi copiii. Cum e mama, aşa vor fi şi copiii. Pe noi ne interesează la maximum aceşti copii; copiii de astăzi sunt ţara de mâine. Nu vezi dezmăţul şi dezorientarea celor ce se ridică acum? Dragă părinte, grea muncă ne aşteaptă mâine; redresarea generaţiei viitoare şi întoarcerea femeii la bunele sale îndatoriri.

Hai, socotesc că în societatea de mâine se va găsi loc pentru femeie, pentru orele ei libere, în artă, în învăţământ, la spital... Da, sunt ocupaţii care se potrivesc cu gingăşia ei naturală, însă nu vreau să mai aud de femei-miliţian sau anchetator de securitate.

Dar m-am îndepărtat prea mult de la subiect. Cum spun, eram hamal în port. Asta se petrecea în primăvara anului 1947. Lagărul în care nimerisem era tocmai la marginea sudică a oraşului, cu bordeie căptuşite cu ploşniţe. Veneam cu maşina şi plecam, seara, tot cu maşina. Oraşul era oraş pentru că străzile erau pietruite şi avea lumină electrică, dar viaţă de oraş nu exista. Uneori întârziam la lucru până la zece, unsprezece noaptea; veneam spre lagăr străbătând tot oraşul care era pustiu; toată lumea, supraobosită şi flămândă, dormea. Din loc în loc, câte un miliţian fluiera ca să nu adoarmă.

În vitrinele restaurantelor – frumos expuse, pâine albă, mezeluri, fructe de lemn vopsit. Era mare foamete. Statul era neputincios şi slăbănog; încărca vitrinele cu lemne şi pietre colorate, aşteptând ca să se producă minunea. Lemnele şi pietrele, la invocarea dascălului popoarelor, trebuiau să se prefacă în pâine şi cârnaţi ca poporul să se sature măcar o dată în viaţa lui – şi apoi întâmplă-se ce-o vrea bunul... Stalin.

În port, când era de lucru, nu aveai timp de fumat o ţigară de mahorcă, iar când venea pauza, apoi putea să ţină ziua întreagă. Cu ochii în zare, peste întinderile apelor Volgăi şi peste Oka, aşteptam vapoarele. Primăvara târzie – era prin mai – scosese colţul verde al ierbii, iar sălciile şi plopii se îmbrăcaseră în haine noi. Malul drept era înalt, abrupt şi de la faţa apei până sus se ridicau trei sute de trepte. Malul stâng se pierdea la orizont în mlaştini şi păduri. Apa bătea în malul drept. Aici, într-un loc mai larg, mai liniştit, era portul cu administraţia, cu magaziile, cu hamalii. Pe o placă mare era anunţat mersul vapoarelor de pasageri spre Astrahan sau către Moscova; dar vapoarele nu se puteau ţine de orarul fixat pe această placă; veneau când puteau şi ajungeau la destinaţie când voia natura. Aici, nimeni nu era grăbit şi mai ales respectarea programului nu intra în obligaţiile răsăritenilor: „Facem ce putem şi când putem, timp este berechet”. De ani de zile aud mereu acest refren, de la ceasovoi şi până la nacealnic, încât a devenit o obsesie: „domol, domol, vreme este berechet şi Rusia-i mare!” De la o vreme ne lăsaserăm şi noi la voia întâmplării şi nu ne mai speteam cu lucrul. Căram ce căram din vapor, şi numai ce striga unul: „Nada pauza!” – şi rusu', bucuros, accepta vesel, adăugând: „trebuie pauză, trebuie să fumăm”, şi aştepta o ţigară de mahorcă de la noi. Hârtie nu era nici atunci, de aceea noi făceam un cornet din *Isvestia* sau din *Pravda,* turnam în el o mână de lemne tocate – rădăcină de mahorcă – îi dădeam foc la un capăt şi pufăiam întinşi pe iarbă.

Lucrând în port, am observat că toată lumea fura; fura ce putea: un lemn, un kil de sare, făină, peşte etc. Mă rog, nimeni nu pleca spre casă cu mâna goală. Ca şi la colhoz. Găsisem aici un şofer, de prin Cernăuţi, ucrainean de neamul lui, care aducea cu camionul făină în port. Pleca de la moară încărcat cu saci şi pe drum îi dijmuia; spre oraş se întorcea cu sare sau cu peşte şi operaţia cu dijmuirea se repeta. „Dacă te prinde, măi, Colea?” îl întrebam eu. „Domnule ofiţer – mă lămurea Colea – nu se poate trăi altfel; toată lumea fură. Furi şi nu-ţi ajunge, dar dacă ai mai fi şi om cinstit?! Mori sigur de foame! Dacă mă prinde, mă judecă şi condamnarea o fac tot pe maşină, aşa-i obiceiul aici. Numai că schimb locul. Dacă-s condamnat, pot fura mai liniştit; nu mă mai judecă. De altfel, liber ori condamnat, aici, în Rusia, e tot un drac. Dacă eşti liber, te mişti pe o suprafaţă mai mare – aşa se presupune – deşi ocupaţia te obligă să faci acelaşi lucru, în aceeaşi zi, pe acelaşi teren, dacă vrei să mănânci. Şi după cum vezi, de dimineaţă până seara, e un du-te vino, încât nu ai timp să gândeşti la ce se petrece în jurul tău. Seara cazi obosit şi adormi undeva pe un pat suprapus, trântit ca un animal. Sâmbătă seara te îmbeţi – dacă ai adunat ceva din furat, căci dacă-i vorba de salariu, apoi nici de ţigări nu-ţi ajunge. Din salariu opreşte statul pentru cantină, pentru dormit, haine, rufe, baie, încălzit etc... Şi la chenzină primeşti de la contabil o hârtie explicativă. Vai de tine dacă ai cumva femeie şi copii! Stau şi mă gândesc că parcă tot mai bine-i să fii condamnat; cel puţin în aceste condiţii statul îţi asigură existenţa: casă şi masă. Deocamdată uite că sunt liber şi fur. Pe cât se ştie, aici hoţul care nu-i prins e socotit negustor cinstit. Domnule ofiţer, ca un om care am cunoscut multă lume, căci am trăit sub trei stăpâniri, ei, bine, zic eu că nicăieri nu se fură ca aici şi sub acest regim. Parcă ar fi apărut o lege de stat strigată la difuzor: furaţi, cetăţeni, furaţi, că al nostru este pământul şi roadele lui. N-ar fi rău dacă Sovietul Suprem – parlamentul nostru – ar lua în dezbatere articolul 12 din Constituţia stalinistă şi l-ar modifica aşa: «Cine nu fură, nici să nu mănânce!» Iar în Pravda, Ilia Ehrenburg al nostru să scrie articole mari asupra «dreptului la furat». Atunci ar înţelege bine Europa pentru care motive ruşii numesc «trofeu» lucrul de furat." Colea a plecat de lângă mine, încântat de convorbirea avută, ochind ce putea „substitui" pe drumul de la port la moară. Auziţi, părinte, ce pretindea cetăţeanul sovietic Colea – şi nu era singurul – legiferarea furatului!

- Să se facă şi asta. N-ai citit articolele de fond din *Pravda* semnate de – vorba lui Colea – Ilia al nostru? „Aţi auzit ce s-a zis celor de demult: iubiţi pe aproapele vostru. Iar eu – adică Ilia al nostru – vă spun: urâţi pe aproapele vostru". După a mea nesocotinţă, Kremlinul cu „dascălul poporului" ar putea modifica integral Biblia şi atunci Decalogul ar trebui să sune aşa: Să negi pe Domnul Dumnezeul tău! Să-ţi faci chip cioplit – sau de ghips – şi să-l aşezi în parcurile publice, la răscruci de uliţe, sau prin gări şi să strigi cât vei putea: „Slavă marelui Stalin, dascălul şi învăţătorul popoarelor". Să-ţi urăşti părinţii şi la vreme de foamete să-i mănânci fierţi, în căldare. Să te odihneşti la 1 Mai şi la alte sărbători „roşii", muncind ca un rob. Să furi! Să ucizi! Să minţi cu neruşinare!

Să juri fals! Să întinzi mâna la bunul aproapelui, să-l despoi şi apoi să-l arunci în stradă... Aşa se limpezesc zările şi se precizează ţelurile. Iar în şcoli, să se deprindă copilul cu „marile virtuţi": ura, minciuna, hoţia; să ştie că dacă-i revoluţie, apoi revoluţie să fie. Să înţeleagă toate popoarele că revoluţia pretinde întoarcerea omului la viaţa primitivă. Şi biserica, alături de sinagogă, să cânte „slavă marelui Stalin, pe pământ războaie şi între oameni revoluţie permanentă".

Georgică râde zgomotos:

- Ce-ar fi să trimiţi astfel de propuneri Sinodului de la Bucureşti? Cred că te-ar surghiuni Iustinian la schitul din Rarău, să trăieşti acolo numai cu pâine şi cu apă.

- Ei, acolo măcar aş avea lemne cu ce să fac focul.

- Tocmai, vreau să te întreb părinte, de ce nu închideţi uşa? Vă e prea cald?

- Aş! După părerea mea e mai cald afară, decât înăuntru, la mine; şi atunci, înţelegi tu, Georgică, las uşa deschisă ca să intre căldura de afară.

- Îmi pare că-i frig aici, la matale.

- De unde! Înclin a crede că-i abia răcoare. Vom vedea noi ce vom face cu uşa la iarnă.

- La care iarnă? Peste câteva zile vine Crăciunul şi, pe cât înţeleg, Crăciunul cade iarna. Daţi-mi voie să închid uşa; nu de alta, dar m-am învineţit de frig.

- Închide-o, Georgică, şi hai să încercăm, poate-om ajunge la planificare...

- Să încercăm. Unde rămăsesem cu povestirea? Da. Deci, fumam mahorcă şi vedeam primăvara că ajunsese şi la Volga de sus. Într-o după-amiază, portul s-a umplut de lume; femei şi fete, copii şi moşnegi, grupuri, grupuri se aşezau pe iarbă şi tăcuţi priveau în lungul apei. Cu privirile voiau să străbată zările şi să ajungă până la Caspica. Ce era cu atâta lume în port? De ce atâta agitaţie? Parcă tot oraşul îşi dăduse întâlnire aici. Venea vreo persoană simandicoasă? Nu se vedeau steaguri! Era vreo manifestaţie pentru ziua apelor, cumva? Nu se vedeau pancarte. Şi totuşi, lumea era din ce în ce mai numeroasă, oamenii stăteau ciucure, ca în stadion, la o întâlnire sportivă internațională. „Uite-l că vine" – au izbucnit mulțimile cuprinse subit de o veselie nebună, în zare apăruse un vapor. Vaporul venea încet și creștea greu la orizont. Sus, pe faleză, cânta o armonică și tineretul dansa în stradă. Dansau, numai câte două fete. Nu erau băieți suficienți. Vaporul se apropia ocolind spre malul stâng, apoi, trecând pe la revărsarea Okăi cu un sunet răgușit, de stepă, a ancorat la chei. Miliția stăpânea cu greu mulțimile: „Ce-i, domnule? Ce-i cu mulțimea aceasta?", întrebăm pe un moșneag din apropierea noastră. „Ce să fie? După cum vezi, e mare bucurie în orașul nostru. Vaporul, care acum a ancorat, aduce mei de la Cazan, care va fi împărțit populației, aici, pe loc". „Ei, da, catadixim noi a spune, mare bucurie, mare, vor avea oamenii de mâncat cașă bună", după care ne vedem de treburi.

Rapid s-au format, una, două... zece cozi și până noaptea târziu funcționarii desemnați cu această treabă au împărțit populației cota de mei. A doua zi aceeași operație, până ce vaporul a fost complet măturat. În oraș era veselie. Toată lumea era fericită și discuțiile au ținut o săptămână despre cașa de mei. Cât este de hrănitoare și cum găinile se ouă mai mult – chiar de două ori pe zi – dacă mănâncă mei.

Când s-a cercetat cu de-amănuntul, s-a aflat că-n tot orașul nu se găsea nici o găină. Doar la președintele unui colhoz din apropiere „mai trăia un clapon bătrân" care mai apucase vremuri de foamete – he, he, pe vremea tătarilor – și care se speria de „înnoirile" epocii noastre.

Neavând găini pe care să le hrănească cu mei spre a dubla producția de ouă – și după ce întreg orașul a constatat că claponul nu este numai bătrân, dar nici măcar nu e bun de ceva, tot orașul, zic, nevoit de această întâmplare, a mâncat cașă de mei.

Femeile, ca și fetele, erau vesele că nu s-au aflat găini care să le mănânce din rație. Trăiește lumea și fără ouă, dar fără mei nu te poți mișca.

Trecuse o săptămână şi lumea parcă nu mai era atât de veselă. „Ce-i, moşule, ce stai pe gânduri?" îl întrebăm noi într-o oră de pauză pe moşul Vasea, care mătura prin port.

Moşul ridică din umeri, se uită peste ape şi înjură. Sperios, privi în jur; nu l-o fi auzit cineva? La necaz, omul înjurase Statul. Şi aici Statul are o mie de urechi care prind vorba şi o duc la securitate. Acolo te bate şi te chinuie ca pe Hristos. „Ei, spune, moşu' Vasea, ce te doare?" „Ce mă doare, întrebaţi dvs? Mă doare prostia altora. Gândiţi-vă singuri. A venit vaporul de la Cazan şi a adus mei. Toată lumea şi-a primit porţia şi bucuroasă a pus-o la fiert în oală. Apă este, slavă lui Dumnezeu, că mai avem fântâni; căci, dacă ar fi vorba să te mulţumeşti cu apa de la conductă, apoi ar trebui să alergi ca nebunul şi să te adăpi din Volga... Aşa, pe la margine mai avem fântâni, neîngrijite, aşa cum se prezintă, dar se cheamă că avem apă la îndemână...

Şi cum vă spuneam, am fiert mei cu apă; fără pic de grăsime şi fără o mână de sare. Mâncăm aşa – când ţi-i foame nu alegi – o zi, două şi pe urmă te îngreţoşezi, nu mai merge. Măcar sare dacă s-ar găsi. Când te întâlneşti cu un prieten pe stradă, îndată, în loc de «bună ziua», te întreabă: «N-ai puţină sare?» Ridici din umeri şi te duci la alimentara din colţ, întrebi pe tovarăşul vânzător, îţi dai seama că strici doar o vorbă. Acesta îţi răspunde: «A fost, dar s-a isprăvit». În altă parte, la o altă alimentară, tovarăşa vânzătoare te chestionează ce vrei să faci cu sarea!? Mormăi nemulţumit o înjurătură la adresa sării, din care vânzătoarea înţelege că vrei să o bagi undeva şi te duci, ca năucul mai la centru. Peste tot locul, acelaşi neschimbat răspuns: «nu-i sare, dar în planul nostru luna aceasta trebuie să primim; mai veniţi pe aici, peste vreo zece zile». Plictisit şi necăjit te laşi de întrebări cu răspunsuri negative şi mănânci meiul fiert în coaja lui şi când nu mai poţi, scuipi supărat şi pleci la lucru. Şi mai este încă un neajuns. Hai să zicem că eu lucrez opt ore şi găsesc timp ca să mă plimb pe la alimentare şi să caut ce-mi lipseşte. Dar după cum vezi, mai peste tot se munceşte câte 12 ore – de, construim socialismul şi sacrificăm o generaţie, două, pentru fericirea celei de a treia, care doarme încă în ghiocul ghiocului celui care azi a ieşit din ghioc – şi bietul om, necăjit, după 12 ore de muncă de rob, când să apuce şi el un pic de sare? Bate în zadar la uşa alimentarei, e închisă. Alimentara lucrează şi ea un anumit număr de ore, care sunt exact aceleaşi din fabrică. De aceea îi spuneam eu aseară lui Mişa, care doarme în patul de deasupra mea: «Mişa, tovarăşe drag, trăiască planificarea. Dacă n-ar fi ea, oamenii ar trăi mai mult». Mişa însă, care a făcut puşcărie de două-trei ori, nu poate răbda şi înjură zdravăn de mama mă-sii şi de toţi dumnezeii care rabdă blestemăţiile pe pământ". Şi moşul Vasea, uitându-se în josul apei mai adaugă: „trebuie să vină un vapor cu sare, nu se poate altfel, trebuie să vină..." şi trece, şchiopătând, la datorie. Mătură, hârşti-hârşti, cu măturoiul şi se uită peste ape.

*

Într-o dimineaţă, când am ajuns noi în port, sosise un vapor şi lumea se bătea cu distribuitorii de sare.

Moşul Vasea ni se alătură şi, cu ochii veseli, îmi spuse: „Ei, nu ţi-am zis eu că vine vaporul? Iată, avem şi sare acum, e bine".

Binele n-a durat mult; sare era destulă dar, între timp, se isprăvise meiul. Şi sarea nu se putea mânca aşa cum se mănâncă zahărul. Moşu' Vasea se întristase şi nu mai stătea bucuros de vorbă cu mine. Cu greu îl scoteam din muţenie şi din ursuzenie. „Na, zice el, sare am dorit, avem sare să ne punem şi în ochi. Te duci la o alimentară şi vânzătoarea, dacă întrebi de zahăr, făină, ulei, ridică din umeri şi repede: «Alo, tovarăşe, te putem servi cu sare». A venit vremea de ni-i scârbă şi de sare. Zahăr, da, ei zahăr dacă ţi-ar mai da. Cine ştie când vom mai gusta şi dulceaţa zahărului!" Şi moşul Vasea, amărât, mâna tomberonul mai departe, ronţăind o coajă de pâine, primită de la noi.

Mi-aduc aminte, dar să nu-mi uit cuvântul, reia Georgică povestirea, că în vara trecută coseam la ovăz, la un colhoz, nu prea departe de Oranki, iar în urma noastră, femeile îl adunau cu greblele, îl legau snopi şi-l făceau clăi. La amiază, ni se aducea mâncarea. Odată, câţiva copii, mai îndrăzneţi, s-au apropiat de noi. Flămânzi, se uitau în gurile noastre. I-am chemat mai aproape şi le-am dat şi lor din mâncarea noastră. Dincolo de cordonul de pază, colhoznicii ospătau şi ei. Am scos dintr-o cutie puţin zahăr şi am vrut să-i dau unui copil, care părea mai vioi. Copilul s-a uitat la zahăr şi l-a refuzat. L-am îndemnat să mănânce, explicându-i că-i dulce şi foarte bun. Copilul n-a acceptat. Atunci mamă-sa a strigat, de dincolo de cordon: „Mănâncă, Mişa, mănâncă, acesta-i zahăr şi-i tot ce-i mai bun pe lume!" Mişa a pus puţin zahăr pe limbă şi, când i-a simţit bunătatea, a mâncat repede tot zahărul oferit şi apoi, râzând, m-a întrebat: „Mai este, nene?" „Nu mai este Mişa, să vedem dacă stăpânirea ne dă mâine!" Mamă-sa ne-a spus: „Să nu vă fie de mirare, copilul e încă mic şi n-a gustat zahărul până azi". Mişa avea însă 7 ani.

- Georgică, hai să revenim la subiect.

- Las' că-i bine şi aşa. Iar vorba lui moşu' Vasea s-a adeverit întocmai. Adică nu chiar întocmai. E adevărat că într-o după-masă de mai frumos, către sfârşitul lunii, a sosit iarăşi un vapor cu alimente pentru oraş. Veselie, muzică, voie bună şi dans, sus, pe faleză. Oraşul era în sărbătoare; venise un vapor cu peşte sărat. „Na – zicea moşu' Vasea, trântindu-şi şapca de pământ – aştepţi făină, zahăr, ulei şi când colo dai peste peşte sărat. Ce bine că avem sare. Îl sărăm încă odată şi apoi bem la apă, să ne umflăm. Pe urmă strigăm ura!"

- Peste câteva zile, cătrănit rău, moşu' Vasea se destăinuie cu ciudă: „Nu-i peşte sărat cum poate aţi crezut, ci-i peşte otrăvit de sărat. Cu zece ape reci şi alte zece ape călduţe şi tot nu-i poţi scoate sărătura. Atâta sare i s-a turnat acolo la Caspica, încât sarea a mâncat şi carnea peştelui. Nu alegi mai nimic din el. Atâta doar: toţi cetăţenii din Gorki au făcut spuză sub nas. Fântânile pe la noi au secat, iar statisticianul de la uzina de apă a dat un comunicat că consumul de apă în această săptămână este de trei ori mai mare decât cel de la Londra – pe toată luna trecută. De atâta sărătură, îmi simt limba mereu cleioasă, care cere apă, altfel mor. Iar burta mi-a crescut enorm şi abia o port la lucru, nici nu mă pot apleca să ridic gunoiul. Ce vreţi oameni buni? Torn în fiecare zi în burtă o vadră de apă. Peştele înoată vesel în stomacul meu. Pute oraşul a peşte sărat. Şi moşul Vasea, acum vesel, peste o clipă întunecat, ne asigură: „mâine, ei, lasă, mâine vine şi făina".

În sfârşit, vaporul aşteptat de moşul Vasea sosise în port. Să-l fi văzut pe moşu' Vasea stând sprijinit în coada măturoiului, privindu-ne cu ochi strălucitori de fericire. În fine, cu făina pe care o va primi îşi va face câteva turte pe vatră şi le va mânca, aşa fierbinţi. Să simtă şi el în cerul gurii pâinea caldă.

Lumea forfotea în port şi în imediata lui vecinătate. Pe buzele tuturor se auzeau cuvintele magice: făină, zahăr, ulei.

Cozile se şi aranjaseră şi oamenii, presaţi unii într-alţii, ca sardelele în cutie, aşteptau, comentau, se felicitau.

Când cei ce răspundeau de planificare au luat contact cu căpetenia vasului, au leşinat. Câte planuri, ce triumf pe cei ce planificau în slujba poporului, dacă în vapor ar fi fost făină?! Sau măcar ulei?! Când colo, auziţi dumneavoastră batjocură! Vaporul adusese pentru frumuseţile Nijni-Novgorodului, lenjerie intimă, femeiască.

„Na, am plesnit-o mai rău decât cu peştele sărat – protestă repede moşu' Vasea. Când să-ţi îndulceşti şi tu sufletul cu un pic de zahăr, sau să-l ungi cu ulei, poftim ce-ţi pică sub nas! Chiloţi, cămăşi şi alte nenorociri. Măi, domnilor ofiţeri români, turbez, nu altceva; mai ales că-mi pute sufletul de peşte sărat şi, pe deasupra, se adaugă acum şi chestia cu chiloţii. Mă duc să mă dau cu capul în Volga, să scap odată de planificare, mama ei de viaţă...". „Potoleşte-te, potoleşte-te moşu' Vasea, las' că trece şi asta. Dacă mâine soseşte vaporul cu ulei şi dumneata eşti înecat, ei, atunci ce te faci? Dacă ţi-i sete, poftim şi bea din bidonul meu". Moşul Vasea bea toată apa din bidon, se uită la fundul lui, îl scutură şi oftează, of, of, of şi iar of! Nu mai spune nimic. Se duce încruntat la meseria lui. Îl văd cu câtă mânie mătură; e-n stare să ridice şi pietrele de pe drum. „Lasă, moşule, pietrele în pace şi nu mai fi supărat, mâine sau poimâine soseşte vaporul cu zahăr şi va fi bine". Moşul scutură din cap şi înjură olteneşte: „Mama lor de chiloţi şi cine-i poartă". Apoi râde singur, vorbeşte singur: „Na, mă rog, îţi pune sub nas chiloţi muiereşti. Numai că aici s-a amestecat dracul". Şi îşi'varsă necazul pe tomberon, apoi pleacă cu tomberonul la canal.

Stând culcaţi pe iarbă, la faţa apei, unde briza aduce miros acru de mâl şi mormoloci, nu ştiu cine, citind în *Isvestia,* la rubrica de ştiri interne, ne-a atras atenţia asupra următoarei informaţii: „La bordul unui avion de transport, au fost aduse din Caucaz la Moscova, o tonă şi jumătate de cireşe. Transportul s-a efectuat în bune condiţii, iar populaţia Moscovei a primit cu vie satisfacţie ştirea despre acest succes al aviaţiei noastre de transport".

- Şi? Citeşte mai departe.

- Nu mai scrie nimic.

Ne gândeam că e luna iunie şi orice căruţă cu doi cai transportă spre pieţele Bucureştiului câte o tonă şi jumătate de cireşe pietroase, iar aici se publică la Ştiri – de importanţă mare – că, în luna iunie, serviciul planificării a reuşit să aducă pentru populaţia Moscovei o tonă de cireşe? În vitrine şi în abecedare, copiii Moscovei văd zugrăvite două fructe frumos colorate, cu codiţe lungi şi cu frunze verzi-negre, sub care scrie caligrafic: „acestea sunt cireşe".

*

- Şi acum, încheie Georgică, mai doriţi ceva, Părinte?

- Nu mai poftesc nimic. Cum a fost acolo, este acum la noi. Astăzi am citit în „România liberă" – şi titlul acesta este un banc – cum un gazetar se plânge că în Bucureşti nu găseşti ciorapi de iarnă şi că în schimb vitrinele sunt bogat asortate cu şosete bărbăteşti. Vezi, planificarea a ajuns la concluziile bunicilor: să-ţi faci car încă din iarnă, că la vară nu se vor găsi şosete, în schimb vei putea cumpăra ciorapi de lână pentru iarnă.

Cum mă voi scula mâine dimineaţă, mă duc la cooperativă. Am zărit acolo ceva lumânări, bineînţeles dacă nu le cumpără altul până ajung eu acolo. Dacă nu-i gaz, ard lumânări şi când se vor termina lumânările, îmi fac opaiţ. Iar dacă povestea cu opaiţul se va sfârşi, atunci ştiu eu ce am de făcut: mă culc devreme şi mă scol târziu. Deh, am şi eu socotelile mele; bune, planificate.

Georgică, înalt şi drept ca un brad, se ridică, îngândurat. Cine ştie? Poate că moşu' Vasea mătură şi acum prin port la Nijni-Novgorod. Poate că aşteaptă cu aceeaşi speranţă, mereu înşelată, dar renăscută din propria cenuşă, mereu vie, poate că aşteaptă vaporul care să nu-i înşele speranţele. Să se sature şi el odată de pâine albă, proaspătă, rumenă, iar pe limbă să simtă dulceaţa zahărului. Pe urmă poate să dea ochii chiar cu Tatăl ceresc, căruia să-I exprime mulţumiri, pentru realizarea integrală a planurilor sale.

Georgică s-a topit în noaptea de cărbune. Pe deasupra bălţilor, dau chiot nopţii negre cârdurile rătăcite de gâşte sălbatice.

Dunărea vuieşte surd sub biciuirea vântului de iarnă. Şi, ca mâine, Ajunul. Moş Crăciun, ce-i de făcut?

Foamea strigă la drumul mare

Urmele secetei din anul 1946 s-au resimţit puternic, mai ales în vara anului 1947. Faptul că Ucraina a trecut prin pârjol, ea fiind grânarul Rusiei, a însemnat o calamitate generală pentru întreaga ţară. Aplicând defectuos sistemul de planificare şi sprijinindu-se numai pe schimburi interioare, s-a ajuns la situaţia că au murit mii şi zeci de mii de oameni. Flămânzi, slăbiţi, oamenii se umflau – fenomenul de caşexie este cunoscut în astfel de epoci – şi apoi mureau, care pe unde-i apuca sfârşitul. Cu privirea pierdută, la vestea că în Cuba s-a făcut pâine sau că pe fluviul Amur e bine şi se găseşte de mâncare, omul, înnebunit de lipsuri, pleca la drum. Şi pentru că nu erau bani, oamenii călătoreau pe acoperişul vagoanelor sau pe tampoane, mureau ca muştele prin gări, se prăpădeau în aceste lungi călătorii.

Mai întâi au mâncat ce s-a mai găsit pe acasă. Apoi s-au adresat colhozului, prin magaziile căruia fluiera vântul a pustiu şi a gol şi, când totul a fost terminat, şi-au părăsit satele şi hai, la drum, spre ţinuturile mai norocoase. Statul neputincios în faţa unei astfel de probleme şi insensibil la suferinţele mulţimii, ridica din umeri a nepăsare. Statul – prin stat înţelegându-se partidul şi autoritatea administrativă – mânca pâine albă, zahăr şi unt. Mujicii crăpau de foame sub ochii vicleanului stat. Mujicii îşi mâncau copiii, iar vârstnicii îşi fierbeau în oală părinţii.

Nici o veste nu trecea dincolo de hotare care să arate lumii prăpădul de aici. Dimpotrivă, gazetele se ocupau de ajutorul în grâu pe care ţara sovietică l-a dat României.

Grâul furat din România trecea Prutul pe la Reni şi se întorcea pe la Ungheni. La Iaşi se strigau lozinci pentru a lăuda mărinimia rusească. În acest timp, în Basarabia, şi de aici până la Stalingrad, foamea striga la drumul mare. Foamea îi mâna pe oameni la furturi. Organizaţi în bande, atacau magaziile de prin gări – unde erau depuse cotele ţăranilor, bieţii de ei, scuturaţi până la ultimul bob de mei – şi magaziile alimentare. Soldaţii de pază erau omorâţi şi acolo urma prăpădul. Armata trăgea şi culca la pământ pe înfometaţi.

*

În acea vară a lui 1947 eram la Mănăstârca. Lagărul trecea prin mari lipsuri alimentare. Totuşi, nouă nu ne lipsea raţia de pâine neagră ca pământul, cu pleavă de orz în ea. În ciorbă, urzici amestecate cu alte ierburi, aşa cum fuseseră cosite de prin şanţuri. Caşa de ovăz, jumătate decorticată şi altă jumătate în teci. Mâncând, ne răneau gingiile şi cerul gurii, scuipând tecile la fiecare îmbucătură. La pădure, păşteam măcriş. Totuşi se chema că avem cu ce trăi. Din când în când veneau butoaie cu peşte împuţit, putred, sau vagoane cu carne de cămilă putredă, stricată. Puţea atât de cumplit, încât nu te puteai apropia de bucătărie. A trebuit să facem scandal enorm ca să nu se mai pună la cazan şi să nu ni se mai servească astfel de putreziciuni.

Tot în timpul acesta ne sosiseră, în gară la Soniha, câteva vagoane de varză crudă. Veneau de la Astrahan. Plecaseră acele vagoane din toamna anului 1946 şi au ajuns la noi în luna mai 1947. Era putredă şi băloasă. Medicul rus a poruncit să se pună la cazan; vai de mâncarea noastră! Câtă gălăgie, câte intervenţii, până când ruşii au fost nevoiţi să renunţe la varză şi s-o arunce în şanţ.

Totuşi, deşi nu era pic de ulei şi de zahăr, raţia noastră era asigurată. Şi, sensibili la suferinţele celor de dincolo de sârme, tăceam şi rodeam cu suspinuri pâinea robiei.

Altădată, când plecam la lucru şi ne întâlneau copii de şcoală, aceştia, sub directa îndrumare a învăţătorului, ne strigau: „moarte fasciştilor". Cei mai mici copii fugeau de noi, ţipând speriaţi. Aşa li se spusese, că noi mâncăm copiii fripţi pe cărbuni. Ani de zile, până s-a terminat războiul, acesta fusese raportul dintre noi şi copii.

Dar a venit vremea aceasta de foamete şi copiii şi-au învins spaimele. Cum ne vedeau ieşind din lagăr, alergau înaintea noastră până lângă cordonul ceasovoilor şi cerşeau: „Dă-ne, nene, o bucăţică de pâine, căci murim de foame". Ne uitam la ei: mici, slabi, gălbejiţi, neîngrijiţi şi cu lacrimi în ochi. Mâinile lor mici, slabe, numai oase, se întindeau, tremurând, spre noi. Glasurile lor erau ca ale unor pisici, aruncaţi la gârlă. „Daţi-ne o bucăţică de pâine, în numele lui Hristos..." Soldaţii îi fugăreau, înjurându-i. Noi scoteam din buzunar o bucată de pâine – era viaţa noastră – şi le-o aruncam pe iarbă. Se repezeau ca uliul asupra porumbelului.

Şi acest lucru se petrecea în fiecare zi. Noi nu puteam rămâne insensibili la suferinţele lor; împărţeam cu aceşti micuţi dumicatul nostru.

Dar cei mai în vârstă ce făceau?

Mai întâi au scotocit pământul, căutând cartofi, pe locurile unde fuseseră semănaţi anul trecut. După aceea, au adunat braţe de usturoi sălbatic, însă numai cu atât nu se putea trăi. Au început a paşte, în rând cu noi, măcriş. După aceea ne-au concurat la urzici şi, când au apărut ciupercile, îi vedeam pe la rădăcina brazilor, scormonind frunzarul.

Pe măsură ce înaintam în vară, foamea devenea şi mai cruntă. Numai cu buruieni de câmp nu te puteai ţine. Cartoful nu dăduse încă în rod, varza încă nu înverzise, iar morcovul era ca un fir subţirel. Caprele fuseseră mâncate, păsările – puţine, câte mai fuseseră – de mult nu mai erau, iar ovăzul, frumos la pai, încă nu făcuse bob.

Şi totuşi, în fiecare zi trebuia să mănânci ceva. Munca la colhoz mergea greu de tot; cei ce nu muriseră aici de foame plecaseră spre sud după hrană. Tinerii se găseau sub arme, iar moşnegii şi babele îşi făceau cruci şi, resemnaţi, aşteptau moartea.

În această epocă, lucram, împreună cu alte câteva sute de oropsiţi ai soartei, la grădina de zarzavat. În partea de vest a lagărului fuseseră defrişate cincizeci de hectare de pădure şi, de câţiva ani, pe acest teren se cultivau zarzavaturi. Vorba vine că erau zarzavaturi, pentru că, în fond, nu se semăna aici decât varză, pe aproape toată suprafaţa, şi într-un colţ, un hectar, două, de morcovi, încolo, nimic. Ba, să nu mint, într-un an au fost semănate aici şi pătlăgele roşii, însă vara-i scurtă, căldura puţină şi roşiile nu s-au roşit, ci au rămas verzi.

Lucram deci la această grădină de zarzavat. Munca nu era grea: prăşeam varză sau răream morcovii. În jurul grădinii, pe latura din fund pădure de mesteacăn, şi brădet pe celelalte laturi. Cum intrai în pădure, la dreapta se făcea un drum care ducea, câţiva kilometri, până la o moară de apă.

Pe acest drum au apărut într-o zi mai multe femei şi câţiva moşnegi. Stăteau dincolo de cordon şi aşteptau ca ceasovoii să întindă cordonul şi fiecare să se ducă la postul lui.

Când am început prăşitul, femeile şi moşnegii s-au apropiat de noi, într-un colţ unde grădina intra chiar în pădure. Supţi de foame, veştezi, întindeau mâinile spre noi, cu capetele descoperite şi ne implorau: „În numele milostivului nostru Dumnezeu, ajutaţi-ne fraţilor! Nu ne lăsaţi; daţi-ne câte o coajă de pâine, că pierim!”

Şi le-am dat ce aveam noi. A doua zi, mai mulţi flămânzi au apărut din păduri şi cerşeau cu voci slăbănoage: „Ajutaţi-ne fraţilor, nu ne lăsaţi...!”

Ce puteam să facem noi, pentru potolirea flămânzilor, care creşteau la număr, pe zi ce trecea? Ceasovoii îi înjurau şi-i goneau. Nenorociţii se retrăgeau, împleticindu-se pe după copaci, şi, în dosul brazilor, cerşeau şi aşteptau...

Şi ne-am hotărât să-i ajutăm organizat. Erau o mie cinci sute de români aici, toţi ofiţeri, iar cuvântul de ordine a plecat din bordei în bordei. Dimineaţa, în sacii de merinde, duceam ajutorul nostru flămânzilor din pădure. De pe buzele lor plecau spre noi binecuvântări: „Dumnezeu să vă răsplătească. Mântuitorul să vă aibă în sfânta Lui pază, voi sunteţi fraţii noştri, voi sunteţi creştini... Vă mulţumim, domnilor ofiţeri...”

O lună, două, trei am purtat de grijă oamenilor pădurii, până când cartofii au înflorit, floarea lor s-a veştejit şi-a căzut la pământ şi mâinile flămânde au prins a scotoci în cuiburi. Apoi a venit un vânt uscat şi paiul de ovăz s-a înălbit. Spicele au fost frecate în palme şi boabele fierte în gamelă. Atunci oamenii pădurilor s-au întors la viaţă...

A venit toamna cu roadele şi cei ce-au scăpat de la moarte le socoteau ca un dar de la Dumnezeu.

Toamna, copiii ne ieşeau în cale ronţăind morcovi cruzi – alte legume sau fructe nu se aflau pe aici – şi ne conduceau, până departe, cu veselia lor zgomotoasă şi cu sensibile manifestări prieteneşti. Bărbaţii şi femeile râdeau spre noi, fericiţi: „Mulţumim, domnilor ofiţeri, vă mulţumim pentru viaţă..."

Politrucul era de-a dreptul speriat pentru această pactizare a populaţiei cu „inamicul".

Oamenii ne citiseră inima noastră bună şi înţelegerea noastră pentru nevoile lor, şi puteau să facă deosebire între falsa propagandă politică şi fapta noastră. Un bătrân, la culesul cartofilor, la Nagoda, îmi spusese deschis: „Voi sunteţi oameni întregi; voi aveţi suflet. Stăpânirea noastră-i fără suflet."

*

Tot în toamna aceea, pe la începutul lui octombrie, cu încă vreo treizeci de pleni[21], am fost dus la Gorki. Mult n-am stat acolo şi peste vreo zece zile, poate chiar mai puţin, am revenit la „bază", la Mănăstârca.

În gară, la Gorki, lume puţină; peronul, aproape pustiu. E seară cu slabă lumină electrică; trenurile trec spre Moscova sau către Siberia. Pe acoperişurile şi pe tampoanele vagoanelor, lume multă, ciucure; în interiorul vagoanelor, puţini călători. Ca să intri în vagon, trebuie să ai bilet. Şi, ca să ai bilet, trebuie să-l plăteşti. Biletul costă scump, prea scump pentru punga anemică a ţăranului sau a lucrătorului. Dacă

---

[21] prizonieri

însă te sui pe acoperiş sau te fixezi pe tampon, poţi călători fără plată, cu riscul vieţii, cu mii de accidente. De aceea vagoanele sunt goale, iar acoperişurile lor şi tampoanele sunt arhiocupate.

Stau, privind la un astfel de tren, care merge spre Astrahan, şi mă gândesc: unde eşti, Europă, să vezi pe cine ţi-ai ales de stăpân şi cu ce binefaceri vrea să te fericească lumea răsăritului?

Câţiva indivizi, zgribuliţi în hainele lor de doc, încearcă să se urce pe tampoane şi nu reuşesc. Nimeni nu se mişcă, nimeni nu-i ajută, nimeni nu le face loc. Înjurând, necăjiţi, se reîntorc pe peron şi, când ne zăresc pe noi, cunoscând cam ce neam de oameni suntem, strigă să audă toată gara: „Mă, când veţi ajunge acasă la voi, să spuneţi Europei că noi, aici, murim de foame. Nimeni nu ne ajută, nimeni nu ne acordă drepturile câştigate cu sânge; murim de foame, murim ca nişte câini pe drumuri." Lumea îi ascultă şi se uită la ei în tăcere.

Spre capătul peronului, un invalid, târându-se pe două buturi, oferă cumpărătorilor cruciuliţe şi iconiţe. Asta-i o mare noutate pentru noi şi pentru mentalitatea sovietică. Iată, într-o gară se vând cruciuliţe! Cumpăr una, oferind chiar mai mult decât mi se pretinde. Ceilalţi fac la fel. Noi avem cruciuliţe săpate-n os de cămilă; noi le sculptaserăm şi aveam pretenţia că acelea reprezintă artă. Cruciuliţa pe care am cumpărat-o de la invalid este de plumb, fumurie, neşlefuită şi cu braţele inegale. O întorc. Pe dosul ei citesc: „Să Se ridice Dumnezeu şi să risipească vrăjmaşii Săi"... De acord, gândesc eu: ar fi timpul ca Dumnezeu să-Şi facă dreptatea Sa. Varga mâniei Lui ar trebui să lovească peste spinarea nebunilor...

Cumpăr şi o cărticică de rugăciuni; hârtie proastă, bună de împachetat măsline, iar litera, mâncată de carii. Mă uit la tipar. Tiparul este al Patriarhiei din Moscova. Trag concluzia că la Patriarhie-i multă sărăcie sufletească şi nepricepere. Oamenii de acolo se tem să se arate pe poziţie ortodoxă, în haină sărbătorească, creştină. Încearcă să se strecoare, în aşa fel încât lor să le fie bine şi vânt de bănuială să nu-i atingă. În prefaţa cărţuliei cei de la conducerea bisericii ruseşti – sinodul – se ostenesc să umple câteva pagini, preamărind „libertatea în care progresează biserica, sub conducerea genialului conducător de popoare, în comparaţie cu lipsa de libertate în care trăiau oamenii până la 1918 şi, mai cu seamă, cu jalnica stare de lucruri din Europa apuseană şi mai ales din America..."

Mă gândesc: ce tragedie sufletească să trăieşti în situaţia în care eşti obligat să te mişti aici şi să încerci să te minţi pe tine că-i bine aşa cum e, iar pe cititor să-l socoteşti de-a dreptul idiot.

Îmi pare mai reuşită inscripţia de pe dosul cruciuliţei: „Să Se ridice Dumnezeu şi să risipească vrăjmaşii Săi..." Da, începând această risipire a inamicilor lui Dumnezeu chiar cu sinodul rusesc.

Când trenul nostru se pune în mişcare, invalizii iar strigă la noi: „Mă, să spuneţi Europei că ne prăbuşim aici; murim, crăpăm de foame, şi cât de bine-i aici... Mă, să spuneţi Europei...", iar vântul nopţii bate aspru dinspre Volga către Oka, purtând spre apus frânturi din gemetele înfometaţilor: „Mă, să spuneţi Europei..."

Colhozul Iagoda şi fericirea opincii

- Ce-ai spune tu, frăţioare de la munte, dacă noi doi am merge, începând de mâine dimineaţă, la coasă?, mă chestionează Bădiţa.

- Mai întâi, ţi-aş spune că nu merg – dacă-i vorba pe ales - şi că prefer joagărul cu care parcă m-am înfrăţit. Al doilea, ştiu din moşi-strămoşi că muncă mai grea decât coasa, la ţară, nu există. Şi, în al treilea rând, asta mi se pare că-i principal – nu ştiu să cosesc. Am cosit de câteva ori la tata acasă, dar totdeauna i-am rupt coasa tatii. Numai ce puneam mâna pe ea, o învârteam de două-trei ori prin lucernă şi, cu ochii după vreo ciocârlie din înaltul cerului, înfigeam coasa, cât ai zice peşte, într-un muşuroi... N-a avut ce-mi face bietul tata! Uitându-se în lungul câmpului plin de rod, îmi spuse într-o seară, amărât: „Măi băiete, nu eşti bun de nimic..." Şi dacă am văzut eu că nu-s bun de nimic, am plecat la drum, lăsându-mi părinţii la portiţă cu ochii înlăcrimaţi pe urma mea şi-am bătut la poarta sfântului schit de pe Rarău. Şi iaca aşa, pentru că n-am fost bun la coasă, am devenit locuitor al pădurilor, dând război cumplit cu săgeţile cele înveninate cu poftire la păcat ce pleacă din arcuri diavoleşti. De aceea, Bădiţă, eu rămân la pădure – fiind şi dintr-un neam de oameni pădureţi –, iar mata, du-te la coasă, dacă într-acolo te mână vrerile Celui de Sus.

- Cuvântul e bun şi plin de mireasmă duhovnicească, părinte Daniel, dar, pe cât se pare, ai uitat că te găseşti în ţară străină şi că vrerea noastră-i hotărârea stăpânilor –

nu-i vrerea robului, ci-i vrerea domnilor – şi tot aşa, pe cât observ, ai uitat cuvântul cronicarului moldovean: „Nu-i vremea sub mâna omului, ci bietul om sub mâna vremii...” Şi ca să fiu mai limpede înţeles, mergem la coasă, pentru că acolo am fost repartizaţi. Şi anume, mergem la colhozul din satul Iagoda. Să nu te sperii; unul ca mine şi alţii – care ştim să mânuim coasa – vom cosi şi unuia ca tine, care nu-i bun de nimic, iar mata vei aduna din urma noastră. Bun cuvânt am spus, cuvioase schimnice, din taigaua rusească?

- Bun, Bădiţă, la o astfel de muncă mă prind şi eu. Cred că aici, cu o greblă în mână, voi putea să-mi fac norma, bătu-o-ar porţile iadului şi pe cei ce-au inventat-o...

- Opreşte, cuvioase! Până la acest ceas, al erei noastre, care a început cu anul naşterii Mântuitorului, nu s-a aflat ca vreun monah să fi blestemat vreodată. Fă-ţi cruce, închină-te. Uite, necuratul – ucigă-l toaca, cruce de aur, ducă-se pe pustiuri – îţi dă târcoale, te îmboldeşte la păcat. Ca să înfrângi ispititorul, mâine, drept canon, să faci două norme.

- Aşa, aşa se cade să fac, Bădiţă. Iată, vezi, când eram la schit, în pădurile Rarăului, ispitele erau mai lesne de biruit; mai tămâie, mătănii cu sutele şi prin apropiere, bătrânul duhovnic. În plus, fiind acolo mai mulţi nevoitori, şi diavolii trebuiau să se împartă şi se mai încurcau în planurile lor. Pe când aici, de la Nistru şi până la Vladivostok, vezi bine, eu singur sihăstresc. Mai mult decât asta, fiind pe aici ţară mare şi întinsă cât nu vezi cu ochii, diavolii sunt atât de numeroşi, încât au ajuns să se ispitească unii pe alţii şi să se vândă marelui Scaraoţchi. Când diavolii din părţile acestea au simţit că peste Nistru a păşit un sihastru din Carpaţi, au dat alarmă, sunând din negre trâmbiţe, şi-au adunat oştirea încornorată. Şi acum, Daniel sihastrule, luptă-te cu silniciile din taiga. Norocul meu stă într-aceea că, încă din tinereţile mele, am simţit aripa ocrotitoare a marelui arhanghel Mihail. Când îl văd la dreapta mea, diavolii leşină...

- Ei, lasă, dacă te vei încurca în normă cumva, nu te-om lăsa şi te vom scoate la liman. Plata o să ne-o faci la schit, cu bureţi în oţet şi câţiva păstrăvi afumaţi. Poate-om găsi acolo şi un pahar, două de rachiu de afine.

- Nu cred, nu cred c-ar putea să se mai afle aşa ceva pe acolo. Sunt ani de când „lăcusta" cutreieră munţii, dealurile cu podgoriile şi şesurile cu roadele... Poate apă să se mai găsească şi aer; dacă nu cumva şi astea-s puse la porţii.

*

A doua zi ieşim pe poarta de la Oranki, în timp ce un neamţ slab şi lung, cu ochelari de miop pe vârful nasului, ţipă ascuţit: „zu fir naine hîrn, zu fir" (pe patru, domnilor, pe patru...). Şi după ce ocolim lagărul, trecem pădurea cu stejari – încovoiaţi şi noduroşi de aspre ierni – şi apoi o luăm pe un drum de ţară (toate drumurile din Rusia sunt aşa cum au ieşit din barda lui Dumnezeu). Omul încă n-a îndrăznit să se gândească că ar putea să aştearnă piatră pe ele. Pătrundem în pădurea de pini şi haide, haide, cu ceasovoii pe lângă noi. După zece kilometri, ieşim într-o poiană largă unde, pe cursul unei ape, se înşiră casele de lemn ale satului Iagoda. În poiană, un lan de grâu, alături o tarla de ovăz, apoi lângă apă, grădina cu cartofi şi varză. Ne oprim la şcoală. Peste drum, o magazie, două grajduri şi o remiză pentru maşini agricole, toate cu acoperişul spart. În curtea colhozului, câteva pluguri ruginite, câteva căruţe bune de pus pe foc şi gunoi, mult gunoi, împrăştiat prin toată curtea. Nu mă mir deloc de cele ce văd la Iagoda.

Făcând războiul prin Ucraina, prin Caucaz şi până la Stalingrad şi având condiţia de rob, am văzut suficiente colhozuri şi destule sovhozuri – ferme de stat. Peste tot, murdărie şi proastă administraţie. Peste tot se fură ca-n codru. Iar munca, toată munca se face în derâdere. Şi atunci nu e de mirare că toate colhozurile şi toate fermele de stat sunt falimentare. Într-o vreme, comisarul politic ne dădea ziarul să-l citim la bordeie. Este vorba de oficiosul *Isvestia.* Toată distracţia noastră erau informaţiile de pe a II-a şi a III-a pagină, despre hoţiile de pe la colhozuri, de pe la alimentare şi despre falsificările contabiliceşti. Aflând politrucul că noi ne băteam joc „de cea mai avansată agricultură din lume" ne-a interzis ziarul şi, venind el în persoană la club, indica translatorului ce să ne citească. De câteva ori am cerut să ni se aducă *Pravda*, oficiosul partidului. Comisarul, strâmbând din nasul lui coroiat – toţi comisarii pe care i-am întâlnit eu prin Rusia aveau nasul coroiat şi faţa pistruiată – ne răspundea, plin de importanţă: „Ăsta nu-i pentru nasul vostru..."

Totuşi nu mai simţeam nevoia de a fi informaţi din pagina a II-a şi a III-a. Doar noi lucram pe la colhozuri şi vedeam cu ochi noştri ce este acolo. Oricât ne ţineau de izolaţi, nu se putea ca, în timpul muncilor, să nu luăm contact cu populaţia locală. Nu era nevoie să-i întrebăm nimic. Când erau doi sau trei de faţă, lăudau regimul, ca şi cum ar fi fost superfericiţi. Dacă-i întrebai aşa, în glumă, pe colhoznici, de ce poartă opinci din coajă de tei, se uitau speriaţi unul la altul, puneau ochii în pământ şi tăceau. Când în faţa ta rămânea unul singur, după ce se uita atent în toate părţile şi după ce se încredinţa că nu-l ascultă nimeni, răsufla uşurat şi-ţi spunea tot, aşa cum ne-a spus nenea Grişa: „Şi noi am fost oameni care purtam cizme şi pe masa noastră se găsea o bucată de pâine dulce ca mierea, încât puteam primi pe flămând şi pe călător. Am ajuns să purtăm acum opinci de tei şi să întindem mâna pentru o coajă de pâine la dumneavoastră. Rău ne-a bătut Dumnezeu! Ce frumos era la noi în sat, când aveam şi noi pământul nostru, vitele noastre de muncă. Ce plăcute erau sărbătorile Crăciunului şi ale Paştelui! Pe atunci era cozonac şi la noi pe masă. Casele stăteau drepte, nu ca acum, într-o rână, şi toate curţile aveau gard primprejur. În grajd erau o vacă, oi şi un porc sau doi, de tăiat la Crăciun, şi păsări multe, multe. Dacă mă crezi – încheie nenea Grişa – am şi uitat gustul ouălor. Numai ovăz şi varză, iar pâinea – şi asta când este, că mai mult nu-i – e neagră ca pământul, cleioasă şi amară. Şi la noi a fost bine pe vremuri şi avea gospodarul la masă şi un pahar de vodcă. Pe vremea aceea în Rusia era loc şi pentru Dumnezeu. Acum, parcă toate s-au stricat, şi om şi pământ şi toate s-au sălbăticit. Numai hoţie şi foamete. Omul, întrebat de ce munceşte prost, îţi răspunde: «cacoi interes?»[22] Dacă ogorul rodeşte mult, tot ce-i peste ce-ar fi trebuit să producă ia statul. Dacă-i mai puţin, statul îţi ia întreaga lui parte şi pe tine, colhoznic, te lasă muritor de foame. Uneori, statul milostiv îţi lasă ceva în magazie, sub formă de împrumut. Vei plăti la anul cu dobânzi, omeneşte. Anul viitor vin alte angarale, alte obligaţii şi aşa rămâne treaba cu datoriile an după an, dobânzile cresc şi statul nu se poate lăsa păgubit. Vine într-o zi şi-ţi scutură magaziile şi cenuşa din vatră, îţi ia toate vitele şi «la bună vedere, tovarăşi» – noi rămânem să roadem mestecenii din pădure. Iată, nu mai departe, ci chiar cu colhozul nostru, aşa o să se întâmple în astă toamnă. De zece ani datoriile noastre tot cresc la stat. Şi doar ştiţi dumneavoastră că o datorie veche-i comoară nesfârşită. Aşteptăm cu spaimă apariţia statului, să-şi ia drepturile după lege. Iar noi ne-om duce să căutăm de lucru pe la oraşe, şi bărbaţi şi femei. Vai de viaţa noastră! Vai de ţăran! Şi când te gândeşti că dictatura proletară ne socoteşte părtaşi la domnie! Noi, ţăranii, însă ştim bine că cuvântul nostru încă nu ni l-am spus. Ne uităm seara şi dimineaţa la opincile de tei şi înjurăm «natura». Când va veni vremea să ne spunem şi noi cuvântul, vom încălţa cizme de iuft, nou-nouţe, iar pe masă vom avea pâine albă plămădită cu lapte de la vaca noastră. De ne-ar scăpa Dumnezeu odată de «natura» asta, care ne sufocă cu atâta dragoste."

Şi nenea Grişa – om de cincizeci de ani, cu bărbuţă şi mustăţi cânepii, zâmbeşte cu ochii plini de lumina zilei, în crucea amiezii, şi încheie: „Tineretul nostru, băieţi şi fete, nu pricepe nimic din viaţa oamenilor de ieri; dacă s-au trezit într-această stare de lucruri şi cum nu cunosc alta ca să o compare, trăiesc aşa ca animalele şi uite-i colo cum se zbenguiesc fără să priceapă rostul vieţii... Pentru ei, totuna. Totuşi, tot eu stau şi zic: băieţilor noştri care au ajuns în

[22] ce interes am?

Europa trebuie să li se fi schimbat puţin gândurile. Vor fi văzut ei pe acolo altă lume, altă viaţă. Nu poţi să rămâi nesimţitor în faţa unei vieţi care se trăieşte dincolo de hotarele ruseşti. De altfel, eu am luptat în primul război şi am ajuns prizonier prin Germania. Acolo am văzut oraşe şi sate, fabrici, maşini şi drumuri ca-n palmă. Stau eu şi zic, ca un om de nimic: ce-o fi prin America? Mai anul trecut, după războiul care acum s-a încheiat, statul a trimis la vatră câteva contingente. Peste o lună de zile, aceste contingente au fost rechemate sub arme şi trimise la graniţa Chinei. Am înţeles că oamenii aceştia, care văzuseră Europa, vorbeau tare frumos despre acele locuri şi despre viaţa oamenilor din Europa. Şi statul a văzut că lumea celor tineri, ţinuţi până ieri sub obroc, s-a molipsit de bine, că deschisese ochii mari şi vedea altceva decât îi era îngăduit să vadă – şi el, statul, a înţeles pericolul. Războiul s-a terminat de 2 ani şi nici un soldat nu e slobod să vină acasă. Se primesc din când în când scrisori de prin Siberia; acolo li se face reeducarea..."

La umbra unui pâlc de mesteceni, un grup de tinere femei îşi plâng tinereţile şi viaţa lor ticăloasă.

„Bărbatul e dus la graniţă...
De şapte ani nu l-am văzut
Şi moara nu macină
Of, of şi iar of."

„Mai vorbim noi într-altă zi, părinte, îmi spune nenea Grija, dându-se mai la o parte. Un ceasovoi se apropia de noi".

*

Lucram la Iagoda de o săptămână. Cosaşii puneau iarba la pământ şi noi, cei ce mânuiam greblele şi furcile – o adunam în căpiţe, din căpiţe făceam stoguri. Alţi cosaşi tăiau ovăzul; erau colhoznici şi colhoznice. Toată munca o făceam în revărsatul zorilor şi către seară, când cădea soarele spre apus.

Bucuria lui Băditţa era mare. La adunat era uşor şi, în rând cu ceilalţi, reuşeam să-mi fac norma. Dacă terminam lucrul, ne culcam pe fânul proaspăt cosit, parfumat de florile câmpului şi tăifăsuiam.

La toate îndemnurile preşedintelui colhozului – bine îmbrăcat, bine hrănit, cu şapcă de piele pe cap şi cu manta până la călcâie – de a face supranormă, noi am rămas surzi şi muţi. Nu se plătea.

Mirarea noastră era mare când vedeam colhoznicii apărând la lucru pe la ora 8; lucrau până la ora 4 după-amiază, apoi plecau la stalovaie (sala de mese). Adunau ovăzul exact când nu trebuia. La orele acelea, când soarele bătea puternic, la coasă, ca şi la adunat şi legat, ovăzul se scutura pe brazdă. Munca ar fi trebuit să se facă dimineaţa şi seara până târziu. Ovăzul a fost cosit şi legat, apoi clăile au început a fi cărate şi făcute grămezi. Lucrul era aproape terminat. Ne uitam că grămada mai avea nevoie să i se facă acoperiş din snopi. Către ora patru veni de peste păduri o ploaie mare. Norii au acoperit tot cerul. Furtuna a cuprins pădurea şi colhoznicii – pentru că era ora patru – au lăsat grămada neacoperită şi au plecat lălăind spre sat. A venit o ploaie repede de vară care a spălat totul şi care a pătruns până în mijlocul grămezii. După ce norii s-au scurs spre sud, la orizont a apărut o a doua ploaie; atmosfera s-a răcit; pădurea a cerut alte ploi şi trei zile apele s-au scurs molcom pe pământ.

Când cerul s-a înseninat şi noi am revenit la Iagoda, colhoznicii înşirau snopii uzi de pe tot câmpul. Apa străbătuse prin grămadă până la pământ.

Nenea Grişa, când găseşte un ceas potrivit, se apropie de mine şi stăm la soare lângă o căpiţă de fân. I-am adus o cruciuliţă de os, pe care el o sărută respectuos şi apoi o bagă în sân. Îmi strânge mâna mulţumit: „Spasiba, spasiba, batiuşca."[23]

- Nene Grişa, ce-aţi păţit cu ovăzul?

- Ei, ce-am păţit! Nu ştii că noi, aici, lucrăm ca la birou; de la 8 la 4? Că se strică vremea şi pot veni pagube după asta? Cacoi interes?[24] Dacă-i mult şi bun, statul îl ia tot;

[23] mulţumesc, părinte.

[24] ce interes avem?

dacă-i puţin şi muced, tot statul îl ia tot. Cacoi interes? Lucrăm ca la birou. Dacă face rod, este rău şi noi n-avem nici un folos; dacă nu se face nimic, este tot atât de rău ca şi atunci când se face mult. Cacoi interes? Pe noi statul ne ţine strâns în braţele lui „părinteşti" şi ne dă mâncare cu linguriţa, cu porţioara, ca să nu ne îngrăşăm. Îi e teamă statului că dacă ne măreşte porţia, prindem putere şi începem să gândim. Ori noi nu trebuie să gândim. Aici, gândul e pericol pentru stat. Aşa. Iţi dă porţia astăzi; dacă mâine gândul îţi încreţeşte fruntea şi încerci să-ţi exprimi o părere proprie, te pune la post, nu-ţi mai dă porţia şi aşa îţi frânge vrerea. Asta nu-i numai cu noi, colhoznicii; lucrul stă la fel şi poate încă mai rău cu lucrătorii din fabrici. Eu lucrez greaznăi robota[25] în fabrică. Muncitorul scrâşneşte din măsele şi-şi înghite amărăciunea în murdare sudălmi.

Pe vremuri, şi-o îneca în băutură. Acum, cu salariul muncitorului obişnuit, pe o lună, poţi cumpăra patru sticle de vodcă! Dar trebuie să te gândeşti şi la mâncare, îmbrăcăminte, nevastă, copii. Dumneavoastră, europenii, nici nu vă puteţi închipui ce viaţă chinuită duc lucrătorii noştri. Locuinţă proastă, dormitoare comune, murdare, păduchioase; dacă ai o cameră, în ea pot locui pe paturi suprapuse şi două familii cu copii. Apoi, asta-i viaţă? Mai rău decât la puşcărie. Pe deasupra, muncitorului i se spune mereu că el este stăpân pe fabrica sa şi că trebuie să asude făcând supranorme pentru ca poporul să aibă ce mânca. Nu ştiu ce să mai zic! Fabrici sunt, lumea lucrează şi totuşi pe piaţă nu se găseşte ce cauţi. Şi dacă găseşti lucrul căutat, este de proastă calitate. Apoi mărfurile noastre, dacă nu sunt bune şi suficiente pentru interior, vor putea vreodată să se impună pe pieţele internaţionale? Vor putea să le facă concurenţă? Ferit-a sfântul! Uită-te dumneata la secerile şi coasele cu care lucrăm aici. Cele noi sunt de fabricaţie rusească. Cele vechi – pe care a trebuit să le depunem când am intrat în

---

[25] muncă la negru

colectiv – au ajuns ca aţele de subţiri şi totuşi colhoznicii se bat pe ele. Ce vreţi, părinte, acestea sunt marfă veche, nemţească. Ştim, ne dăm seama şi noi ce e bun. Am vrea să purtăm şi noi haine de lână ţesute în apus şi să lucrăm cu unelte ieşite din fabricile europene... La şcoală, la club, se preamăreşte stăpânirea sovietică şi regimul proletar. Proletarilor le ghiorăie maţele de foame şi nu pot striga pe uliţe că li-i foame. Aici, grevă nu se poate face. Împotriva cui? Dacă-i regim muncitoresc şi dacă noi muncitorii conducem ţara, împotriva cui să facem grevă...?

Ei, vezi, în aceste condiţii, muncitorul scrâşneşte din măsele, iese la 1 Mai în stradă şi strigă ura, ura, trăiască nu ştiu cine şi tot strânge cureaua pe buric. Asta-i viaţa muncitorului sub regimul „muncitoresc". Şi tot la club ni se spune: „Ţara noastră mare – a 6-a parte a globului – este foarte bogată, avem de toate, suntem fericiţi! Nu numai că noi suntem fericiţi, dar ne ostenim să exportăm şi peste graniţă din surplusul fericirii noastre." Vai de bietul lucrător apusean, amăgit de propaganda noastră, hrănit cu propaganda plătită din sudoarea noastră. Vai de tine, lucrător apusean, cuprins de „nebunia roşie"! Vai de viaţa ta şi a copiilor tăi!

Nenea Grişa oftează, răsuflă şi încheie: Te duci la club, agitatorul politic îţi spune că „Este tovarăşe, este". Te duci fericit la magazin, că, în sfârşit, este ceva. Acolo vânzătorul imperturbabil îţi răspunde: „Nu mai este tovarăşe, a fost, dar s-a terminat." În ţara asta, ţara păcatelor – aşa ar trebui numită, toţi mint: te mint de la obraz, cu neruşinare; învăţătorul la şcoală spune copilului minciuni, şi-l creşte în minciună, ură şi desfrâu; când iese din şcoală şi păşeşte în viaţă, toate instituţiile îl iau în braţe şi-l adorm în melodii mincinoase.

- Nene Grişa, cu intelectualii cum staţi?

- Cum stăm? Citeşte statistica. Nu sunt pe lume atâţia învăţători, doctori şi ingineri câţi sunt – se scrie la gazetă – la noi în ţară. De aceea suntem ţara cea mai avansată din lume. Ştii dumneata unde a fost descoperit cel mai mare arici din lume? Ei, vezi că nu ştii?

Eu râd şi privesc în ochii lui inteligenţi.

- Să-ţi spun tot eu; ei bine, cel mai mare arici din lume, la noi s-a găsit. A fost găsit pe lângă Tiflis şi a fost adus la Moscova. Acum trăieşte între zidurile Kremlinului.

Nenea Grişa râde zgomotos, pe urmă se uită speriat împrejur. Deasupra noastră-i cer albastru şi toată lumea se odihneşte pe lângă căpiţele de fân, sau lângă clăile de ovăz. De mâine trecem la ovăz, la cosit şi adunat. Nenea Grişa zice:

- În sat sunt foarte puţini bărbaţi şi la lucru mai greu, oricum ar fi, nu e locul femeii. Acum, vara, lucrez pe câmp, însă iarna plec iar la fabrică.

- Te întrebasem, nene Grişa, despre intelectuali.

- Să nu crezi c-am uitat, dar categoria aceasta de oameni nu-mi este prea bine cunoscută. Dacă-i vorba de învăţător, de moaşă comunală, de felcer şi agronom, ei, da, pe ăştia îi cunosc ca pe buzunarele mele: fricoşi, supuşi, terorizaţi de stat. Încolo, pe la oraşe, cât se pare, dacă cineva ştie să iscălească, devine imediat membru al Academiei din Moscova şi statul îl decorează cu titlul de savant emerit. Iată, eu citesc gazeta. O citesc în fiecare zi, până ce simt că otrava mi-a ajuns la beregată; atunci scuip, tai gazeta felii, felii şi o pun în buzunar. Mi-aduc aminte, că n-am altă hârtie pentru fumat. Am citit în gazetă că marea savantă – să-i zicem Raşela Davîdova, că i-am uitat numele cel adevărat – a descoperit, uitându-se pe cer, o stea puţin cunoscută. Eu înţeleg să descoperi ceva necunoscut, dar să ţii morţiş că savanţii sovietici au descoperit telefonul, electricitatea şi radioul – asta nici eu, dădea din cap Grişa, nu pot să cred. Cei de peste graniţă se strâmbă de râs când citesc gogomăniile din cărţile şi gazetele noastre. Uită-te şi dumneata la cea mai avansată agricultură din lume. Mie mi se pare că se lucra mai bine pământul pe timpul ţarului Ivan cel Groaznic, decât astăzi. Şi totuşi la gazetele noastre scrie altfel. Iată, *Isvestia* spune în numărul de ieri că recolta medie record atinsă în Ucraina pe timpul domniei sovietice este de 1200 kg grâu la hectar. Apoi, eu, dacă aş fi „stat”, n-aş publica astfel de lucruri. Asta-i record? 1200 kg la hectar...?

Nenea Grişa fumează, vorbeşte, dar cu ochii dă ocol împrejurimilor. N-o fi Iuda pe aproape?

- Părinte, eu sunt om prost, aşa cum mă vezi, încălţat cu opinci de tei. Dar am umblat mult prin ţara asta şi, cum ţi-am spus, am trecut şi graniţa ca prizonier. Că am umblat, nu-i mare lucru, dar mi-am dat osteneală să văd şi să înţeleg ce se petrece în lume şi cum trăiesc oamenii. Pe la începutul îmbolnăvirii ţării ruseşti, eu m-am opus destul de hotărât şi din această pricină am fost prin închisori şi deportat. Acolo am cunoscut multă lume cu carte şi de la ei am deprins eu multe lucruri bune. În Siberia, la oamenii deportaţi, am găsit scrieri multe şi cărţi de valoare. Am citit mult şi, unde nu mă pricepeam, oamenii aceia îmi arătau şi aşa, în 10-15 ani de pedeapsă, eu m-am luminat. Întors acasă însă, după o absenţă îndelungată, nevasta se măritase cu altul. Copii n-am avut şi iată, trăiesc şi eu cum pot. Ridic ochii la cer şi aştept milostivirea lui Dumnezeu. Mult nu aştept eu de la viaţă. Totuşi aş vrea să trăiesc şi să văd luminându-se şi cerul rusesc. După aceea mi-aş lua Biblia în spate şi m-aş duce la mănăstire. Acolo să-mi răcoresc sufletul, să scap de otravă şi apoi acolo să fiu îngropat.

- Nene Grişa, dacă Dumnezeu vrea, poate, când El va socoti că paharul blestemăţiilor s-a umplut de răutate, va găsi un om sau un popor prin care să se refacă echilibrul lumii.

- Eu mă rog seara şi dimineaţa lui Dumnezeu spunând: Doamne, vino şi judecă pământul.

Ochiul atent al lui nenea Grişa îl ţine sub observaţie pe preşedintele colhozului şi-i urmăreşte paşii. Când socoteşte că pericolul s-a îndepărtat, reia firul discuţiei.

- Vedeţi, părinte, preşedintele de astăzi nu-i altceva decât proprietarul de ieri. Ba, pe cât cunosc eu, aceia erau mai cu milă pentru nevoile ţăranului. La aceştia nu găseşti înţelegere. Colindând eu prin temniţe, lucrând la fermele de stat sau prin fabrici, iar acum, aciuindu-mă la colhozul de aici, după atâta viaţă şi după atâta frecuş prin lume, am ajuns la convingerea că în lume nu va putea fi niciodată dreptate. Iată, la noi în ţară s-a făcut o revoluţie împotriva ţarului şi a stăpânirii lui. Se spunea la revoluţie că stăpânirea trecută a fost tiranică şi exploatatoare. Că trăiau bine proprietarii de pământuri şi de fabrici, iar poporul făcea foamea. Eu ce observ astăzi? Că trăiesc bine directorii de fabrici şi preşedinţii de colhozuri. În locul vechilor proprietari s-au ridicat alţii noi. Iar aceştia, cu ajutorul securităţii, exploatează şi mai crunt pe muncitor, care nu crâcneşte, iar pe ţăran l-au adus la opinci de tei. Adică s-a întâmplat aşa: „ridică-te tu din capul mesei, ca să mă aşez eu". Cei ce au luat locul, fiind mai flămânzi decât ceilalţi, mănâncă tot, iar poporul strigă „ura!" la 7 Noiembrie. Am mai înţeles că bogăţia pământului nici pe departe nu se împarte egal între muncitori. Nici vorbă de aşa ceva! Cei care trăiesc bine în ţară la noi sunt mai întâi membrii de partid. Aceştia, pornind de la Tătucu în jos, până la preşedintele colhozului Fogada, au luat locul Ţarului şi al vechilor proprietari şi dorm chiar în paturile lor; bine îmbrăcaţi, bine hrăniţi, în posturi de răspundere, cu lefuri mari, trăiesc, benchetuiesc şi se îngraşă, au maşini şi trăsuri la scară. Ei reprezintă poporul şi trăiesc împărăteşte în numele poporului. Iar poporul rabdă. În toată ţara sunt aproape şase milioane de şefi. Exact de zece ori mai mulţi decât proprietarii de pe timpuri. Înţelegeţi, părinte, că pe spinarea noastră nu-i un singur om – proprietarul, ci sunt zece. Pe timpuri proprietarul avea un vechil şi un contabil şi lucrul mergea bine la moşie; astăzi pentru administrarea colectivei noastre – circa 1000 ha – există pe lângă preşedinte încă 15 oameni; casier, contabili, ajutori de contabili, brigadieri, pontatori. Aceştia toţi au leafă. Pe urmă, mai pune la număr pe cei ce conduc efectiv munca, şefii de tarlale, şefii de culturi, şefii de echipă, care nu pun mâna la muncă, dar care trag din norma lucrătorilor, şi vei înţelege ce jaf e pe spinarea bietului ţăran. Toţi îl întind şi-l fură cum pot. De ce crezi că scrâşnesc eu din măsele? De bine? Eu nu pot sta degeaba. Legile lor îmi spun să supraveghez munca, dar nu pot să-i văd pe oameni muncind şi eu să le fur din sudoarea lor. Şi atunci, pun umărul alături de ei. Apoi, după membrii de partid, trăieşte bine armata. Când zic armata, mă refer la cadrele ofiţereşti şi la subofiţeri. Dar în fruntea lor trebuie puşi cei din securitate. Pe securitate se sprijină regimul şi de aceştia se îngrijeşte partidul încălzindu-i la sânul părintesc. Aceştia sunt viperele veninoase, cu limba despicată, cu pumni tari şi cu maşină neagră cu care ridică noaptea din aşternuturi pe cei ce îndrăznesc să gândească. În al treilea rând vin funcţionarii; intelectualii – toţi intră aici – cu lefuri şi cu pensii.

Noi, ţăranii, nu avem nici cea mai mică încredere în ei; instabili, fricoşi şi trădători. Pentru lefuşoara lor, sunt în stare să-şi vândă şi mama.

Urmează lucrătorii din fabrici cărora, dacă tac şi ascultă câineşte, li se asigură o locuinţă de mizerie şi masa la cantină. Le este greu, ţipă foamea-n burta lor, nu-şi pot rezolva lipsurile, dar nu au încotro – e regimul lor; n-au cui pretinde vreo îmbunătăţire, nu pot ieşi în stradă.

În fabrică, pe zidurile fabricii şi în stradă se plimbă securitatea, atentă. De altfel, doi lucrători când stau faţă în faţă, chiar dacă e tatăl şi feciorul, nu fac altceva decât laudă regimul. Lucrătorul este tutelat de propria-i dictatură şi din pricina botniţei care i s-a pus la gură şi a cătuşelor de oţel care i s-au pus la mâini, tace, rabdă şi, de câteva ori pe an, strigă pe străzi lozinci...

Şi, în sfârşit, ţăranii cu opinci de tei în picioare, care asudă pe ogoare pentru fericirea reprezentanţilor poporului. Am auzit că în India este o pătură socială căreia i se spune „paria". Ei, bine, aici noi, ţăranii, suntem paria. Noi muncim pământul, tragem în plug mai rău decât vitele, dar de roadele lui noi nu ne bucurăm; alţii se îngraşă de pe urma noastră.

Sus, la conducere, să vezi ce se întâmplă. Să zicem că Ivanov a ajuns director de fabrică, fiind membru de partid.

Pe feciorul lui l-a dat la şcoală şi azi este inginer. Foarte bine, trebuie şi ingineri. Când s-a însurat feciorul lui Vanea-inginerul, a căutat o fată cu carte şi a găsit pe doctoriţa Lidia. Ei au doi copilaşi, care cresc altfel decât copiii colhoznicului Teodorov, pentru că părinţii au cu ce-i creşte; îmbrăcaţi, hrăniţi, educaţi. Şi asta-i bine. Copiii nu trebuie să simtă lipsurile. Inginerul şi cu doctoriţa – unul fecior de lucrător şi ea fiică de ţăran – şi-au uitat repede originea pentru că au lefuri mari – trăiesc bine şi se gândesc să-şi facă, la rândul lor, copiii ingineri sau savanţi. Şi asta-i bine, ţara are nevoie de savanţi. Răul începe abia de aici. Până anul acesta, orice copil inteligent, bun la carte, era trimis pe cheltuiala statului la şcoală. Aşa că mulţi băieţi de la ţară sau dintre feciorii de lucrători au învăţat la şcoli pe seama statului şi astăzi au rosturi bune în administraţie. Dar la Kremlin s-a dat acum o lege care reduce numărul burselor în şcolile de toate gradele. Deci, o bursă se va obţine prin concurs. Stau, citesc şi mă gândesc. Băiatul lui Teodorov, Mişa, învaţă foarte bine, scapără de inteligenţă. Să presupunem că tatăl său îl duce la concurs. Aici, la liceu, sunt puţine burse şi vin nu numai copii buni la carte. Mişa lui Teodorov stă la concurs alături de copilul inginerului Ivanov. Mişa-i inteligent, dar nu este educat. El paşte oile. Ivanov tot inteligent este, dar este şi educat. La concurs, Mişa, care n-a cunoscut altă lume decât satul său şi oile, ameţeşte şi se pierde. Ivanov, care poate-i mai puţin inteligent decât Mişa, dar a trăit şi a fost educat într-o casă de intelectuali, reuşeşte la concurs şi ia bursa. Mişa se întoarce la oi, iar Ivanov devine inginer în locul tatălui său. Legea, acu' apărută, mai spune că cei ce nu pot lua bursă vor putea învăţa carte, plătind taxe şcolare. Presupunând că feciorul lui Ivanov n-a reuşit la concurs, ei bine, în acest caz, părinţii lui, având bani, îl vor da totuşi la şcoală şi-i vor forma o carieră. Dintre feciorii celor ce se găsesc în posturi de răspundere, nici unul nu se mai întoarce la seceră şi la ciocan. Mişa rămâne de azi înainte să înfrunte viaţa cum va putea. Statul nu-l mai ajută; şi-a format suficiente cadre şi din mijlocul acestor ajunşi se recrutează cadrele de mâine. După părerea mea s-a format, în timp relativ scurt, o nouă clasă care a împrumutat de la nobilime cravata de la gât şi de la burghezie masă bună şi salariu gras. Ei, împotriva lor vor trebui Mişa şi ceilalţi feciori de ţărani să-şi facă revoluţia lor. Pentru că ţăranul, care e majoritar în ţara aceasta, încă nu şi-a spus cuvântul.

*

Toamna am fost trimişi la colhozul din Iagoda ca să scoatem cartofii. Ce bucuros a fost nenea Grişa când ne-am revăzut. Ceasovoii erau departe, pe marginea tarlalei, şi noi doi ne-am aşezat pe o movilă de cartofi.

- Nene Grişa, cum se face că n-aţi treierat nici acum?

- Cum se face? Asta-i legea pe aici, întâi să putrezească grămezile şi după aceea treierăm. Nu sunt batoze. Cele care sunt la staţia de maşini din apropiere încă n-au fost reparate, poate pe după Crăciun să fie bune de lucru. Eu, cum se termină scosul cartofilor, plec la fabrică. Nu mai stau nici un ceas. De altfel, ceea ce am eu de primit de la colhoz în urma muncii mele e mai nimic. Trebuie să scurm în altă parte.

- Nene Grişa, fii bun şi lămureşte-mă ce cote aveţi de plătit şi cu ce rămâneţi în palmă, la urmă?

- Despre cotă mă întrebi? Şi cu ce se alege colhoznicul toamna?

- Desigur, despre asta te întreb; am citit o carte despre colhoz şi foloasele lui, însă mi s-a părut că autorul exagerează.

- Dumneata, părinte, te fereşti de a spune neadevărului minciună. Eu însă, care am citit mai multe cărţi şi broşuri despre colhoz şi fericirea colhoznicului, îţi spun direct: toate cărţile lor spun minciuni. Şi acum, hai să te lămuresc. Noi avem aici o mie de hectare. Statul a venit şi a clasificat pământul pe categorii: I, II, III şi IV. Pe urmă ne-a dat un plan de însămânţări şi sămânţă selecţionată. Apoi ne-a trimis la S.M.T. unde am făcut contract să vină maşinile să are şi să treiere. Toamna, după cules, la socoteli, statul şi S.M.T.-ul sunt prezente. Statul ridică drept cote cuvenite 33%, iar S.M.T.-ul 17%. Mai rămâne pentru colhoz 50%. Destul de bine; ca la boier pe vremuri, nimic nu s-a schimbat. A plecat boierul şi a intrat în locul lui Statul. Dacă ai rămâne cu jumătate din produse, ar fi bine şi colhoznicii ar avea ce mânca. Ce se întâmplă însă? Se întâmplă că Statul vine apoi şi-ţi ia sămânţa 2%, asigurarea recoltei 3%, pensie pentru bătrânii colhozului 2%. Până acum, nici un colhoznic bătrân nu a primit pensie de la colhoz şi moşneagul, dacă nu munceşte, moare de foame. Apoi, pentru casă 3% şi apoi pentru Armata Roşie 11%. Vasăzică mai rămânem, noi, colhoznicii, cu 29% din produse. Conducerea colhozului reţine 10% ca rezerve pentru anii secetoşi sau pentru vremuri de calamitate, 5% pentru reparaţiile grajdurilor şi micilor unelte agricole, 2% pentru club şi restul, de 12%, se împarte pe zile lucrătoare şi ni se dă sub formă de porţioară. Aşa ar trebui să fie după lege. Căci, fără lege, lucrurile stau aşa: Statul a venit cu inginerii şi specialiştii lui şi-a spus: pământul de calitatea I de la Nagoda trebuie să dea 2000 kg la hectar, cel de calitatea a II-a atâta şi aşa mai departe. Toamna nu se ţine cont de recolta reală, ci vine statul şi din presupusele 2000 kg îţi ia 666 kg drept cotă, S.M.T.-ul la fel, şi celelalte procente – aşa cum le-am arătat mai sus, se calculează tot după planificare. Nu vă mai fac socoteală. Nu numai că nu rămânem cu ceva, ba încă ne şi îndatorăm. Aşa se explică de ce colhozul nostru e dator vândut. Păi, socotiţi singuri dumneavoastră dacă noi realizăm nu 2000 kg ci 1000 kg la hectar, recolta noastră nu poate acoperi cotele cerute de stat. Statul nu stă la discuţie; îţi scutură magazia şi-ţi ridică şi cel din urmă bob de grâu.

S-a întâmplat ca într-un an bun, bun de tot, din mila lui Dumnezeu, să realizăm 2500 kg la hectar. Ne făceam noi socoteală: e bine, vom mânca pâine până la iarnă. Când colo, ce să vezi? Statul şi-a luat frumuşel cota planificată pentru

2000 kg – şi după ce s-au reţinut toate cotele şi procentele – zâmbind, a ridicat în întregime cele 500 kg pe care le realizasem peste plan. Noi am rămas fluierând a pagubă. Muncim, dar nu ne putem hrăni de pe urma muncii noastre. Statul ne împrumută cu propriile noastre grăunţe. Şi de aceea vezi dezinteresul pentru muncă al colhoznicilor – aş putea afirma chiar batjocură în muncă – şi nu găsim nici o scăpare; fugim la oraş şi căutăm acolo de lucru.

Statul, marele proprietar şi marele capitalist, a făcut o lege, care acu' îl jenează: s-a obligat să ne dea de lucru. Eu am ajuns la convingerea că statul este un prost organizator şi administrator şi că el este cel mai mare hoţ. Un hoţ care, dictatorial, „îşi face singur legile după care haiduceşte".

Nu mai pot părinte! Mă înăbuş şi mă doare când văd indolenţa fraţilor mei! Oi bune pentru muls şi pentru abator. Unul nu-şi ridică fruntea să vadă cât de frumos e cerul. Toţi, în opinci de tei, cu umerii aduşi în faţă, ca nişte găini prinse de holeră şi cu nasul în pământ... Ca să nu izbucnesc cumva, plec în lume, chiar mâine plec în altă parte. Vă rog să nu mă uitaţi părinte şi să mă pomeniţi în rugăciunile dumneavoastră. Nu-l uitaţi pe dedea Grişa Mihailovici...

*

În anul care a urmat, am trecut – cu lucrul – prin Iagoda. Întrebând de nenea Grişa, mi s-a spus că plecase de cu toamnă şi că n-a mai revenit acasă. O bătrână care ştia cine sunt mi-a şoptit speriată: „A ajuns iar la puşcărie, părinte, nu putea suferi slăbiciunea noastră..."

Da, nenea Grişa Mihailovici de la Iagoda privea cu drag cerul albastru şi gândea. Statul însă îşi avea socotelile lui şi ţinea morţiş ca lumea să se încovoaie la pământ. Cum apărea un gând, îndată îl şi încarcera.

Nene Grişa, dumneata eşti poate la muncă în pădurile Siberiei sau în Urali, cine ştie unde-ţi porţi răzvrătirea şi gândurile! Iată, eu nu te-am uitat şi, de aici, din satul părăsit de la marginea Bărăganului, unde ucenicii dunăreni, copiind pe dascălii moscoviţi, ne-au trimis ca să încercuiască gândul nostru şi să-l ucidă, îţi trimit o caldă salutare.

Să ştii că şi la noi închisorile gem de obidă şi de răzvrătire. Şi la noi se încearcă răstignirea gândului curat. Dar peste vremuri, peste vreri şi peste cazne, gândul nostru triumfă luminos.

Nene Grişa, ascultă cântecul înalt al ciocârliei. E cântecul biruinţei gândului albastru.

De aici, de la Dunăre, din închisorile şi deportările noastre, te salută muncitorul strungar Stan Tăicuţu şi ţăranul Nicolae Cenuşă. Noi toţi gândim senin, privim cerul şi ne place cântecul ciocârliei. Vino cu noi. Te-am simţit că eşti din lumea noastră. Vino...!

Vine teatru-n sat la noi...

Când am început cositul şi strânsul ovăzului la colhozul din Iagoda, după lungi deliberări cu stăpânirea de la poartă, ne-am înţeles ca, pe tot timpul acestei campanii de lucru, să rămânem în sat. Până atunci, făceam în fiecare zi zece kilometri dus şi alţi zece kilometri la întors, către Oranki. Drumul era lung şi obositor. Pe deasupra, era şi munca. Când însă ni s-a dat învoirea de a rămâne în sat, rapid ne-am instalat la şcoală; am pus paie pe jos, deasupra, păturile şi la căpătâi, bocancii.

Era pe la sfârşitul lui august şi şcoala nu funcţiona. Sergentul şi cu ceilalţi ceasovoi ne păzeau atent; se temeau să nu evadăm. De aici era uşor de plecat la drum, dar n-aveam ce mânca! Nici populaţia nu avea ce fierbe în cratiţă! Şi totuşi, chiar în aceste condiţii grele, evadări au fost...

Stăteam la şcoală. Printre mesteceni am instalat un căzănel şi pe cel mai priceput în arta culinară l-am lăsat bucătar. Produsele le primeam săptămânal de la Oranki. Colhozul nu ne dădea nimic.

Dimineaţa, până pe la ora 10, ne făceam normele şi până seara timpul era al nostru. La toate presiunile de a depăşi norma, la toate avantajele ce ni se promiteau – de exemplu foi de varză în ciorbă – la toate laudele pentru felul nostru conştiincios de a munci, noi am rămas de neclintit. Atunci ne-au lăsat în pace şi stăpânii şi ceasovoii şi preşedintele de colhoz. Odată norma făcută, Bădiţa fluiera încetarea lucrului şi, cu instrumentul de „tortură" pe umăr, ne duceau în jurul bucătăriei de campanie. Aveam cu noi cărţi, iar Bădiţa, pe lângă fluier, mai purta cu dânsul şi câteva dălţi. În orele de repaus, sculpta.

Seara, numărați de sergent, eram închiși în școală. Pe lângă uși făceau de gardă ceasovoii. Lumină? Un opaiț cu seu de oaie.

Și iată, duceam viață rurală, fiind atenți la bucuriile și tristețile satului din taiga. Câini nu sunt în sat. Cu ce să-i hrănească oamenii? Ici-colo, câteva capre și altceva nimic.

Cum se făcea seară, lumea se culca; dormea sănătos! Casele, toate de lemn, brad încheiat în cepuri și printre bulumaci, bătut mușchi de copac. Pe dinăuntru, lipit, văruit și câteva sărăcăcioase boarfe. Peste tot, în toate casele, multe icoane spre răsărit. Candelele nu ard demult, nu-i ulei. În jurul caselor, încercări nereușite pentru grădini de zarzavaturi; nici un fel de gard, pustiu și bălării. Fete și băieți, până la 16 ani. De la 16 ani, băieții sunt plecați la armată. Bărbații sunt la graniță. Doar câțiva bătrâni, care te miri cu ce se țin.

Școala, la marginea de răsărit a satului și, nu departe de ea, dărăpănăturile colhozului. La colhoz, un clopot luat de la vreo biserică și, în mijlocul satului, o șină de fier atârnată de un țăruș. La anumite ore sună clopoțelul și bate toaca. Atunci colhoznicii pleacă pe brigăzi, la lucru. Pe urmă mai sună odată clopotul și toaca, iar brigăzile se întorc în sat. Ce fac oamenii în casele lor? Stau și privesc pe geam afară. Ce să lucreze, când înăuntru și afară e gol?

Duminica și în zilele de sărbătoare – oamenii țin sărbătorile creștinești – toată lumea se îmbracă mai curățel. Dimineața nu-i nici o mișcare în sat. După-masă însă, pe la ora 4, tineretul se adună la o margine de sat, sub niște sălcii bătrâne, în jurul unei armonice. Se cântă ceva și toată lumea ascultă. Pe urmă, după ce s-au adunat toți băieții și toate fetele, începe „guliaiul". Și guliaiul pleacă la drum, ca într-o preumblare, de la o margine a satului până la cealaltă. Fetele se iau de braț, în șiruri cât lățimea drumului – un șir, două, trei, câte sunt; în spatele lor stă cântărețul din armonică. Urmează șirurile de băieți la braț, ca și fetele. Mărșăluiesc încet, prin sat. Muzicantul cântă ceva. Fetele strigă ceva tare, să audă tot satul. Băieții răspund pe același ton. Apoi, în acordurile armonicei, râd: ha, ha, ha. Şi tot aşa, plimbare cu chiuituri. Răguşiţi de atâta ţipat – pe aici, ruşii nu ştiu să cânte – guliaiul se consideră încheiat şi, oprindu-se sub sălciile de unde plecaseră, începe dansul. Odată cu noaptea, petrecerea se termină; nu mai auzi nimic până la miezul nopţii, când dă un „cucurigu" voinicesc cocoşul de la colhoz, singurul cocoş supravieţuitor în acest sat.

Când am văzut prima dată guliaiul şi când am auzit urletele de junglă, m-am gândit la Tarzan. Pe urmă am fost mai atent la strigătele lor. Observasem că întâi spuneau ceva fetele şi abia după aceea răspundeau băieţii. N-or fi cumva nişte strigături, ca la horele noastre?

Aşa a fost; tineretul îşi făcea autocritica şi critica satului. De exemplu, strigau fetele: „Ce-a făcut Mişa aseară?" Şi băieţii răspundeau prompt: „Sta cu Zoia sub mesteacăn". Şi fetele: „Unde-a fost primarul ast' noapte?" Iar băieţii: „La Nadiuşa lui Colunea." Şi tot aşa, până ce se încheie critica, cu o recunoaştere generală a celor două tabere – băieţi şi fete – că „nicăieri pe lume celovecul nu trăieşte mai liber şi mai fericit ca-n Uniunea Sovietică". La auzul acestei concluzii, Bădiţa totdeauna fluiera a mirare. Bădiţa nu credea, sub nici un cuvânt, că aici trăieşte cel mai fericit om din lume. Cum auzea pornirile guliaiului, striga vesel: „ca-n junglă, mă, ca-n filmele cu Tarzan". Iar cocoşul, nepăsător, cânta fără greş, la miez de noapte. Bădiţa asculta cele trei-patru cucuriguri şi-mi spunea: „ăsta ştie să cânte, nu ca «Africa»..."

Nenea Grişa-i tare mulţumit că stăm în sat. Şi mulţumit că află de la mine cum mai e viaţa în lume. Nu-i mult până ce vom termina şi cu ovăzul. Va trebui să ne întoarcem în lagăr.

Într-o zi – era sâmbătă – îmi spune nenea Grişa:

- Ştii că mâine vine teatrul în sat la noi?

- Nu, n-am ştiut până acum nene Grişa. Mă bucur. Să vedem şi noi cum stăm cu arta teatrală.

- Vedeţi că serbarea va fi la şcoală... Căutaţi şi veniţi, şi prietenul nostru se duce în treburile lui.

- Băditză, zic eu, mâine mergem la teatru!
- La care teatru?

Uite cum şi uite ce – şi-i relatez Băditei tot ce-am aflat de la nenea Grişa.

- Ascultă, române, strigă Bădiţa peste lan, să-l audă întreaga brigadă, mâine după-masă e teatru la şcoală. Şi către şeful nostru, inginerul de păduri Codreş: Vezi, aranjează cu ceasovoiul cel cu grade...

Ceasovoiul cel cu grade – sergentul – nici nu vrea să audă de cererea noastră. Dis-de-dimineaţă ne scoate din şcoală cu toate boarfele şi ne instalează lângă bucătăria de sub mesteceni.

Era o duminică ca la început de toamnă, cu o lumină dulce, molcomă, sub un cer albastru, înalt. Peste păduri pluteau ceţuri viorii şi vârfurile copacilor stăteau în nemişcare, aşteptând evenimentul. Veneau artiştii de la Nijni-Novgorod să descreţească frunţile colhoznicilor amărâţi.

Învăţătorul adunase copiii de la şcoală şi cu ei încerca să facă curăţenie prin curte. Scoseseră băncile afară şi pe bănci improvizaseră o scenă în aer liber, rezemată de peretele şcolii. În faţă o sârmă şi două cearşafuri. În restul de bănci vor sta privitorii. Cei ce nu vor avea loc, vor putea să stea pe iarbă, jos.

În preajma amiezii a început forfota prin sat. Tot satul se adună în curtea şcolii şi aşteaptă. Învăţătorul se frământă. Preşedintele colhozului priveşte peste sat, cu mâinile lungi adânc înfipte în buzunarele pantalonilor bufanţi, iar primarul asudă. Au mai văzut iagodenii lui spectacole la club, dar să vină artişti adevăraţi în satul lor, asta încă nu s-a întâmplat. Să improvizeze arcuri de triumf? Să scoată steagurile? Nu ştie ce să facă. Nimeni nu-i dă vreun sfat şi atunci, neavând şi negăsindu-şi un rol precis pe la şcoală, aleargă prin sat, bate toaca, îndeamnă pe oameni să vină la serbare şi transpiră: „Of, de-ar trece şi asta!” Auzi dumneata, ce onoare pe satul nostru. Artişti! Artişti adevăraţi, ca la Moscova! Ce cinste pe noi, ce onoare pe satul nostru!

- Bădiţă, ce facem? De mâncat, după cum vezi, am mâncat, soarele arată că-i după-masă, artiştii presupunem că vor veni; dar noi, ce facem? Mergem ori ba?

Şi iar începem negocierile, tratativele de grea diplomaţie, cu sergentul nostru. Dacă ar fi măcar rus! Poate că ne-am înţelege cu el! Dar cu un calmuc e greu să te înţelegi. Mereu se apără că, dacă fugim de acolo – de la serbare – intră el în puşcărie... Că oare ce va zice colonelul de la Oranki când va afla că ne-a dus la teatru? Auzi, tu, nemaipomenit! Un sergent al armatei roşii să ducă prizonierii la serbare! Şi asta fără învoire scrisă de la Kremlin. Unde mai este autoritatea Sovietului Suprem? Auzi, tu, pretenţii pe prizonieri, să meargă la teatru?

Şi calmucul se frământă ca-n faţa unei probleme pe care nici O.N.U. cu toată autoritatea ei nu e în stare să o rezolve. Inginerul Codreş îl ia mai deoparte şi-l lămureşte că nu vom evada. El garantează cu viaţa pentru asta. Vom sta mai la o parte, pe iarbă şi sub paza ceasovoilor. Dacă nu ne duce la teatru, noi intrăm în grevă, să ne ducă la Oranki. Noi nu mai lucrăm la colhoz.

Calmucul încearcă să înţeleagă ce anume vom face dacă nu ne duce la teatru. Târziu, pricepe despre ce este vorba; îşi dă un pumn în cap şi aleargă la şcoală, îl vedem gesticulând în grupul învăţătorului, primarului şi al preşedintelui.

Toţi patru, ca la o comandă, se întorc şi vin grăbiţi spre noi.

- Ce doriţi dumneavoastră, domnilor ofiţeri?, ne întreabă ironic preşedintele.

- Cerem gărzii să ne ducă la teatru, răspunde Codreş.

- Nu se poate. Dumneavoastră sunteţi prizonieri şi nu puteţi să vă bucuraţi de binefacerile de care au parte cetăţenii sovietici. Dacă dumneavoastră aţi fi oameni înţelegători şi-aţi face...

- Domnule preşedinte, răspunde Codreş, noi nu suntem subordonaţii dumneavoastră. Dacă aveţi vreo autoritate asupra gărzii noastre, atunci determinaţi-o să ne ducă la teatru. Dacă nu ni se aprobă această neînsemnată cerere a noastră, e bine să ştiţi că ne considerăm în grevă chiar din acest minut, şi-n consecinţă cerem să fim duşi imediat la Oranki.

- Ce grevă? Ce fel de vorbă-i asta? Ovăzul aşteaptă să fie cosit şi dumneavoastră vorbiţi de grevă? Ştiţi că pentru aceste vorbe puteţi ajunge la judecată?

- Nu-i nimic, mergem la judecată şi ne vom lămuri acolo cu judecătorii. La coasă suntem buni? Dar binefacerile cu teatrul nu sunt şi pentru noi? Cerem încă o dată să fim trimişi în lagăr.

Hotărârea noastră-i pune în mare încurcătură pe notabili. Pleacă tăcuţi din mijlocul nostru; se opresc în răstimpuri şi gesticulează.

Stăm pe fân şi-l ascultăm pe Bădiţa. Fluierul lui mângâie apele, pădurile.

Aproape că am uitat de teatru, când deodată plăcuta muzică românească este zgomotos întreruptă de strigătele guturale ale sergentului:

- Hai să mergem, că vin artiştii. Dar să nu fugiţi, vă rog să nu fugiţi şi să nu le faceţi nimic artiştilor... Lăsaţi-i să joace frumos.

- Nu fugim, fii fără teamă; garantăm pentru viaţa artiştilor...

Ne-am aşezat pe iarbă jos, cu doi ceasovoi de pază. Lumea se uită la noi; ne cunosc colhoznicii de la muncă şi copiii pentru pâinea care o capătă de la noi.

În scurt timp se arată un camion, din care coboară şase bărbaţi şi trei femei. Satul, în picioare, îi primeşte ca pe o minune. Primarul şi celelalte autorităţi se frământă, vorbesc, transpiră. Pe scenă se urcă şcolarii, învăţătorul trage cortina – cele două cearşafuri – şi ţine un discurs puternic despre teatru şi despre arta sovietică, de la care omenirea nu ştiu ce are de învăţat. Corul cântă ceva cu „întinsă ţară avem noi şi nu-i pe lume altă ţară în care cetăţeanul să respire atât de liber ca aici". Apoi vorbeşte preşedintele colhozului: „Iată, cetăţeni, grija de mamă a regimului nostru: ne dă teatru şi ne înalţă sufletele..."

Ochii lui nenea Grişa mă caută şi parcă ar spune: „Mai bine ne-ar da pâine şi ne-ar lăsa sufletul în pace".

Primarul vrea să spună ceva; se uită în ochii unei actriţe grăsuţe, îmbrăcată cu haine europene, se încurcă în ceea ce ar fi vrut să spună şi atunci strigă disperat: „Trăiască dascălul şi învăţătorul noroadelor, generalisim Stalin". Corul îl salvează, cântând „Mulţi ani!"

Cortina cade şi se înţelege că suntem în pauză. Privesc publicul: în faţă stau fetele şi băieţii, mai în fund bătrânii. Copiii, pe unde pot. E drept, tot satul s-a adunat la spectacol. Deasupra cerul e limpede şi soarele domol.

Când se ridică cortina, înţelegem că a început piesa. Câţiva bărbaţi şi câteva femei, pe scenă, reprezentând un grup de partizani, se căznesc cu gesturi largi, teatrale, să ne facă să înţelegem măreţele lupte pe care le-au purtat şi strălucitele victorii ce le-au câştigat împotriva fasciştilor. Lumea îi ascultă la început cu atenţie. La al doilea act, interesul scade şi în timpul ultimelor scene, înainte de căderea cortinei, teatrul se transformă în comedie. Pe scenă, singură, artista grăsuţă, în haine militare, cu pieptul plin de decoraţii, povesteşte cu patos bătăliile ei cu nemţii şi arată cum punea la pământ câte un regiment de fascişti, aşa, ca pe nişte muşte.

Bătrânii tac şi ascultă. Notabilii, lângă scenă, îi sorb orice cuvânt şi sunt cu ochii după fiecare gest care-i scoate în evidenţă formele carnale.

Fetele şi băieţii îşi fac cu ochiul şi zâmbesc negativ. La un gest al artistei care arată cum a ucis, la un pod, un grup de fascişti, dinspre grupul băieţilor se aude „huia". Fetele chicotesc, notabilii, rapid, sâsâie şi artista continuă povestirea. La un alt pod, o divizie întreagă cade răpusă. De pe altă bancă se aude iarăşi: „huia". Şi pe măsură ce artista se înfierbântă, băieţii şi fetele strigă: „huia, huia".

Nu se mai înţelege nimic; artista, dezorientată, speriată, se opreşte: Sufleorul iese, cu cartea în mână, de după cearşaf, toţi artiştii intră în scenă, să vadă ce s-a întâmplat. Băieţii şi fetele, cântând pe melodia lui Şaliapin „Luntraşii de pe Volga" repetă mereu acelaşi cuvânt porcos – huia, huia.

Spectacolul a căzut. Tineretul se încolonează pentru guliai cu armonici la mijloc. Pleacă spre locul de adunare, sub sălciile bătrâne, urlând melodia lui Şaliapin. Copiii se zbenguie şi se fugăresc printre bănci, în timp ce bătrânii cu mâna la gură sau cu ochii în pământ întreabă: „Ce mai fu şi asta?"

Artiştii cer explicaţii, se aud cuvinte despre artă şi muzică, despre educaţie şi stat sovietic. Autorităţile, consternate, caută explicaţii şi nu găsesc, nici măcar în buzunarele adânci ale tovarăşului preşedinte de colhoz.

Soarele, mirat şi el de-o astfel de întâmplare, dă din cap a neînţelegere şi trece peste păduri: obosit de-atâta drum, se culcă după o căpiţă de fân, într-o poiană.

Când camionul cu artişti dă să plece, din grupul nostru pleacă, frenetic, aplauze către artişti. Aceştia nu înţeleg: e batjocură? Ca să nu rămână cumva datori, din mers ne salută: „Pa, pa, la revedere".

*

A doua zi cosim, adunăm şi treaba merge strună. Nenea Grişa, găsind un moment prielnic, se apropie de mine: „Ai văzut, părinte? Tineretul nostru nu-i chiar aşa năuc, cum îl cred autorităţile. E sătul până în gât de atâta propagandă şi, cum ai observat, nu o mai poate suferi şi a reacţionat aşa cum s-a priceput. Tineretul ascultă o muzică străină, vede o revistă sau un ziar care vin din Europa. Cei care au fost pe front s-au luminat, iar la întorsul lor acasă, n-au tăcut. Acum îi reeducă statul în Siberia. Degeaba. Lumea noastră s-a «îmbolnăvit» de europenisme. «Doctorii» de la Kremlin, alarmaţi de Jdanov, au prescris măsuri «medicale» şi-au pornit să tămăduiască tineretul de influenţa străină: cărţi, filme, haine, tehnică etc. Şi să trâmbiţeze zi şi noapte prin toate mijloacele că cei mai mari savanţi ai lumii, cei mai valoroşi artişti etc. la noi sunt! Tineretul aşteaptă nerăbdător să se ridice cortina. Să spună lumii tot dorul lui după libertate. Şi să cunoască toată viaţa cea adevărată. Să se adape de la această nouă viaţă."

De vorbă cu Volodea despre dreptate şi satul lui

Lucram la Iagoda. Patruzeci dintre noi trăgeam la coasă, iar zece adunam fânul în căpiţe. După aceea, colhoznicii veneau cu căruţele, îl încărcau şi undeva, mai lângă sat, clădeau stoguri; să aibă la iarnă pentru vite şi pentru oi. Însă lucrul mergea încet, încet de tot. Venea câte o ploaie repede şi răpăia peste păduri. Stogurile, fără vârfuri, se udau de ploaie. A doua zi, peste fânul ud se puneau alte paie de fân uscat şi tot aşa, până într-o zi când am observat că din stoguri iese fum. Se încinsese şi fumega acru. Întinde din nou fânul; alege-l, care a mai rămas bun, neputrezit şi fă-l din nou stog. Şi atunci, nu-i de mirare că primăvara vitele colhozului trebuie ridicate de jos cu parii.

Mi-aduc aminte că într-o primăvară, la Oranki, am fost aduşi să curăţăm bălegarul din grajdurile colhozului. Nu ne venea să credem: când am intrat înăuntru, bălegarul era până la genunchiul vitelor. Slăbite din cauza inaniţiei, câteva vaci au fost ridicate cu nişte otgoane de tei legate de două ori pe sub burta vitei şi apoi capetele funiei înnodate de grinda de sus.

Doctorul veterinar, la fel ca şi doctorul uman, împărţise vitele în patru grupe: grupa I şi a II-a erau socotite bune de lucru, grupa a III-a la tăiere şi grupa a IV-a – cele distrofice – bune de trimis la gârlă. Hrana li se dădea conform acestei catalogări medicale.

La Iagoda, lucrurile stăteau la fel ca şi în alte sate. Pentru iarnă, vitele rumegau paie şi fân putred, mucegăit.

Şi Doamne, ce păşuni bune erau! O minte chibzuită şi cu tragere de inimă ce-ar fi putut scoate din poienile acestea! Ce folos, dacă Dumnezeu îţi dă şi tu nu ştii să te foloseşti de mana pământului?

Nenea Grişa ofta: „Când erau ale noastre vitele şi poienile, altă făină se măcina la moară. Acum praful şi pulberea să se aleagă de toate."

*

Era în preajma Adormirii Sfintei Marii. Trăgeam cu grebla şi mă gândeam. Acasă, în copilărie, la fel ca acum, mânuiam grebla cu colţi de lemn. Uşoară ca o pană, fânul uscat la fel de uşor, şi de jur-împrejur pădure sănătoasă.

Într-o după-masă, văd că se apropie de mine un ceasovoi tânăr, foarte tânăr, să fi avut 17-18 ani. Slăbuţ, cu ochii albaştri, roşcovan; în picioare avea cizme de pânză. Mi-a dat târcoale, mai pe departe. Pe urmă, s-a apropiat mai mult. Parcă ar fi vrut să-mi spună ceva şi se ferea. M-am oprit din lucru, m-am uitat la dânsul întrebător şi am aşteptat. L-am văzut încurcat şi i-am făcut semn cu mâna.

- Sănătate! Mata eşti părinte?

- Da, sunt preot.

- Chiar ortodox?

- Da, sunt ortodox.

- Dar nu aveţi nici păr mare, nici barbă şi sunteţi tânăr.

- Se poate. De bună seamă nu am barbă, nici plete, sunt chiar tânăr şi totuşi sunt preot şi anume preot ortodox.

- Pe la noi, preoţii – pe unde mai sunt – poartă barbă şi haine lungi.

- Când eram liber – acolo în ţara mea – aveam şi eu haine lungi, preoţeşti. Aci, după cum vezi, în picioare sunt încălţat cu bocanci româneşti, pantalonii sunt nemţeşti, tunica, italiană şi capela, ungurească, adică sunt îmbrăcat în uniformă de prizonier. Şi totuşi, aşa cum vezi, sunt preot ortodox şi, după legea mea, mă închin Mântuitorului Hristos.

- Da, înţeleg acum, nu se poate să fie altfel, doar sunteţi prizonier, însă până acum eu nu am văzut decât unul sau doi preoți de-ai noștri și am socotit că așa trebuie să se poarte toți preoții din lume, cum i-am văzut eu pe ai noștri. Am auzit că sunt în lagăr și preoți nemți. Dar eu am vrut să cunosc un preot ortodox, din Europa...

S-a uitat la mine, m-a măsurat din cap până în picioare și apoi, cu un salut de „sănătate", s-a retras.

Peste vreo jumătate de oră a reapărut ceasovoiul meu, cu un buchet de flori într-o mână și-n cealaltă cu mure coapte. Mi-a zâmbit timid și mi le-a oferit zicând:

- Eu sunt creștin, părinte. Tata, mama, surorile și frații mei, toți suntem creștini. Ba, pot să vă spun că tot satul nostru este creștin. Avem și biserică. Revoluția i-a dat jos crucile și a făcut din ea magazie, dar tot satul se sfătuiește acum să o facem iar biserică, pe urmă o să căutăm un preot să se roage pentru noi.

- Cum te cheamă?

- Acasă îmi spun ai mei Volodea – se înțelege că mă numesc Vladimir.

- Îmi dai voie să-ți spun la fel ca familia dumitale?

- Da, părinte, parcă-i mai creștinește așa.

- Bine, Volodea, așa să rămână cuvântul între noi. Faci de mult cătănie?

- De un an.

- Da. Spui că tot satul vostru e creștin. Eu auzisem că voi, rușii, v-ați păgânit!

- Ei, da, s-a făcut multă propagandă ca să ne lăsăm de credință. Și peste satul nostru au trecut suferințe grele; au murit destui pentru credință, alții se găsesc încă și acum, dacă vor mai fi trăind, prin Siberia sau pe la canale. Taie păduri, fac terasamente de cale ferată sau leagă prin canale mările și apele unele de altele. Se chinuie săracii, mor, dar nu-și vând sufletul. Și eu aș face la fel ca ei, dar acum revoluția s-a mai potolit și nu mai este persecutat, în mod direct, nimeni pentru credință. La școală, la club, în armată, peste tot este batjocorită credința. Dar nimeni nu te mai ia de gât să te trimită la canal sau să te împuște. Zice propaganda lor că-n fața științei progresiste credința va muri singură. Tot așa, stăpânirea se căznește să facă tineretul ateu. Însă și eu am făcut școală, sunt chiar agronom, am terminat școala medie și vedeți, n-am devenit ateu din pricina lui Darwin. Eu, în timp ce profesorii își făceau propaganda lor, mă gândeam de ce dascălii noștri, în loc să facă spume la gură demonstrând că ei se trag din maimuță - eu nu am nimic cu dânșii dacă se mândresc cu o astfel de descendență - nu repetă la începutul fiecărei lecții „Elevi, iubiți-vă unii pe alții! Toți sunteți frați și fii ai aceluiași Părinte creator"!? Cred că atunci omul ar deveni om.

Noi, băieții de la țară, suntem mai sănătoși la suflet. Sunt și alții pe la orașe, prin mahalale, care nu cred în nimic. Singurii care se bat cu pumnii în piept, pentru necredința lor, sunt membrii de partid. Dar membrii de partid sunt puțini la număr. Aceștia, prin instituțiile lor, aleg un număr limitat de tineri de care se ocupă mai îndeaproape, pionieri și apoi comsomoli, din aceștia vor să-și facă pentru mâine cadre.

Deocamdată, după cum se vede, dacă ne-au lăsat în pace, iată că tot satul nostru se gândește să repare biserica și să aducă un preot. Mai înainte părinții se închinau în ascuns, se temeau de copiii lor, școlari. Au fost cazuri când, întrebați de învățător, copiii și-au divulgat părinții că au icoane în casă și cărți sfinte. Destule necazuri de pe urma unor astfel de învățători și a unor copii ca aceia pomeniți mai sus. Acum lucrurile s-au mai potolit și eu cred că Dumnezeu, ca un bunic de treabă, înțelege și rabdă până la un timp. Pe urmă te bate cu nuiaua la fund. În satele noastre, și la orașe la fel, învățătorii au otrăvit generația care s-a ridicat acum. Pe ei s-a sprijinit stăpânirea în propaganda „progresismului" și lor li se datorează dezmățul și dezorientarea generației tinere. Eu, când trec pe lângă un învățător, scuip: iepure, lingău, slugă, neam de robi.

- Volodea, dar în armată cum stați cu credința?

- La fel ca-n sat la noi. Cei mai mulţi sunt feciori de ţărani şi credem în Dumnezeu. Ne închinăm sub pătură. Ne ferim de cadre. Propagandă ateistă se face destul. Ne frige inima când se vorbeşte de rău Biserica. Nu avem ce face, răbdăm. Seara, în aşternut, ne rugăm Domnului să ne ajute pe noi şi să-i lumineze pe îndrăciţi. Eu, părinte, cred că este drac, adevărat drac, care se amestecă între oameni şi-i mână la rău. Ştim de la tata că dracul nu face mănăstiri. Şi dacă se zideşte aşa ceva, apoi le dărâmă. Iar noi ne împotrivim.

- Dar rugăciuni cunoşti, Volodea?

- Da, ştiu mai multe pe de rost. Acasă aveam o carte veche cu molifte şi o Biblie, pe care le-a scăpat tata cum a ştiut el. Pe peretele dinspre răsărit avem 12 icoane frumoase şi o candelă. Pe policioară, ţinem o cruce de metal, pe care a adus-o bunicul de la Kiev. Tata citeşte în cărţi seara şi de sărbători. Noi, copiii, citim, la fel. De la părinţi am învăţat rugăciunile. Eu am citit Biblia de două ori toată, iar partea creştină (Noul Testament, n.r.) de mai multe ori. Totuşi, trebuie să vă mărturisesc că sunt multe lucruri neînţelese pentru mintea mea. Tata spune că mai înainte erau cărţi făcute de sfinţi, care-l lămureau pe om despre lucrurile greu de înţeles, din carte. Aşa ceva mi-ar trebui şi mie. Dacă am avea un preot în sat, l-aş întreba.

- Poţi să-mi spui „Tatăl nostru", „Crezul"?

- Pot. Şi Volodea, parcă ar fi în biserică. Se descoperă, stă cuviincios, priveşte spre cer şi se roagă cu mâinile cruciş pe piept: „Tatăl nostru carele eşti în ceruri..." Apoi „Cred într-unul Dumnezeu, Tatăl atotştiutorul, Făcătorul cerului şi al pământului..." şi în continuare „Născătoare de Dumnezeu Fecioară, bucură-te, ceea ce eşti plină de daruri..."

Când pronunţă, abia auzit, ultimul „amin", peste noi şi peste păduri am simţit pacea lui Dumnezeu.

*

A doua zi, Volodea n-a venit; l-am aşteptat. Abia peste trei zile l-am văzut rezemat în armă, lângă pădure. Stăteam pe un braţ de fân. Volodea a venit la mine iar cu flori, iar cu zmeură:

- Poftiţi, părinte!

- Mulţumesc, Volodea. Iată ţi-am adus şi eu ceva. Şi din colţul batistei scot două bucăţele de anafură.

- Sfânta anafură! Aici, în pădure, iată am găsit Sfânta anafură! Vă mulţumesc, părinte, vă mulţumesc mult de tot.

Volodea ia firimiturile de pâine sfinţită, le înfăşoară într-o bucată de ziar şi apoi le pune în buzunarul stâng. Apoi, către mine:

- Să vedeţi, părinte, ce-am păţit noi la Paşti, tot satul, nu numai familia noastră. Tot postul l-au ţinut bătrânii – aşa cum se scrie la lege. De altfel, stau eu şi mă gândesc - dacă iei seama la lipsurile de astăzi – toată lumea posteşte, însă după socotinţa mea, ăsta-i post forţat şi n-are nici o valoare morală, nu-i o jertfă din inimă, aşa cum am înţeles de la tata că trebuie să fie postul, ca să-l primească Dumnezeu.

Eu de Paşti – aşa a rânduit Dumnezeu – am fost în concediu. Tata plecase la Moscova. Noi suntem destul de aproape de Moscova – la vreo trei sute de kilometri spre răsărit – şi tata, dorind să se spovedească şi să se împărtăşească, a plecat la Patriarhie. Acolo sunt vreo doi călugări credincioşi. De altfel, tot satul tânjea după Sfintele Taine. Şi când a plecat tata, i-au spus oamenii: „Vanea, frate, să nu ne laşi; vino cu Sfânta anafură. Noi nu ne înfruptăm până ce nu te întorci la noi. Şi tata a plecat cu această făgăduinţă. De altfel, la fiecare Paşti, de câţiva ani încoace, pleacă un om sau doi din sat până la Moscova şi aduc Sfânta anafură.

Satul nostru-i frumos şi mare, are vreo 200 de case, are câmp pentru semănături şi apoi pădure. Oamenii se pregătesc de Paşti. Din ce au, din ce nu au, pregătesc ceva de mâncare mai deosebit – pe vremuri se făceau cozonaci – colorează ouă şi tinerii pregătesc dansul. Toţi ne îmbrăcam cu ce avem mai curat. Chiar dacă nu avem tot ce ne trebuie, totuşi satul e în sărbătoare. Eu parcă nici nu pot să-mi închipui primăvara cu flori şi lăstuni fără Paşti. Pustie ar fi viaţa fără sărbătorile creştineşti. Noi ţinem zilele Crăciunului, avem cântece frumoase cu naşterea Mântuitorului Iisus Hristos, ne felicităm la Anul nou, iar la Bobotează mergem la râu. Râul şi fântânile le sfinţim cu apă sfinţită de la Moscova. Tata spune că înainte era încă mai frumos. Noi, cei tineri, ne mulţumim cu ce este. Ce ştim noi despre viaţa cea adevărată şi despre frumuseţile ei? De la tata ştiu o întâmplare cu trei oameni din satul nostru care s-au dus pe jos la Ierusalim şi acolo s-au închinat la Sfântul Mormânt. Când povesteşte tata despre călătoria lor spre Locurile sfinte, tot să stai şi să te minunezi... Oamenii aceia bătrâni vor fi murit în Siberia. Stăpânirea i-a ridicat într-o noapte şi i-a dus.

E greu să fii creştin în zilele noastre! De o bucată de vreme, să fie vreo trei ani, o dată pe an, ajunge şi-n sat la noi un preot călător. Rămâne la noi câteva zile şi botează pe cei nebotezaţi, cunună pe cei necununaţi, iar la cimitir citeşte rugăciune morţilor. Apoi, într-o dimineaţă dispare, mergând spre alte sate. Tata spune că-i bine şi aşa, dar e puţin. Tânjim după cuvântul Mântuitorului şi după rugăciune. Simţim că nu-i de ajuns ceea ce facem noi...

Şi cum vă spuneam, tata a plecat la Moscova şi a rămas acolo până duminică dimineaţa, ca să ia Sfânta anafură pentru tot satul. Povestea el, după ce s-a întors, că mulţumit de reuşita lui şi cu sufletul limpede, venise la gară târziu, pierzând un accelerat. A mai aşteptat o oră, două şi s-a urcat într-un personal. Dar personalul merge încet, abia pe la miezul nopţii s-a dat jos în gara noastră; în vreo două ore de mărşăluire prin pădure a ajuns acasă. Era luni de dimineaţă, tocmai la răsăritul soarelui. Cum au aflat de sosirea lui, toţi consătenii s-au grăbit la uşa noastră şi primeau din mâna tatei Sfânta anafură şi câte un pic de aghiazmă. Oamenii se închinau şi plecau pe la casele lor. Şi noi, de altfel, spălaţi, curat îmbrăcaţi, după ce ne-am închinat, cântând de trei ori „Hristos a înviat”, am primit de la tata câte o bucăţică de anafură şi câte o picătură de apă sfinţită.

Numai după aceasta, am ciocnit câte un ou colorat şi ne-am aşezat la masă.

Vreau să vă spun că am postit chiar în prima zi de Paşti şi nu ne-am îndulcit decât după ce a venit tata cu anafura. Şi tot satul a făcut la fel ca noi.

*

Într-o zi îmi spune Volodea:

- Zilele acestea plecăm la unitate; ne vin schimbaşii. Mie îmi pare rău. Am atât de multe lucruri să vă întreb şi văd că timpul s-a scurtat. Nu ştiu cum să mă exprim; mă frământă mereu întrebarea: pentru ce Dumnezeu îi îngăduie pe cei răi şi nu-i trăzneşte odată, să vadă şi orbii puterea Lui?

- Volodea, planurile lui Dumnezeu nu sunt la fel ca ale oamenilor. Şi e greu ca noi, cu mintea noastră puţină, să descifrăm gândurile Celui Atotputernic. Răul e tot atât de necesar ca şi binele. Numai cu ajutorul răului se lămureşte virtutea şi numai alături de întuneric străluceşte lumina. Pe câmpurile lui Dumnezeu creşte şi grâu, dar creşte şi neghină. Grâul va fi adunat în magaziile cereşti, iar neghina trece la foc. Pentru cei răi sunt pregătite caznele fără de sfârşit. Pentru credincioşi se deschid pentru veşnicie uşile cerurilor. Sunt epoci în viaţa omenirii când păcatul, răul şi aderenţii lui triumfă, pentru un timp. Dar lui Dumnezeu să nu-I pretindem nimic. În general lucrează tot prin oameni sau prin intermediul popoarelor. Şi vremurile de cumpănă pentru credinţă înseamnă pedeapsă cerească pentru abaterile noastre de la linia morală, sau, ştiu eu ce să zic? Uneori pedepsele sunt trimise de Dumnezeu pentru încercarea rezistenţei noastre sufleteşti.

Cine nu rezistă se prăbuşeşte, dar cine rezistă până la sfârşit, acela se mântuieşte. Îmi pare mie că acum Dumnezeu caută în lume un om, sau un popor, prin care să echilibreze lucrurile. La orizont se arată, prietene drag, zorile unui veac de întinsă trăire spirituală. Poate că atunci – pentru oamenii ce vor trăi în acei ani – îngerii lui Dumnezeu se vor pogorî pe pământ şi vor intona, alături de noi: „Hristos a înviat din morţi”.

Eu înţeleg, Volodea, că sufletul tău strigă după dreptate, pentru că observi că nedreptatea triumfă pretutindeni, în aceste zile de aspră bătălie dintre duh şi materie. Şi atunci ridică-te cu mintea până la uşa cerului şi vezi ce-i acolo. Dacă aici nedreptatea a triumfat şi cei răi îşi târâie nestingheriţi existenţa lor murdară pe pământ, dacă aceştia, răi fiind, calcă în picioare dreptatea şi obijduiesc pe semeni, apoi, înţelege tu, că undeva, dincolo de lume, trebuie să se găsească Cineva Atotdrept care să facă dreptate, răsplătind virtutea şi pălmuind păcatul. Pentru aceasta sufletul tău Îl caută pe Iisus şi-i cere dreptate peste pământ.

Dumnezeu care ţine în mâna Sa cumpăna vieţii, îşi va face la ora pe care n-o ştiu nici îngerii din cer dreptatea Sa. Până atunci, fericiţi sunt cei ce rabdă prigoanele...

*

Volodea a plecat chiar în acea seară. Disperat, a venit până la mine să-şi ia rămas bun. În mână i-am strecurat o cruciuliţă de os. S-a uitat la ea, a sărutat-o şi atent a băgat-o în sân, lângă inimă. Pe creştet i-am pus mâna binecuvântării şi i-am şoptit: „Răbdare, Volodea, multă răbdare. Sunt semne că Dumnezeu nu ne-a uitat! Priveşte spre Apus. Dintr-acolo vine mântuirea!”

Ce-a văzut doctorul Vasiliev în Europa

Pe soldaţii şi gradaţii din gardă, ceasovoii, nu-i cunoşteam şi mai ales nu aveam nici un interes să-i cunoaştem. Pe urmă, ca nu cumva să pactizeze cu „inamicul”, îi schimbau destul de des. Veneau de la unităţile lor, îşi îndeplineau rosturile cum se pricepeau, cu înjurături, ghionturi, forţându-ne la muncă – „bîstrei, bîstrei”[26] – şi în memoria noastră rar dacă se înscria câte un nume propriu. Pe ici, pe colo, printre ei se găsea şi câte un om care se purta omeneşte sau chiar încerca să fie civilizat. Dacă, cine ştie pentru ce întâmplare, vreun ofiţer sau vreun ceasovoi îţi căra ceva pumni în cap, ca prin farmec, rusul se oprea holbat – rămânea cu mâna ridicată – mârâia încă o înjurătură printre măsele şi te lăsa în pace. Aşa că, de câte ori începea vreun antrenament pugilistic pe spinarea noastră sau repezeau câinii pe noi, numai ce strigam a mirare: „Unde vi-i cultura voastră?!”

De altfel nu puteai pretinde soldatului uzbec sau mongolului comportament civilizat. Deşi purtau guler scrobit sub gulerul vestonului, asta ca să ne impresioneze pe noi, „europenii” – ştiam că acest guler lasă un spaţiu gol, până la veritabilul guler al cămăşii, pentru că aceasta n-avea guler avea un croi special al hainei care lăsa gâtul şi umerii pe jumătate goi. Cam la aceasta se rezuma civilizaţia lor, gulerul scrobit. În vremuri de conflicte, din mulţime se găsea câte unul care să-şi aducă aminte şi să-i apostrofeze: „Păcat de gulerul tău scrobit”.

---

[26] Repede, repede

Recunosc – rar de tot – se găseau totuşi printre ceasovoi şi oameni corecţi. De exemplu, doctorul Vasiliev. Eu nu l-am cunoscut personal, dar la lucru – mai corect spus, în timpul repausului – venea în grupul nostru şi ne povestea multe. Noi ştiam de la dânsul că făcuse războiul în Europa şi ne interesau impresiile pe care i le făcuse lui această Europă.

Tânăr, înalt, blond, sergent. De felul lui era de prin regiunea Moscovei. Făcuse medicina veterinară la Moscova şi războiul l-a găsit proaspăt laureat. A plecat la război. L-au făcut locotenent şi când s-a încheiat războiul, fiind demobilizat, a avut parte de o lună de concediu. Întors acasă, în sat, la familie, lângă Moscova, vechilor lui colegi le-a povestit cele văzute prin Europa. Se pare că se arăta entuziasmat de contactul cu civilizaţia apuseană, şi acest fapt a fost observat de unii dintre prietenii lui, care, pe căi întunecoase, l-au dat pe mâna securităţii. Entuziasmul lui i-a fost fatal. A fost trimis pentru reeducare în lagărele de la graniţa chineză, unde se găsea toată armata ucraineană, contaminată de europenism şi care, se pare, ar fi mişcat, în frunte cu mareşalii ei, pentru o independenţă ucraineană. Din locotenent l-au făcut sergent şi după doi ani de frecătură, cum se exprima el, iată-l în gardă la noi. Vesel, tot timpul fredonează, fals, ceva melodii învăţate în Europa.

Noi coseam, adunam fân şi Sura Vasiliev ne cânta. Pe urmă, obosit de atâta cântare, striga să-l audă şi morţii: „Nada pauza" – trebuie pauză – „veniţi încoace să fumăm".

Nenea Grişa „l-a citit" şi se dădea la o parte bucuros, înţelegător. Preşedintele colhozului mereu îl apostrofează: „ce atâta pauză, tovarăşe sergent?" Sergentul Vasiliev se făcea că n-aude.

Tomiţă Popa – pe care Vasiliev l-a îndrăgit din pricina vocii sale frumoase – stătea lângă rus şi-l îndemna: „Ei, domnule doctor, ce-aţi mai văzut în Europa?" Vasiliev atât aştepta; nu se lăsa prea mult rugat.

- Mai întâi să ne cânte domnul sublocotenent Tomiţă ceva frumos, ca la dumneavoastră acasă, şi după aceea vin eu la rând.

Tomiţă, odată voinic ca un brad, uscat acum ca un schelet – nu-i place ovăzul cu terci fiert în apă de Volga – cu mânecile suflecate şi cu cămaşa desfăcută la piept începe:

„În zbor trec peste mine anii,
Departe'ntre străini mă frâng,
Îmi plâng de milă maghiranii
Şi romaniţele mă plâng...
Tu, vântule cu şoapte line,
Ce aromeşti a busuioc
Du şi tristeţile cu tine
Şi cânt şi dor şi nenoroc..."

Sergentul Vasiliev ascultă – cuvânt nu înţelege, dar pricepe răzvrătirea şi nenorocul nostru.

Tomiţă trece prin romanţa bădiţei Nicoară:

„Dar în portul trist
Nu mai fluturau,
Te văd cum te rogi zbuciumată;
Mâinile ce atât se-nclinau;
Să nu mă mai vezi, niciodată?"

Şi, cu gândul întors la vatra părintească, strigă aprinse răzvrătiri:

„Cărăruie, cărăruie, care duci la Bucureşti,
Tu să ştii că, pe la vetre întorcându-ne într-o zi,
Te-om zidi, dar nu cu pietre,
Cu duşmani te-om netezi..."

Ultimul acord îl obliga pe Vasiliev să se trezească din reverie; vară plăcută, fân proaspăt cosit şi vocea de aur a lui Tomiţă!

- Eu – începe doctorul – am fost la Bucureşti. Trebuie să vă spun că oraşul dumneavoastră este vesel. Lumea circulă pe străzi, zi şi noapte. Am văzut acolo şi maşini multe şi foarte frumoase. Pentru mine a fost curios faptul că maşinile stau pe stradă parcate, chiar şi noaptea, şi nu le fură nimeni...

Noi facem ochii mari: „Cum să le fure, domnule? Ce, suntem pe timpul tătarilor?"

Doctorul nu înțelege în miezul ei riposta noastră, dar reflectează cu amărăciune: „La noi, la Moscova, sunt puține mașini – nu așa luxoase ca ale dumneavoastră. Dar noaptea stau sub lacăt. De altfel, la Moscova – și-n general în orașele noastre – lumea doarme obosită. La București, lumea petrece. Sunt multe restaurante, iar băutură, de ajuns. Româncele sunt ochioase, dar să vă spun drept, fugeau de noi. Cum ne zăreau, treceau pe celălalt trotuar. Am fost și la teatru, dar acolo n-am înțeles nimic. Am văzut câteva filme apusene. Sunt sătul până în gât de filmele noastre, cu colhozuri și partizani; nu-i nimic vesel în ele. Să nu uit! Cu multă greutate, dar totuși într-o seară am reușit să intru la „Tănase". Mare artist, domnilor ofițeri! Am râs atunci, de m-au durut fălcile o săptămână.

Să vedeți cum a fost. Mai întâi, la Moscova, nu am văzut niciodată acest gen de teatru. Am auzit că-n apus sunt teatre de operetă și de revistă. Asta, pe când învățam la institut. Dacă am ajuns la București, iată am avut plăcerea de a vedea o revistă cu Tănase. Am încercat să le-o povestesc prietenilor mei, la întoarcere; s-au arătat foarte încântați de acest gen de teatru. Dar eu stau și mă gândesc acum; acest teatru trebuie să-l vezi. În timpul spectacolului râzi, te distrezi și după aceea uiți ce-au spus sau ce-au cântat artiștii, dar rămâi pentru mult timp cu inima veselă. Așa am înțeles eu revista și de atunci cânt mereu vesel.

Știți, la sfârșit, a ieșit Tănase pe scenă, îmbrăcat ca un soldat rus; la gât avea un ceas mare și pe amândouă mâinile multe ceasuri de diferite mărimi.

Spectatorii, când l-au văzut, s-au cutremurat de râs. Când aplauzele s-au potolit, artistul a spus:

„Greu era cu der, die, das
Da' mai greu cu davai ceas."

Lumea a leșinat de râs. Tănase iar a spus:

„Am spus eu ceva?

N-am spus nimic...
Tac, tic, tac, tic
Tic, tac, tic, tac,
Iaca, tac!"

Aşa de vesel am fost, încât în entuziasmul meu, am aruncat căciula până-n plafon. Căciula a căzut pe nasul unei babe care, supărată, atât doar a spus: „Vai, asta nu se face!" Nu se face – înţeleg şi eu – dar era prea târziu, o făcusem deja. Prietenii mei de la Moscova au spus că-i vorba doar de o glumă foarte reuşită. În susţinerea părerii mele, m-am folosit de o poezie a lui Victor Hugo în care se povesteşte că, după bătălia de la Borodino, câţiva soldaţi ruşi l-au înconjurat pe mareşalul lui Napoleon, Ney, şi nu i-au făcut nimic altceva decât i-au luat ceasul. Vezi, ruşii au pasiunea ceasurilor şi mai ales a ceasurilor cu bătăile puternice. Aşa că Tănase a priceput dragostea noastră fără limită pentru ceasurile cu tic-tac-ul tare.

- Dar cu vinurile, cum te-ai împăcat?

- Noi, ruşii, nu suntem băutori de vinuri. La ruşi, stacanul de spirt, asta da. Să-l simţi până mai jos de ficat. Am trecut pe la Cotnari. Acolo, spuneau oamenii locului că acesta-i cel mai extra vin românesc.

Pe urmă am stat la Focşani – acolo era un lagăr de nemţi am trecut apoi în Banat şi pe acolo am băut o ţuică fiartă de două ori; asta era bunicică; se apropia de spirt. Ceea ce mi-a plăcut cel mai mult în România, dar mai ales în Banat, au fost colhozurile de acolo.

- Ce colhozuri, domnule? În România nu există aşa ceva!

- Ba, sunt peste tot locul...

Ne gândeam: uite că, în câteva luni după catastrofa de la 23 August, ţăranul român a şi trecut, rapid, la colectivizare.

- Şi cum arată, domnule doctor, aceste colhozuri? întreabă neîncrezător Tomiţă.

- Ah, arată foarte bine.

- Adică, fiţi bun şi ne spuneţi ce înseamnă „foarte bine".

- Iată cum sunt colhozurile din Banat. Credeam că până la această oră, aţi aflat despre ele.

Noi ridicăm din umeri.

- Acolo în România, am văzut colhoz lângă colhoz. Fiecare casă are gard împrejur, grajduri şi magazii, căruţă, plug şi alte unelte agricole. Apoi, în curte sunt cai, vaci, porci şi păsări multe, multe. Oamenii fac pâine mare, albă şi-o mănâncă cu slănină. După aceea beau ţuică tare.

- Şi sunt multe colhozuri aşa?

- Peste tot locul, în fiecare sat, casă lângă casă şi colhoz în curte...

- Atunci e bine, doctore, râde Tomiţă şi, alături de el, izbucnim şi noi în râs vesel.

- Era chiar foarte bine. Când le-am spus acest lucru prietenilor mei de la Moscova, mi-au spus că aşa făcuseră românii, numai pentru propagandă. Că în realitate, ţăranul din Europa trăieşte mizerabil, moare de foame. Eu le-am răspuns că şi eu aş vrea să mor de foame, cu pâine albă, slăninuţă şi ţuică. Prietenii mei se uitau neîncrezători la mine. Tata şi mama şi alţi oameni din satul nostru m-au crezut şi spuneau: „Şi la noi a fost aşa mai demult; avea omul gospodăria lui cu vite şi păsări în bătătură. Pâinea în acele timpuri şi băutura erau ieftine". Tata spunea însă că el se teme de ceva; el crede că şi-n România şi peste tot locul în Europa se vor face colhozuri adevărate şi va fi şi acolo ca şi la noi; toată lumea la porţioară; toată lumea la cantină... Mă tem că tata are dreptate. Am văzut ţara dumneavoastră destul de bine. Sunteţi oameni bogaţi: sare, grâu, petrol şi oameni cu inimă bună.

- Din cauza bunătăţii firii noastre, unele popoare şi străinii pripăşiţi la noi ne socotesc proşti şi sug, sug ca ploşniţele bogăţiile noastre şi mana ţării noastre. Noi, aceştia mai tineri, am înţeles lucrul acesta şi luăm atitudine hotărâtă împotriva celor ce ne fură viaţa, făcând din stăpânul acestui pământ, robul hrăpăreţilor şi neomenoşilor străini.

Românul aşa a fost: bun cu cel ce cere milă şi adăpost. Dar miluiţii noştri nu cunosc măsura; s-au îngrăşat la masa noastră, s-au făcut stăpâni pe casa noastră; i-au adus pe oameni la sapă de lemn, îngrădiţi de legi făcute de ei sau, strecurându-se printre paragrafele legilor, storc mana pământului nostru: munţi, ape, câmpii şi trimit peste graniţă.

Domnule doctor, noi avem un mare poet, cel mai mare talent al literaturii noastre, Mihai Eminescu. El are poezia intitulată: „Doină". Acolo plânge el jalea românului în faţa cotropirii străine, şi tot el aruncă asupra noastră cel mai greu blestem pe care l-a rostit cândva gură omenească:

„Cine-a îndrăgit străinii,
Mânca-i-ar inima câinii,
Mânca-i-ar casa pustia,
Şi neamul, nemernicia..."

- Înţeleg, înţeleg – răspunde doctorul – am văzut oameni la voi, în ţară, care nu seamănă cu românii; făceau negustorie, aveau fabrici şi strigau: „Ura! Ura!" când am intrat noi în Iaşi. Şi pe la noi sunt, dar mai puţini. Trebuie să-i cauţi pe undeva, prin posturile de sus...

După trei zile, grupa sergentului Vasiliev face iar de caraulă în jurul nostru. În aceste zile pauzele sunt foarte numeroase şi lungi; ceasuri întregi. La îndemnurile preşedintelui de colhoz, doctorul ne ia apărarea cu „lasă, tovarăşe, este timp destul".

Garda stă departe, rezemând pădurea. Sub căpiţa de fân, povestea cu Europa se desfăşoară mai departe.

- La dumneavoastră este bogăţie multă şi multă veselie, reia doctorul Vasiliev, firul povestirii. Am fost doar la câteva botezuri şi la o nuntă – m-am îmbătat tare – şi a fost foarte bine. Frumoasă ţară, buni oameni! Abia după ce am trecut în Ungaria, am văzut că acolo se macină altă făină; nu mai era bogăţia şi bunătatea românului. Era mai greu cu mâncarea, iar de băutură trebuia să te fereşti; puneau otravă în ea. Pe urmă, câmpul acela era gol, îmi aducea aminte de stepele ucrainene.

Mie mi-au plăcut munţii; sunt mari. Până la Carpaţi eu n-am văzut munţi, dar asta nu-i de-ajuns. Am fost la Sinaia – satul regelui dumneavoastră – şi-am vrut să mă ridic până în vârful unui munte. Am obosit şi m-am oprit la o stână. Acolo un moş frumos la chip mi-a dat să mănânc mămăligă caldă cu brânză. Ştiţi că-i bună?

În Cehoslovacia am văzut drumuri bune – asfaltate, iar ţăranii mergeau la prăşit cu bicicleta. Mă gândesc la opincile de tei, cu care se-ncalţă tata, şi la drumurile noastre, care-s aşa cum le-a croit natura.

Am fost la Bratislava şi la Praga. Frumoase oraşe, fără mahalale, aşa cum se văd pe la noi...

Când am intrat în Germania, abia atunci am înţeles ce înseamnă civilizaţia şi tehnica avansată. Autostrăzile largi, lustruite, periate cu du-te-vino al maşinilor. Toate drumurile-s asfaltate. Satele, ca nişte mici orăşele, cu casele aliniate, mari, frumoase, spaţioase, tot pe lângă fabrici. Nu este sat fără o fabrică sau două. Cu adevărat o ţară industrială. Şi totuşi, neamţul este un individualist; îţi vorbeşte de fabrica lui, de atelierul lui, de casa lui. Însă neamţul e neamţ: ordine, curăţenie, punctualitate. Războiul abia se încheiase şi ei, fără să aştepte biciuirea străină, au şi prins a-şi reface casele, fabricile şi celelalte stricăciuni. Nemţii nu ne iubesc. De altfel, astea sunt raporturile normale dintre învins şi învingător. Nici eu nu-i iubesc pe nemţi, înţeleg că sunt mulţi şi le e greu acasă, dar nu sunt de acord cu ochiul liber, care se uită – lacom – spre grânarul ucrainean. Aici, ne ciocnim, încolo ar fi posibilă o înţelegere; ei să ne dea maşini, iar noi să le dăm pâine. Mai întâi, să avem noi pâine... Cred că numai aşa, noi, ruşii, ne vom putea înţelege cu nemţii.

Am fost şi la Berlin. A fost stricat rău de bombardamente şi de artilerie. Ceea ce te uimeşte la nemţi, în oraşele şi satele lor, este perfecta simetrie: străzi, case şi oameni, toţi sunt traşi la rindea. Toţi nemţii gândesc la fel despre politică şi despre lume. Curios pentru mine, acolo, în Germania, nimeni nu-l condamnă pe Hitler pentru politica lui; dar îl condamnă până şi copiii pentru că a pierdut războiul. Tot la Berlin am văzut soldaţi englezi, americani şi francezi. Sunt şi ei oameni ca noi, numai că fumează ţigări de foi. Am vorbit cu un cizmar neamţ. Pe faţă mi-a spus că el îi urăşte pe englezi. La întrebarea mea, pentru ce-i urăşti atât de mult, mi-a răspuns flegmatic: „Dacă englezii cu americanii lor nu v-ar fi ajutat, noi vă băteam măr!"

Am râs amândoi şi din acel minut ne-am socotit prieteni. În Germania nu te saturi de pâine, iar băutură, numai bere. Tinerii fac sporturi şi duminica toată lumea iese din oraş.

Când am plecat de la Berlin, într-un camion, spre patrie, am trecut prin toată Germania, până la graniţa poloneză. Aceeaşi bună impresie pentru o ţară civilizată; neamţul însă tace şi se uită la noi chiorâş.

Cum am trecut în Polonia, mi-am dat seama că mă aflam în altă lume. Satele mai aşa, şoselele doar pietruite, iar pe lângă oraşe, multă mahala. Şi o sărăcie cruntă.

Dacă am păşit în Uniunea Sovietică aerul era sărbătoresc, ca acasă. Înţelegi graiul, te salută omul. Dar nu-i autostradă şi nu-i oraş european şi satele sunt necăjite şi sărace, parcă noi am pierdut războiul. Stăteam într-o zi şi reflectam. Lumea din apus este înaintea noastră cu cinci sute de ani. Noi lucrăm aşa cum nu-i firea noastră. Totuşi, vrem să ajungem întru totul apusul; ba chiar să-l depăşim. Vorba e: oare apusul va sta pe loc, aşteptând mersul nostru, ca de melc?

*

Apoi sergentul Vasiliev a dispărut într-o zi, fără să mai fi primit răspuns la ultima întrebare.

Tomiţă conchide: „Bun băiat, a priceput ceva. N-a vânturat degeaba Europa". Bădit,a adaugă: „E periculos să gândeşti liber..."

Sport

În lagăre erau oameni de toate vârstele şi de toate gradele. În timpul liber, fiecare grad avea preocupările lui. De bună seamă că tineretul ducea greul muncilor; dar tot acest tineret era în fruntea iniţiativelor de tot felul.

S-ar putea crede că preocupările celor din lagăre erau ţinute departe de manifestările sportive, din pricina muncilor mărunte la care erau supuşi. Şi totuşi, n-a fost aşa. Contrar celor afirmate de ştiinţa medicală despre hrană şi rezistenţă, despre calorii etc., războiul şi nenorocirile care au urmat au dovedit că omul, cu potenţialul lui fizic, se adaptează şi supravieţuieşte condiţiilor vitrege care în viaţa normală l-ar răpune. Puterea de a rezista în aceste condiţii vine din altă parte; vine din puterea cuvântului, puterea sufletului şi încordarea voinţei, voinţa de a birui şi de a te depăşi. A trăit omul şi în condiţii foarte bune, de abundenţă, cu calorii şi vitamine, dar din pricina unui moral scăzut nu a rezistat, s-a pierdut.

Aşa stau lucrurile şi cu sportul. Sportul cere antrenament şi consum mare de energie.

Când a început a se juca fotbal în lagăr, a fost ca o glumă. Era primăvara lui 1944, pământul se uscase şi doi, trei tineri, pe terenul dintre bordeie, băteau cu picioarele o minge de cârpe. Lovită cu piciorul, mingea se deplasa câţiva metri şi apoi încremenea. Jucătorii încercau să facă ceva, dar mingea rămânea pe loc, tot de cârpă.

La grupul celor doi, trei, s-au alăturat alţii şi, când într-o duminică s-a anunţat un meci de fotbal, toţi am zâmbit și am zis cu neîncredere: „Hai să mergem, să vedem ce comedie poate să mai fie și asta".

Cele două echipe, cu un arbitru între ele, au început jocul; noi, ceilalți, așezați pe iarbă – la peluză sau sus pe bordeie la tribună – priveam încercarea sportivă de pe teren.

Cele două echipe loveau mingea de cârpe care nu reușea să ajungă până la poartă. În timp ce jocul se frământa pe loc, în jurul mingii, apărarea stătea pe iarbă și fuma frunze de paie. După vreun sfert de oră, înaintarea a obosit, încât jucătorii nu mai erau în stare să lovească mingea. Atunci au trecut cei din apropiere în locul lor. La sfârșitul primei reprize, amândouă echipele stăteau frânte pe iarbă, cu mingea la un pas de ele. Arbitrul, înțelegător, a fluierat sfârșitul meciului. Iar noi i-am adus pe jucători la bordeiele lor, pe brațe; nu pentru frumusețea jocului, ci pentru motivul că nu-și mai puteau urni picioarele din loc.

După vreo două săptămâni, s-a anunțat un alt meci, de data aceasta întâlnirea era internațională; românii i-au provocat pe nemți. Ținând seama că întâlnirea era atât de importantă, tot lagărul a fost prezent.

Meciul începe și jucătorii încearcă să facă ceva. Nu e un joc propriu-zis, ci o mișcare stearpă în jurul mingii care cu greu se decide să se miște un pas la dreapta sau la stânga. Nemții atacă masiv – extremele fug în jos, în sus, în funcție de intențiile cu care cei de la centru încearcă să le trimită mingea. Portarii rezemați de bare, lâncezesc; apărarea se joacă cu pietricelele de pe teren. La centru, jucătorii transpiră.

Și iată, de undeva, de peste păduri, se arată un nor prizărit, străveziu și, când ajunge deasupra lagărului, stropește cu dărnicie terenul.

Peste cinci minute soarele apare vesel de după geană și ne invită să ieșim din bordeie. Meciul e mediu și, după toate regulile jocului, pe timp ploios disputa continuă, până când cronometrul arată ora sfârșitului.

Pe teren sunt băltoace; mingea s-a încărcat de noroi și de apă, tricourile jucătorilor sunt ude leoarcă, iar când este lovită, mingea îi împroaşcă pe jucători cu noroi pe picioare, pe mâini, pe faţă. Mingea a devenit şi mai nesuferită. Jucătorii o lovesc, punându-şi mâna în dreptul ochilor, şi aceasta, nesimţită, îi stropeşte şi se aşază leneşă, ghiftuită, în vreo băltoacă alăturată. Gică Dumitrescu, mic, slăbuţ, numai inimă, o roagă stăruitor: „Hai, draga mea, ieşi din băltoacă, să te bag odată-n... poarta mă-tii, că ne-am săturat de fandoselile tale". Mingea nici nu clipeşte. Stă în baltă şi jucătorii se-nvârtesc în jurul ei, neîndrăznind să intre după ea.

Un neamţ tânăr, blond, uscat, încearcă apa cu vârful bocancului spart, şi, conform proverbului românesc că udul nu se sperie de apă, intră odată în băltoacă, apucă mingea de ceafă şi fuge cu ea spre poarta românilor. Ajuns în faţa porţii, se opreşte la doi metri, o aşază jos, în timp ce portarul s-a dat la o parte ca să vadă ce va face neamţul cel uscat. Acesta se dă trei paşi înapoi şi, cu o viteză de fulger, loveşte puternic mingea pe direcţia porţii. Mingea, umflată şi deformată, nu înţelege intenţiile neamţului de a înscrie golul, se mişcă fleşcăită şi se opreşte la picioarele portarului. Neamţul înjură de mama focului: „Unde o trimit şi unde ajunge."

Toată asistenţa, cu echipe şi arbitri, râde de încercarea neamţului. Meciul se sparge cu acest rezultat nedecis, iar jucătorii sunt băgaţi în baie.

*

Până în primăvara anului 1946 nu s-a mai jucat fotbal. Atunci, pe teren, a apărut o minge care voia să spună că este o veritabilă piesă pentru acest joc. De undeva se făcuse rost de o cameră de la o roată de automobil şi cu ceva petice de pe la cizmărie s-a înfiripat o minge. Pompă de aer nu era, dar se umfla cu gura. Când se considera suficient de umflată, apărea privirilor ca un dovleac lunguieţ. Totuşi, reacţiona la lovituri. Şi chiar dacă nu se ducea acolo unde dorea jucătorul să o trimită, totuşi pe sus, ţopăia la atingerea cu pământul şi undeva tot ajungea. Dacă vântul era mai puternic, apoi această minge plutea ca un balon de la Moşi şi se oprea prin copaci.

În fiecare duminică, pe timp frumos, mergeam la meciuri. Nu ne interesau nici jucătorii, nici rezultatele finale; toţi eram cu ochii la figurile şi la şicanele pe care le făcea mingea. Când primea un şut puternic, pleca glonţ din piciorul jucătorului şi toată înaintarea, după ea. Mingea se oprea în aer, se învârtea câteva clipe nedecisă, privea şăgalnic la jucători şi apoi o cotea la dreapta sau la stânga, după dispoziţia inimii ei. Jucătorii înjurau, n-aveau nici o siguranţă în ea. Când se rostogolea pe jos, se mai ţinea de treabă, dar cum se ridica în aer câţiva metri, toată lumea se uita la dânsa. Ce va face? Încotro o va lua? Jucătorii, socotind că le citeşte intenţiile, alergau după cum se mişca mingea pe sus. În sfârşit, decisă, se aşeza pe capul sau în braţele cuiva de la peluză. Acesta, cu un şut, încerca să o trimită în teren. Mingea, supărată pe nedibăcia jucătorului improvizat, se hotăra brusc şi intra întins între sârme. Meciul se încheia pe loc. Urmau discuţii şi multă diplomaţie cu stăpânirea până ce mingea se reîntorcea acasă. De obicei, deformata sculă fotbalistică rămânea până seara la ceasovoi, care încercau cu ea un fel de cazacioc. Lovită în mod barbar de nemiloşii ceasovoi, sfârşea lamentabil cu un sâsâit scurt, sunător, de gânsac supărat. Se spărgea şi rămânea în mâna lor o otreapă. Abia atunci ne-o aruncau peste sârme. Aici, o luau în primire jucătorii şi, după ce o lipeau pe unde se găurise camera şi o coseau pe unde crăpase anvelopa, era unsă cu seu de cămilă şi pusă la odihnă, pentru spectacolul următor. Şi aşa a mers, o vară întreagă.

Peste iarnă, înhămatul la sanie era singurul sport practicat de noi. Ne întindeam în hamuri de ne plesneau ochii. Sportul acesta de iarnă era un fel de încercare a puterilor. De obicei, se solda cu sănii sfărâmate la cotituri şi cu picioare rupte. Când stai şi te gândeşti la plăcerile săniuşului şi la bucuria de a te şti transformat în cal (se ştie doar că mâncăm ovăz)! Trăgeam în ham şi ne căzneam să înlocuim calul.

*

A mai trecut un an şi a venit iarăşi primăvara. S-au uscat băltoacele şi terenul de fotbal s-a uscat.

Când am revenit la Mănăstârca am găsit o situaţie înfloritoare; fiecare naţie îşi avea mingea de fotbal. Ba chiar, mai într-o parte, se juca volei şi, pe lângă porţi, baschet.

Sandu mă lămureşte:

- Să vezi în fiecare seară câte 22 de nebuni care fug după o minge mare, cât o lună! Iar duminica, anunţuri peste anunţuri: mare meci de fotbal sau de handbal – asta-i boală nemţească – între reprezentativele austriacă şi cea japoneză sau între nemţi şi români. Mă rog, nu-i chip să te ţii de alte treburi; tot lagărul s-a îmbolnăvit de sportomanie.

- Măi Sandule, nu care cumva şi tu te repezi ca „zărghitu", după minge?

- Eu? Da' ce-am căpiat? Eu învăţ acum limba japoneză; nu mai am timp pentru ocupaţii atât de periferice.

Şi totuşi, într-o duminică, ne-am dus amândoi la meci. Jucau românii cu ungurii, în prima repriză românii au înscris două goluri. Ungurii erau nervoşi. Sandu, cu faţa radiind de bucuria victoriei, strigă mai tare decât toţi:

- Bravo Gică, ura, Tălpăşanule, ţine-te bine Dragoş... Ai văzut cuvioase, cum se apără culorile româneşti? Bravo băieţi! Trebuie să-i hrănim...

- Cum să-i hrănim, Sandule?

- Cum? Nu ştii? Hai să-ţi spun ce facem. Când se anunţă un meci internaţional cu participare românească, atunci noi, toţi românii, punem mână de la mână şi-i hrănim pe jucători, cu o săptămână înainte, îi scutim şi de muncă, le facem noi lucrul lor – şi-i pregătim pentru ca la întâlnirea anunţată să ţină sus culorile...

- Minunat, Sandule, subscriu la această necesară iniţiativă. Te pomeneşti că de la tine a plecat ideea?

- Da' de unde? Îmi pare că mă iei peste picior. Hotărârea a plecat din altă parte şi de vreme ce-i solidară, eu o respect.

Între timp, începu repriza a doua. Ungurii atacau înverşunaţi şi tot jocul se purta pe teren românesc. Apoi ungurii au marcat un gol. Sandu înjura şi dădea din mâini. La scurt timp, ungurii au egalat şi la sfârşitul meciului scorul era doi la doi. Echipa românească era obosită, extenuată, iar ungurii, veseli şi mulţumiţi pentru acest rezultat.

- Vezi, bre, reia Sandu, după ce s-a calmat puţin. Noi nu avem rezistenţă de lungă durată. Ungurii păreau lălâi în prima repriză, dar în următoarea s-au redresat şi au jucat admirabil. Totuşi, eu continui să cred că va trebui să le mărim raţia de zahăr fotbaliştilor. Mai mult chiar, va trebui să le asigurăm băieţilor câte o porţie respectabilă de zahăr în pauza de după prima repriză.

- Măi Sandule, îmi pare rău că nu-i Bădiţa să te audă. După cum văd eu, te-ai îmbolnăvit rău de sportomanie. Parcă văd că-n viitoarea întâlnire cu ungurii apari şi tu în chiloţi şi tricou, în înaintarea românească.

- Nu cred. Mă voi mărgini să fac două lucruri: să dau zahăr, grăsime şi pâine pentru băieţi şi la meci să susţin, ca unul din galerie, naţia şi culorile noastre. Crezi că asta poate fi socotită gripă infecţioasă?

*

Cea mai bună echipă de fotbal a rămas până la urmă tot cea românească; nemţii, în schimb, fie că erau vienezi sau berlinezi, erau imbatabili în handbal.

În vara anului 1947, de trei ori s-a întâlnit echipa românilor cu cea ungurească. După a doua întâlnire, rezultatul a rămas tot nedecis, cu toate că a doua repriză a fost prelungită cu un sfert de oră. Ambele echipe au plecat de pe teren, sfârşite de puteri.

Tot lagărul ştia că această întâlnire se disputa cu atâta înverşunare pe teren din cauza interesului politic. În spatele românilor era Transilvania.

Sandu îmi spune: „Bre, aici apărăm hotarul de la apus. Ungurii îşi dau seama de acest lucru, iar nemţii vor să vadă cine învinge.”

Apoi a venit o duminică frumoasă cu cer înalt şi cu tribuna plină de rusăraie. Terenul de fotbal este complet închis de cei trei mii de spectatori europeni. Amândouă echipele, cu oameni tineri, sănătoşi, viguroşi, joacă elegant. Parcă e o întrecere de artă sportivă între Bucureşti şi Budapesta. Loviturile de pedeapsă sunt foarte rare. Este cel mai frumos meci internaţional văzut aici. Maiorul Vuia, de profesie arbitru internaţional, arbitrează cu o corectitudine şi o supleţe care impun respect. Pe teren nu se aud decât loviturile.

Prima repriză se soldează cu scorul de 2 la 2. Spectatorii freamătă. Echipele, reconfortate după regula introdusă de Sandu, reîncep. Mingea, extrem de ascultătoare, se supune tuturor ordinelor ce pleacă din picior sau din cap. Ilarion Stănescu, Aurel Gulan şi Gică Dumitrescu, într-un triunghi perfect echilibrat, duc mingea până la poarta ungurească şi, cu o măiastră lovitură peste cap, Gică înscrie perfect a treia lovitură în favoarea României. Furtuni de aplauze, de freamătă pădurea. Panică în echipa ungurească, care trece cu totul în apărare. Înaintarea noastră bate, fără pauză, la poartă. Ungurii şi-au pierdut cumpătul şi încep a juca dezorientaţi, trimiţând mereu mingea afară.

Cu trei minute înainte de încheierea meciului, Aurel trimite o minge puternică în unghiul din stânga sus şi arbitrul fluieră pentru al patrulea gol înscris de români. Două minute de zăpăceală la poarta ungurească, urmate de fluieratul prelung al arbitrului care anunţă sfârşitul meciului. Galeria, în delir, aplaudă şi aruncă cu şepcile în aer.

Sandu, cu mâinile întinse ca o pasăre prinsă de furtună, strigă: „Bravo Gică, ura Aurel, să trăieşti Ilarion. A noastră-i Transilvania..."

Rând pe rând, lot după lot, prizonierii au plecat spre ţările lor, ducând cu dânşii rănile hamurilor, dar şi amintirile luminoase.

Sub pleoape văd întâlnirile spectaculoase de la Mănăstârca sau de la Oranki.

Iar în urechi răsună strigătul de biruinţă al lui Sandu: „A noastră-i Transilvania...”

Să audă tot natul, măi! A noastră-i Transilvania!

*

Dunărea duce către mare apele sale îngheţate. Dinspre răsărit bat aspre vânturi cu spic de ninsoare. Sunt singur! Şi mâine-i Crăciunul!

Concurență artistică

Față de celelalte nații, românii au fost cei mai tari atunci când s-a ascuțit lupta politică prin lagăre, în legătură cu comunizarea noastră și cu formarea de unități militare, voluntare, care urmau să plece pe front, pentru eliberarea României de „români" și pentru întronarea Anei Pauker la București.

Românii erau în fruntea tuturor națiilor și prin atitudinea bătăioasă față de comisariatele politice și de administrație ale lagărelor.

Mândria noastră se sprijinea poate, în primul rând, chiar pe viața noastră spirituală și pe frumusețea acestei trăiri și pe manifestările de cultură și de artă. În condițiile acestea de „concurență internațională", ceea ce ne-a scos pe noi în evidență a fost unitatea de nezdruncinat care, de mulți ani, ne plasase pe o trăire curat românească și creștină. Nemții, italienii și ungurii, la fel japonezii au fost obligați să recunoască unitatea cu care veneam noi în lume, punerea accentului pe viața spirituală și pe manifestările uluitoare ale acestei trăiri: renunțări, suferințe, atitudine hotărâtă, iar între noi frăție, unitate, o inimă. Dacă era cineva bolnav în spital, ajutorul nostru îl salva. De intra cineva la carceră, cu mii de greutăți i se strecura acolo hrana. De pleca cineva la drum, în sacul lui de merinde i se punea ajutorul nostru. Nu existau suferință, lipsă pe lângă care noi să trecem nepăsători; conform moralei noastre, îi ajutam și pe inamici, punându-i pe picioare.

Cărțile noastre de preț erau Sfânta Scriptură, Memorialele lui Pârvan și altele, găsite pe la prizonieri; circulau din mână în mână... Duminica şi de sărbători, toţi ca unul, eram prezenţi la rugăciune. Corul nostru religios şi liturghiile noastre săvârşite ca-n prima eră creştină – cu greutăţile acelei epoci de grele persecuţii – i-au câştigat pe toţi străinii de partea noastră.

Cei ce păstraserăm viaţa românească în sufletele noastre, aşa am rămas, neclintiţi, până la urmă. Dintre cei ce-au căzut sub greutăţi şi au dat crezare propagandei comuniste, pe unii – mulţi la număr – am reuşit să-i salvăm, trăgându-i de guler, afară.

Stăteam de vorbă odată la Mănăstârca cu profesorul Kaufman, de la Viena, profesor de limbi neo-romanice, şi-mi relata că-n universităţile germane se crede că noi reprezentăm o mişcare spirituală, mai bine zis o mişcare de revoluţie morală în sânul Bisericii ortodoxe. El socotea că nu-i suficientă şi nici completă această definiţie: ar fi mai aproape de realitate dacă s-ar defini atitudinea noastră faţă de viaţă ca o mişcare de redresare morală şi politică în sânul poporului român şi ca o tresărire, o revoluţie înnoitoare în sânul întregii Biserici ortodoxe.

Profesorul Kaufman avea dreptate.

În ochii naţiilor de la Oranki sau de la Mănăstârca am crescut şi din pricina reuşitelor noastre manifestări artistice. La un an după încetarea războiului, pe rând, pe măsura pregătirilor făcute cu multă atenţie, fiecare naţie care era în stare să organizeze o serbare, o şezătoare, o expoziţie de artă se prezenta pe scenă, în sala de mese, iarna, iar vara, în dosul spitalului. Românii au fost cei dintâi care au închegat o orchestră cu viori, chitare, contrabasuri – confecţionate din placaje, sârmă electrică şi cozi de cal. Din aducere aminte s-au refăcut notele, scrise tot pe placaje. În doi ani orchestra noastră număra 50 de persoane, iar corul, admirabilul nostru cor bărbătesc, perfect pus la punct, număra o sută de persoane. Au încercat şi celelalte naţii să alcătuiască cor şi orchestră; n-au reuşit. Totuşi, sunt obligat să recunosc că vienezii au înjghebat la Oranki, în 1948, o orchestră care s-a plasat imediat după cea a românilor. Au încercat şi ungurii un taraf de ţigani, destul de reuşit, dar acest gen de muzică nu putea susţine un spectacol... Singurul cor pe toată Rusia a rămas până la urmă corul românesc. În faţa lui, toate naţiile şi-au plecat capetele.

*

În vara anului 1947, la Mănăstârca s-au înmulţit ungurii. Numeric, erau cei mai mulţi. Totuşi, administraţia interioară a rămas până la urmă în mâna antifasciştilor români. La Oranki conduceau nemţii.

Fiind, din punct de vedere numeric, superiori, ungurii au socotit că vor putea să ne concureze la manifestările artistice din lagăr. Conform obiceiului, au organizat o şezătoare, în dosul spitalului, pentru după-amiaza zilei de 1 august. Ruşii din administraţie erau prezenţi la locul de onoare, iar în spatele lor, pe iarbă, marea majoritate a prizonierilor; scena, de pământ, înaltă de jumătate de metru, în colţuri, patru stâlpi de brad, sârme sus şi cearşafuri în toate cele patru laturi.

Şezătoarea începe. Orchestra cântă frumos, languros, muzică de stepă, muzică ţigănească.

Între „diplomaţii locali"[27] apăruseră două persoane – soţ şi soţie; s-a aflat că sunt unguri şi că fuseseră funcţionari superiori în Ministerul de externe de la Budapesta.

După o pauză – în care fumul de mahorcă acoperise cerul – se reia spectacolul, şi în mijlocul celor 25 de orchestranţi apare o femeie cu părul alb ca zăpada de pe munte, slabă şi nemâncată. La semnul din baghetă al dirijorului, din gâtlejul uscat al femeii iese un fel de cântec subţire, ca un fir de mătase. Cântecul e însoţit de viori şi de ţambal. Femeia cântă „Ave Maria" – Bucură-te, Maria, iar ţambalul şi viorile încercau să imite orga.

Ascultăm încordaţi. Da, „Ave Maria, ora pro nobis[28]!" După muzica ţigănească, nu ne vine a crede că, acum, aici,

[27] eliberaţi de ruşi şi aduşi în lagăre.
[28] „Bucură-te, Maria, roagă-te pentru noi".

o femeie cântă un concert prin natura lui religios. Când vocea, subţire, subţire ca un fir tăiat în două, s-a stins, am lăsat capul în jos şi-am aşteptat verdictul „sălii". Aplauze jenate, în sectorul unguresc. Foarte discrete, în diferite colţuri din careu. Mai mult pentru a mulţumi îndrăznelii bătrânei femei de a fi apărut între noi şi de a fi cântat ceva ca la biserică.

Încă nu se risipise această jenă generală, când orchestra atacă un săltăreţ „ceardaş". După „Ave Maria", prin urmare, un joc naţional maghiar. În încheiere, marşul revoluţionar al lui Kossuth.

Şi apoi, toată mulţimea, aplaudând, mulţumeşte pentru spectacol, îndreptându-se spre bordeie.

Stăteam în bordeiul 14. Deasupra, pe blat, la doi, erau Vili Popescu şi lângă el Mircea Rădulescu. Abia intrasem în bordei, când îl aud pe Mircea, foarte revoltat, zicând:

- Auzi, tu, măi Vili, să ne batjocorească în halul ăsta, se poate? Şi Mircea îşi răsuceşte nervos mustăţile ungureşti, încâlcindu-şi degetele în barba lui de arhimandrit.

- Ce-i, chestore? Cine te-a supărat? îl întreb eu, încântat de felul cum îşi scărmăna barba.

Mircea fusese numai comisar de poliţie, dar noi îl necăjeam cu „hai înainte, la înalta treaptă de chestor." Îi plăcea cariera de poliţist şi noi nu aveam nimic împotriva lui. Lasă să fie şi un poliţist cinstit şi de vocaţie între ei. Trebuie să fie şi poliţie, dacă este stat. Când nu va mai exista stat, în faza superioară a comunismului, atunci fiecare va sta, noaptea, cu bâta la uşă; poliţie nu va mai fi. Ce bine vom trăi atunci! Ca în era pietrei necioplite (paleolitic, parcă aşa-i spune). Se pare că Mircea nu va trăi până într-această eră, dar el speră să ajungă chestor.

Mircea s-a potolit. Nici n-a luat seama la întrebarea mea. S-a suit pe „cracă" şi sta acolo, ca o găină la ţară în prepeleac, din timp în timp sforăind zgomotos pe nări, ca un cal ce-şi azvârle tecile de ovăz, intrate pe nări.

Vili se aşază lângă mine şi mă lămureşte:

- Auzi, părinte, ce s-a întâmplat! Abia s-a terminat spectacolul şi dirijorul orchestrei a spus tare în auzul ultimilor rămaşi în „sală": „Ei, acum le-am arătat noi puturoşilor de valahi, ce-nseamnă artă, artă majoră..." Uite că ungurii, aroganţi, aroganţi aşa cum îi ştim, uitând că noi i-am învăţat să poarte pantaloni acum o mie de ani, când au invadat Transilvania, ne aruncă mănuşa. Auzi, pe noi, „puturoşii de valahi", să ne înveţe ei artă majoră! După cum vezi, problema Transilvaniei îi frige la inimă! Ce facem acum? Ce zici?

- Desigur, dacă ne-au provocat, la batjocura lor noi trebuie să răspundem civilizat. Să pregătim un spectacol de răspuns.

- De acord! Mă duc să văd ce spun ceilalţi.

- Merg şi eu... răspunde Mircea şi sare jos de pe cracă.

*

Apoi, despre această poveste nu s-a mai auzit nimic două săptămâni. Orchestra şi corul făceau repetiţie într-un bordei, în fiecare seară. În lagăr, viaţa curgea normal, cu meciuri de fotbal în fiecare seară, iar în ziua de Sf. Maria, după ce am comemorat marinarii morţi pe ape, sărbătorind patronul marinei, am făcut invitaţie prin bordeie pentru o şezătoare pe care o dăm noi, românii.

Au venit ruşii, toţi „diplomaţii" şi toţi prizonierii. Până şi bolnavii din spital au asistat, înfofoliţi în halate şi pături. Lagărul părea pustiu. Scosesem băncile din sala de mese şi pe ele stăteau o parte din spectatori; în spatele lor se afla marea majoritate a publicului.

Începe spectacolul. Pe scenă, în faţă, orchestra, iar în spatele ei, corul. Dirijează Haralambie Papadopol. Pe scenă, 170 de persoane. Programul cuprinde o singură bucată: „Poemul Iancului". Sub privirile vrăjite ale spectatorilor, sună tulnicile pentru revoluţie. Din munţi coboară moţii cu Avram Iancu în frunte şi plătesc obida iobagului pentru toate împilările grofilor. Ard castelele celor trei naţii ale Transilvaniei; românii – a patra naţie – cer drept la viaţă în propria lor vatră strămoşească. Iobagii români, cei mai numeroşi pe pământul transilvănean, îşi spun, răspicat, cuvântul, trecând prin foc şi sabie împilarea venetică. Răscoala Iancului adună în jurul ei tot natul transilvan, de la vlădică până la opincă, şi zguduie oameni şi stări de lucruri ce păreau încremenite pe veşnicie. Răsculaţii mărşăluiesc în sunete de cimpoaie şi de buciume, în timp ce tot natul transilvan jură:

„Murim mai bine-n luptă
cu glorie străbună,
Decât să fim sclavi iarăşi
în vechiul nost' pământ..."

Spectacolul se încheie în acordurile puternice ale marşului de la 1848.

Furtună de aplauze, triumf. Tot lagărul îşi manifestă mulţumirea pentru acest unic spectacol. Avuserăm grijă să rezumăm pentru străini paginile de glorie pe care le conţine poemul. Şi străinii au înţeles marşul glorios al revoluţiei lui Iancu. Dar aceştia erau entuziasmaţi de masa corului şi a orchestrei şi de perfecta lor punere la punct ca orchestraţie, în condiţiile de acolo. Refăcând poemul din aducere aminte. Era nespus de dificil să ţii atenţia publicului două ceasuri. Şi la urmă să te acoperi de aplauze. Românii au înţeles actul nostru de curaj, iar ungurii din Ardealul de nord – care ştiau româneşte – au fost cei mai lămuriţi.

Peste păduri a prins a bate vânt de toamnă. Iar în apus stăruie, abia conturat, apusul lunii noi.

A doua zi, în bordeiul 14, suntem pe punctul de a pleca la lucru; forfotă, fum de mahorcă, vorbe.

În bordei intră cinci ofiţeri unguri, corect îmbrăcaţi în uniforma armatei lor, şi întreabă de Valentin Mănescu. Mircea tresare, priveşte musafirii, şi-l face atent pe Valentin. Valentin coboară şi le iese înainte.

- Eu sunt cel căutat, domnilor. Cu ce vă pot servi?

- Domnule Mănescu, ne adresăm dumneavoastră şi prin dumneavoastră celorlalţi ofiţeri români... Colonelul ungur care vorbeşte lasă timp pentru tradus translatorului. Vă trasmit un salut din Ardealul de nord. Ne adresăm dumneavoastră şi, în numele ofiţerilor maghiari, vă cerem scuze pentru insulta pe care v-a adus-o dirijorul orchestrei noastre, pe de o parte; pe de altă parte am venit să vă mulţumim – în numele aceloraşi ofiţeri – pentru lecţia ce ne-aţi servit-o prin spectacolul de ieri. Lecţia am simţit-o, ne ustură, dar e justă. Scuzele noastre, domnilor ofiţeri.

Cei doi ofiţeri şi-au întins mâinile; nu purtam ură, iar raporturile de bună vecinătate s-au putut menţine, până la capăt.

Cei care au murit...

În prima fază a prizonieratului, mortalitatea a fost extraordinar de mare. Cine a scăpat cu viaţă după primul an de adaptare la foame, sete, frig, tifos exantematic, dizenterie, la toate acestea adăugându-se şi munca neomenească, acela, apoi, a rezistat până la capăt. Mortalitatea s-a îndepărtat. Doar TBC-iştii, cărora nu li se acorda nici o asistenţă medicală, şi distroficii, mai ales toamna şi primăvara, îşi plăteau tributul vieţii. Degeraţi, flămânzi, palizi, la 1 ianuarie al fiecărui an ne felicitam, constatând: „Care va să zică, am mai păşit peste un an".

Dar, mai întâi, în prima fază, au umplut cimitirele 60% din ofiţeri, iar la soldaţi procentul a fost mai mare, atingând 80%. Cei care au pierit aproape toţi au fost spaniolii (scăpaseră vreo 13 ofiţeri), apoi italienii, din corpul lor expediţionar supravieţuind circa 200 de ofiţeri, situaţia în rândul soldaţilor fiind încă mai rea. Pe nemţi i-au decimat foamea şi tifosul, apoi dizenteria; greu s-au putut adapta la ovăzul şi meiul pe care ni-l serveau ruşii la masă.

*

Era iarnă şi foame şi frig de crăpau pietrele; şi păduchii bolnavi se plimbau în voie pe trupurile noastre slăbănoage.

Eram la Astrahan în iarna acelui an, 1943. Volga, cu o mie de guri, fără pauză, adăpa nesăţioasa mare şi când n-a mai putut rezista nici ea gerului, a îngheţat. Pe întinsul acesta gol, fără copaci, fără vegetaţie, băteau vânturile, spulberau nisipurile şi troieneau potecile cu mormane de zăpadă.

Pământul crăpa de ger şi ruşii spuneau: „Cumplită iarnă, cumplită iarnă!"

Lagărul era la marginea oraşului, lângă un cimitir; în bordeie nu aveam cu ce face focul. Păduchii mişunau ca la ei acasă, mulţumiţi pentru victoria ce-o repurtaseră asupra noastră şi pe care o exploatau sângeros, neomenos.

Mureau oamenii şi nimeni nu se interesa de cel ce-a murit. Ba, să nu uit, cel mai adesea, mortul era ţinut ca viu, la control, încă două-trei zile şi chiar mai mult, pentru ca vecinii lui să-i primească porţia de mâncare.

Erau dese cazurile când vii şi morţii zăceau la un loc, până când mortul începea să intre în putrefacţie şi putoarea nu mai era de suportat. În acest caz, trebuia să se renunţe la porţia de mâncare în plus şi mortul era scos afară, gol puşcă, şi stivuit.

Lui Sandu nu-i venea să creadă că lucrurile s-au petrecut aşa cum le povesteam. „Norocul" meu că acolo, cu mine, au fost mii de oameni, care au văzut stivele de morţi. Aşa cum se aşază lemnele în stive – prin gări – aşa au stat stivuiţi morţii în lagăr la noi până în primăvară, când am putut să-i îngropăm.

Iarna era grea, aspră, geroasă şi pământul nu putea să fie săpat; cu târnăcoape, cu lomuri, cu toate încercările noastre, nu reuşeam decât să aşchiem pământul. Morţii erau mulţi, pământul îngheţat şi atunci stăpânirea a dat ordin sanitarilor să facă stive din morţi, goi, buhoşi, hidoşi la înfăţişare, fără nume, fără număr. Sub ger, au îngheţat toacă, s-au mumificat. Toată ziua treceam pe lângă stivele de morţi. Noaptea, când bătea vântul prin schelete sau când luna gălbuie păta maldărele de stârvuri, te cutremurai; era ca-n proorocirile lui Ezechil; teribilă imagine de apocalipsă!

Când a venit primăvara, am săpat sub un mal o groapă adâncă, lată, şi acolo i-am înmormântat, grămadă, pe morţii din stive. Sub bătăile călduţe ale razelor de soare, corpurile gelatinoase se înmuiau, se desfăceau, oasele ieşeau pe la încheieturi cu tendoanele vinete, burţile plezneau răspândind un miros pestilențial de-ți vărsai și mațele din tine. Port și acum în nări și parcă și-n haine turbata putoare de stârvuri în descompunere.

Și-am numărat noi, atunci, nouăsprezece mii trei sute doisprezece morți, din toate națiile Europei.

Și lucrul a stat la fel și în celelalte lagăre. Stivele de morți au stat în acea iarnă sub ger și zăpadă, la Oranki ca și la Ela-Buga, la Sverdlovsk, ca și la Urali.

*

Andrei Mihalache, cu manta de piele pe umeri, cu basca pe cap și cu cizme de cauciuc în picioare, trece spre Dunăre, după apă. Înalt, drept ca bradul, drept la suflet, îmi amintea seara trecută despre niște lucruri pe care eu le uitasem aproape.

El căzuse prizonier la Cotul Donului în noiembrie 1942 și, până să ajungă la Oranki, trecuse prin diferite lagăre, de ajustare, improvizate.

Ceea ce mi-a amintit el este întocmai cu ceea ce eu singur am văzut, și ne-am cutremurat. Soldați care tăiau pulpe sau fese de la morți, le frigeau și apoi le comercializau; alții amestecau cine știe ce coajă de pâine, primită ca hrană de la ruși, cu excremente omenești, o coceau din nou la foc și o vindeau flămânzilor.

La focurile improvizate în țarcuri, seara, oamenii își frigeau centurile sau tălpile de la bocanci, le mâncau scorojite și a doua zi mureau...

Coloana de prizonieri pleca în zori, mai departe, pe jos, către Urali. Greu prin viscol și pe zloată. Drumul era presărat de morți. Slăbănogul se descotorosea de boarfe, își făcea cruce și, zicând „iertați-mă, măi fraților, eu nu mai pot, rămân aici..." se așeza jos, în genunchi, la marginea drumului și aștepta. Ceasovoiul îi trăgea un foc în cap și omul, mulțumit, se lipea de pământ.

Ici rămânea unu, în șanț, colo, un altul, iar către seară, focurile de armă erau tot mai dese.

Pe deasupra coloanei noastre, se roteau corbii. Departe, în înserarea fumurie, coloana zărea acoperişuri; satul era aproape; ochii străluceau, picioarele se înviorau şi cei ce-şi făceau socotelile pentru ultimul ceas al vieţii lor, şopteau: „Nu mă lăsaţi, nu mă lăsaţi!"

Şi-i duceam cu noi, cu mâinile încleştate de braţele noastre.

De ger, de foame şi de boli, când, în zori, plecam mai departe, coloana noastră se făcea şi mai mică.

Mureau oamenii uşor, ca gâzele.

Pe deasupra lagărului se roteau, croncănind, corbii.

Şi dacă a trecut un an, cei ce-au fost să moară au murit, iar ceilalţi, supravieţuitorii, căliţi la temperaturi joase şi la încercări cumplite, ne-am ridicat drepţi în faţa Domnului şi i-am mulţumit mai întâi pentru încercări, apoi pentru ajutorul ce ni l-a acordat ca să biruim greutăţile şi-n al treilea rând, pentru viaţa pe care El ne-a păstrat-o.

Pe urmă, ne-am adus aminte de oameni, de întâmplări şi de morţi, de moartea acelor oameni care trăiseră alături de noi şi-am zis: trebuie să ne îngrijim de aducerea lor în amintirea noastră, nu pentru că ei ar avea nevoie, acolo unde se găsesc, de înţelegerea noastră, ci pentru că aşa ne-a şoptit inima, să ne purtăm frumos cu mormintele lor. Şi cu insistenţă, trecând peste piedici şi neînţelegeri, ne-am apropiat de mormintele lor, le-am îngrădit cu garduri, la cap le-am pus cruci de mesteacăn alb, în timp ce buzele noastre murmurau: Doamne, odihneşte-i cu sfinţii tăi, unde nu sunt dureri. „Aliluia".

*

În lagăr la Mănăstârca, la începutul toamnei anului 1947, pentru cei ce muriseră aici, la Oranki şi la Schit, s-a ridicat troiţă, frumos lucrată, sculptată de mâini meştere. O vară întreagă s-a lucrat la ea. Din stejar şi mesteacăn legat în fier, cu acoperiş frumos, în solzi şindrilit şi cu o inscripţie pe placa de aramă, fixată pe cele patru feţe ale tulpinei, pe care sta scris în limbile română, germană, italiană şi rusă: „Ridicatu-s-a această sfântă troiţă în amintirea ostaşilor prizonieri care au murit în aceste lagăre, cu gândul la patria lor. Noi ne închinăm adânc în fața jertfei lor!"

Purtată pe brațe, cu imnuri ortodoxe, cu delegații restrânse de la toate națiile prezente la Mănăstârca și cu un singur preot, admis de comisariat, Constantin Popescu, această sfântă troiță, monument de artă sculpturală, a fost așezată în cimitirul Poiana Morii. Ca să slujească la căpătâiul acestor morți fără nume, care și-au înfrățit trupul lor cu florile poienii. Și când va trece vântul prin mesteceni, să le suspine, de ei doar auzit, de dânșii doar înțeles, imnul îngenuncherii creștinești.

E tot ce-a putut face inima noastră de frate, pentru acești nemângâiați: cimitire, cruci și flori. Până când iernile vor troieni și nepăsarea va risipi cimitire, cruci și flori.

Și dacă urma lor n-om mai cunoaște-o, în gândul nostru ei vor trăi veșnic, în sufletele noastre rămâne mereu în picioare, înfruntând crivățul și furtunile, troița de la Mănăstârca. Lângă umărul nostru simțim umărul celor ce-au căzut. Peste țărâna lor, noi punem îngenuncheri de heruvimi.

Evadări

Toate lagărele erau înconjurate cu garduri înalte de sârmă ghimpată prevăzute cu reflectoare electrice şi telefon. Lagărele mai izolate – cum a fost de exemplu Mănăstârca, lagăr de pădure aveau şase rânduri de sârmă, cu intervale între ele arate şi greblate, iar în afara lor se întindea pe 10 metri de jur-împrejur o plasă de sârmă. După părerea ruşilor, cu astfel de fortificaţii si cu paza reglementată în prepelece, din astfel de întărituri nu se putea fugi. Poate că ruşii vor fi avut dreptate. Din lagăre s-a evadat totuşi, trecându-se peste aceste impedimente ghimpate, făcându-se canal pe dedesubt. Asta, numai ca să se demonstreze că dorul de libertate, când te scoate la hat, îţi înlesneşte şi căile de evadare. În general, europeanul are cap şi asta s-a văzut şi în felul cum au fost executate cele mai reuşite evadări.

Iarna nu puteai să te gândeşti să pleci la drum. Ger cumplit, zăpadă mare, foame, golătate. Paza – totuşi – era la fel de atentă, ca şi vara.

Noi le spuneam ceasovoilor: „Duceţi-vă naibii, în lagăr, venim noi singuri şi batem la poartă". Într-adevăr, în acest anotimp şi cea mai încălzită minte se răcorea sub bătaia crivăţului, aşteptând primăvara. Dacă ne-ar fi lăsat în pădure, unde lucram, am fi venit, galop, până la poarta lagărului. Totuşi, paza era cu atenţie mărită. Se temeau ruşii de contactul nostru cu populaţia civilă. Ca nu cumva, ziceau stăpânii, populaţia civilă să ne „linşeze". Ce idioţie comisărească! Populaţia civilă întindea mâna, miloagă, ori de câte ori ne zărea. E drept că, odată, lucrând alături de condamnații politici, câțiva dintre aceștia ne-au înjurat, spunând: „Mama voastră de impotenți, noi v-am așteptat treizeci de ani ca să ne salvați de sub stăpânirea satanei și când colo voi v-ați predat, aruncând armele. Așa vă trebuie. Vă e greu? Lasă, trăiți acum la pădure, măi, feciori de strâmbă lemne, ca să experimentați pe propria voastră piele binefacerile regimului. Să le comunicați și americanilor că și pentru dânșii sunt pregătite hamuri noi... Mama voastră de nesocotiți..."

Primăvara, când plesnea mugurul, mai plesnea și câte un creier: „Ai auzit, mă, că Silvestru a înnebunit?" Dar de evadat, nu se evada nici acum. Ce să mănânci, la drum?

Venea și vara, cu bucuriile și speranțele mărite că poate ne vor da drumul acasă.

Apoi, când începea pe la 15 august să bată vânt de toamnă și cartoful era copt, cine avea de gând să o întindă, pleca la drum. Peste sârmă? Pe sub sârmă? Copilării! La ce bun să-ți mai faci de lucru cu foarfecă sau cazmaua? S-au încercat și aceste metode. S-a reușit să se treacă de gard, pe urmă obosit, extenuat, cădea omul frânt, la 10-20 km pe drum.

De evadat frumos, corect, așezat, gospodărește, asta se putea de la pădure sau de la colhoz sau de pe orice șantier unde eram duși la muncă.

Mai întâi, trebuia să fii bine antrenat la mers. Dar asta nu putea fi o problemă. Dacă toată ziua lucrai, trăgând în ham sau cu joagărul la pădure, acest exercițiu chiar ne prisosea. Al doilea, trebuia să-ți faci rost de încălțăminte rezistentă pentru drum lung (gândiți-vă că până la cea mai apropiată graniță aveam de străbătut, cu o mie de pericole pe care le prezentau pădurea și golurile imense nepopulate, cel puțin trei, patru mii de kilometri), îmbrăcăminte – având în vedere ploile care în nord sunt destule, dese și reci, și iarna care vine repede. Apoi, un sac cu alimente precis planificate, pentru cel puțin zece zile. O busolă, cremene și amnar și ceva bani de buzunar. Pe deasupra, un cuțit și, mai presus de toate, un curaj mare. Trebuia să trăiești hoțește, ferindu-te de orice contact cu populaţia. Populaţia era infiltrată cu prea multă securitate.

Drumul trebuia făcut noaptea, iar ziua, ascuns undeva, te odihneai.

Câteva din aceste evadări au fost atât de perfect puse la punct şi cu scrupulozitate gândite, dar ajunse la punctul final, în preajma graniţei, ca în filme, se petrecea câte un neprevăzut şi expediţia cădea. Eroul era adus cu însoţitor, cu oasele sfărâmate.

Am să povestesc doar câteva din aceste evadări.

La Schit, lucrând la prăşit de varză, trei ofiţeri austrieci au evadat: un colonel, un căpitan, un sublocotenent. Enervare mare pe ruşi. Noi râdeam. Pe la ora zece ziua au plecat evadaţii şi în aceeaşi zi colonelul s-a predat unui cioban. Căpitanul a adormit pe o căpiţă de fân şi sublocotenentul a fost prins la gara cea mai apropiată, chiar în hainele lui nemţeşti.

Trei unguri, în anul 1946, au plecat de la pădure. Şi au mers o lună de zile. Au ajuns până la Krasnodar, sub Caucaz, şi acolo, într-o gară mică, au fost descoperiţi. Stând de vorbă cu şeful de gară, la întrebarea absolut dezinteresată a acestuia: „Încotro mergeţi?", cei trei unguri au răspuns: „Ne ducem acasă, în Armenia". Din Armenia, socoteau aceştia, mai uşor vor trece în Turcia. Şeful de gară s-a bucurat şi, cum sunt armenii, ca şi evreii, s-a apropiat şi mai mult de ei şi a început să spună de una de alta, dar în limba lui maternă, în grai armenesc. Ungurii au făcut ochii mari; nu înţelegeau nici o boabă armenească şi cu „scuzaţi, căci suntem grăbiţi" au şi plecat peste linie către pădure. Şeful de gară, armeanul cel veritabil, a trimis îndată miliţia pe urmele lor şi către toamnă cei trei unguri au fost readuşi – numai umbră şi vis – la Mănăstârca. Ei, vezi, nu e suficient să ştii limba rusă; pe cât se poate e necesar să cunoşti şi graiul populaţiilor de pe graniţă.

Când eram la Karaganda – de acolo erau şaizeci de kilometri până la graniţa chineză – mă băteau gândurile să evadez şi să trec în China. Toată ziua mă uitam la vârfurile munţilor şi la furtunile de zăpadă de pe creste. E drept, China era aproape, dar munţii şi zăpezile veşnice de pe creste mă înspăimântau. Mă uitam la munţi şi... Până la urmă am rămas cu privitul. Renunţând la o vizită prin China, m-am hotărât să înlocuiesc această dorinţă a mea de drumeţie cu o vacanţă în Italia.

Să nu-mi uit cuvântul. Alte evadări care să merite însemnarea lor aici au mai fost în vara anului 1947. Gheorghe Militaru, de prin munţii Râmnicului Sărat, şi cu Costache Ciutea, pare-mi-se de pe lângă Vaslui, au plecat la drum dintr-un lagăr dinspre Urali. Şi au mers o zi, două, nouă, o lună şi când au ajuns la Volga, foame, ţânţari şi smârcuri. Nici o ieşire. Pădure de sălcii ruginii, trestie şi papură. Ciutea a căzut; moartea, în bălţile cu grinduri noroioase, râdea hâd la cotitură. S-au predat, au încasat pe deasupra o bătaie care i-a dus la un pas de moarte şi apoi, „galbeni ca făclia de galbenă ceară", ni i-au făcut plocon nouă, la Mănăstârca.

- Cum a fost, Ghiţă? îl întreb eu curios.

- Ascultă părinte, după experienţa mea, e mai bine să pleci de unul singur. Pentru că, dacă eşti unul singur, se întâmplă... Şi înşiră o mulţime de lucruri care dovedesc că o evadare pe cont propriu e mai acoperită de riscuri.

Mă gândeam la Sandu, care se pregătea să plece în companie cu alţi doi fârtaţi. Când s-a lămurit că e necesară şi limba armeană, pe lângă cea turcă, şi în lagăr nu se găsea nici un armean, în vara următoare era gata, gata să evadeze, dar exact în ziua cu pricina l-a apucat o diaree tembelă, de nervozitate, sau poate că mâncase vreo coadă de peşte intrată în putrefacţie. Prietenul său a plecat singur la drum, socotind că ar fi de prost augur amânarea călătoriei. Sandu, slăbit de pântecărie, se uita peste păduri, întrebându-se pe unde o fi Andrei.

Tot în acele zile, fiind la coasă, au evadat Costache Manolache şi Ioan Bogdan. Au reuşit să ajungă până la Moscova, unde au fost prinşi.

Sandu mă întreba în fiecare seară: Pe unde o fi acum Andrei? Ridicam din umeri a neştiinţă. Vedeam că se frământă. Purta în suflet o mie de regrete şi blesteme.

Andrei Stăcescu, tânăr avocat din Basarabia, evada pentru a doua oară. Prima dată, în 1945, fusese prins după jumătate de zi. Câinii i-au dat de urmă prin pădure, deşi trecuse el şi prin apă de mai multe ori, dar degeaba. Trântit la pământ de câini l-a luat în primire comandantul lagărului, locotenentul Ilicov, poreclit „Mucea”.

La infirmerie a ajuns o masă de carne sângerândă. Totuşi tinereţea a biruit şi Andrei s-a refăcut.

A mai trecut un an şi în a doua vară, 1947, pe la începutul lunii august, Andrei s-a dus la lucru, lângă lagăr, la grădina de zarzavat. Pe la orele două după-amiază, Andrei a ieşit din cordon şi, cu o traistă în spate, a pornit la drum. Seara la numărătoare se constată că lipseşte Stăcescu. Îndată au plecat cu câinii în urmărirea lui. Câinii au mers pe urmă, până la râul din apropiere şi aici s-au încurcat. Venind noaptea, ruşii s-au culcat, urmând să-l caute a doua zi. Şi a început urmărirea pe drumurile care duceau în Europa.

Sandu, privind peste păduri, se întreba în fiecare seară: oare pe unde o fi ajuns Andrei? Fuseseră prinşi toţi evadaţii. Comisarul politic, Terleţchi, organizase un miting, pentru înfierarea îndrăzneţilor de bandiţi, care stricau raporturile de frăţie cu sora mai mare, U.R.S.S., dar mitingul s-a transformat în comedie, ofiţerii români solidarizându-se în bloc cu cei evadaţi şi problema a căzut baltă. Andrei nu mai apărea. Ne gândeam la el; slăbuţ, fără alimente – cu foametea ce bântuia atunci Rusia – s-o fi prăpădit pe drum. Stăruia totuşi şi gândul subţire, plăpând, ca un fir de iarbă la început de primăvară, stăruia o caldă dorinţă ca Andrei să treacă hotarele în ţară. Sigur, şi acolo-s ruşii stăpâni. Mare lucru nu poate face pentru noi. Dar poate că va găsi undeva să spună o vorbă despre noi şi despre viaţa de robie în care trăim.

Poate că Andrei a trecut hotarul. Cine ştie? Pe la Bucureşti, vor fi ceva englezi sau americani? Să te înfăţişezi cu plângerea-n proţap la Petru Groza? Păi, cumătru Petru ar fi tare mulţumit dacă am pieri toţi aici. Noi ne rugăm seara şi dimineaţa la Dumnezeu: „Doamne, du-l pe Andrei până la americani, să stea de vorbă cu dânşii. Poate ne-or înţelege".

Într-o dimineaţă, străbate o veste fulger. Andrei a fost prins şi se găseşte în carceră la Oranki.

- Na, zice Sandu, toate planurile noastre s-au prăbuşit. Dacă nici Andrei n-a ajuns în ţară, atunci sunt inutile alte încercări!

Era toamnă şi norii plumburii se aninau de vârfurile brazilor. Măi, măi şi mult mai era până când da frunza verde. Opt luni de iarnă, opt luni de moarte şi pe urmă? Ce va mai urma?

Andrei a ieşit din carceră şi-a venit la noi, slab ca un sfânt bizantin, cu ochii albaştri mari, cu părul blond. S-a aşezat pe pat, s-a întins şi-n cinci minute a adormit. S-a trezit a doua zi pe la ora 12, a mâncat ceva şi iar s-a culcat.

Peste trei zile, înviorat, întremat, ne spune: „Am ajuns până la Cernăuţi..."

- Bre, bre, se miră Sandu, şi de-acolo te-au adus înapoi?

- După cum vezi, românule, nu s-au ruşinat; de acolo m-au adus înapoi, la Mănăstârca.

- Măi, Sandule, i se adresează Petre Lisandru cu politeţe subţire, nu eşti de părere ca noi toţi să păstrăm tăcere şi să-l lăsăm pe Andrei să ne povestească?

- Să încerc, bre, să încerc, dar eu nu garantez. Doar şi eu trebuia să plec cu Andrei; dacă n-ar fi fost pântecăraia, ajungeam la Iaşi...

- Aşa, ai ajuns la closet..., remarcă unul din popor.

- Pardon, pardon, se repede Sandu, nu-ţi permit, înţelegi?

- Măi, Sandule, închide pliscul şi deschide-ţi urechile. Poate să înveţi ceva bun de la Andrei, pentru la anul, puse capăt discuţiilor Ştefan Tumurug.

Andrei ne învăluie pe toţi într-o privire de frate:

- Spre deosebire de ceilalţi evadaţi, eu, după ce am mers vreo cinci kilometri prin apă, am plecat, nu spre Europa, ci spre Urali. Bănuiam că într-acolo n-o să mă caute nimeni. Şi bănuiala mea a fost întemeiată. Ceasovoii şi miliţienii m-au căutat repede pe drumurile care duc spre sud şi spre vest şi n-au dat de mine.

Am călătorit ziua, fluierând de dorul ţării, iar noaptea, ca tot omul, dormeam pe la margine de sate, pe căpiţe de fân. Am avut şi norocul unor săptămâni fără ploaie. Când am socotit eu că urmărirea s-a mai domolit, am ieşit la o gară, m-am lămurit încotro duc căile, ca orice om cuminte, am scos un bilet de tren şi iată-mă la Moscova. La început mă ispitea păcatul să călătoresc pe tampoane, pe acoperişuri de vagoane. E o prostie. Pentru că în gările mari, miliţia de pe acolo legitimează pe cei fără bilete. Şi eu căutam să fiu cât mai discret; nu-mi plăceau ochii miliţienilor. Cu bilet, aşezat comod pe bancă – aici nimeni nu te controlează de unde şi încotro –, cu mâinile în buzunare, stăpân pe situaţie, mă plimbam prin vagon, iar noaptea mă întindeam pe bancă şi dormeam.

În vagoane, după cum ştiţi, puţini călători. Ajuns la Moscova, am căutat direcţia gării pentru Kiev (Kievscaia) şi cer la casă un bilet de accelerat. Nu găsesc pentru ziua aceea şi, la fel, casiera îmi spune că abia peste trei-patru zile voi găsi un bilet pentru Kiev. Trei-patru zile m-am plimbat prin Moscova şi am văzut ce se putea vedea. Am cumpărat câte ceva de mâncare, iar de dormit, am dormit în sala de aşteptare. Rufoşi, ca de-alde mine, mai erau destui. Totuşi, miliţia controla mereu şi eu trebuie să fiu atent.

Cu biletul perforat de taxatoare, urc în vagon şi acceleratul înghite distanţele.

La Kiev, alte greutăţi, alte câteva zile de aşteptare şi în sfârşit pornesc spre Cernăuţi. Banii se împuţinaseră simţitor, iar în desagă rămăsese doar o bucată de pâine neagră. Călătoria cu trenul – îmi ziceam – e plictisitoare, dar cu piciorul durează mult şi e legată de o mie de riscuri. De la

Liov nu pleacă nici un tren accelerat spre Cernăuţi; trenuri personale sunt totuşi. Dar foarte aglomerate. Cu biletul pentru Cernăuţi în buzunar, încerc să pătrund într-un vagon, încerc în al doilea, nimic. Ce mă fac? Până la Cernăuţi sunt 60 de kilometri. Să mă duc pe jos? Nu! Să mai încerc.

La coada trenului, direcţia căilor ferate ataşase trei vagoane de marfă, cu bănci, probabil rămase aşa de pe vremea lui Tata Averescu, luate drept trofee de război. Mă caţăr într-un astfel de vagon. E noapte, în vagon nici o lampă. Oamenii fumează, tuşesc şi înjură pe Dumnezeu că rabdă atâta. Am trecut de Sneatin şi iată, pe la Grigore Ghica-Vodă, intru în ţară. Unii coboară, alţii se urcă. Multă vorbă de galiţieni şi mai tăcut, resemnat, graiul românesc. La lumina chibriturilor, văd frumosul nostru port naţional bucovinean şi intru în vorbă cu un moş cu pletele până la umeri, coborâtor dintre plăieşii lui Ştefan cel Mare. „De unde eşti, moşule?" „Apoi, de unde să fiu, nepoate? Ia, din ţara aceasta necăjită, din Boian, dacă-i auzit vreodată de numele aista!" „Am auzit moşule, ba chiar am fost pe acolo; frumoase locuri, omenoşi oameni!" „A fost o vreme când toate erau cu rânduială, dar acum, de când am fost daţi ruşilor, toate s-au stricat; nu mai este ţara, ţară şi legea, lege... Mă gândeam la zisa poetului nostru: «Din Boian la Vatra Dornei / A umplut omida cornii...!»" Întocmai. Trenul nostru mergea domol; are timp. Abia în zori va ajunge la Cernăuţi. Nu-i nimic; să mă văd eu în Cernăuţi – îmi ziceam – şi până la Bucureşti mai e un pas. Trec graniţa pe la Rădăuţi; iar trenul de acolo – la vale – şi gata. Mâine mă plimb pe Calea Victoriei. Moşul pufăia dintr-o lulea, repetând; „E rău nepoate, e rău cu lifta străină! Nu ştiu cum vom mai da de capăt. Rău ne bate Dumnezeu. Ne-a trimis şi rus şi secetă. E rău, nepoate...!" Se luminează de ziuă. Până la Cernăuţi mai sunt zece kilometri. Unii dorm de-a binelea, jos pe podea, alţii picotesc pe bănci. Ce se întâmpla înţeleg ceva mai târziu. Trenul încetineşte mersul şi, când vagonul se opreşte, ciocnindu-se cu vecinul în tampoane, în vagoane strigă unul „puneți mâna pe hoț" și se încinge o busculadă la care iau parte mai mulți călători. O femeie strigă disperată: „Mi-au furat banii!" Alta: „Unde mi-i geamantanul?" Vacarm, ghionți, gâfâieli. Câțiva se căznesc să-i lege pe hoți; aceștia se apără și când dau să sară din tren se trezesc în brațele milițienilor: „Ce-i mă, aici?" întreabă un milițian. Douăzeci de voci încearcă să lămurească povestea. Câțiva hoți „lucraseră" – la întuneric – pe drumul dintre Liov și Cernăuți. Cu ceva au greșit acești pungași, căci iată trei au fost prinși, legați și predați miliției.

Am simțit că aici e bucluc. Dacă încercam să plec repede, trecând peste orice obstacol, miliția m-ar fi crezut unul din bandă și m-ar fi urmărit. Mai bine stau pe loc. Ce-o fi, o fi!

Vin mai mulți milițieni, blochează ușa de la vagon și pretind legitimațiile. Eu de unde să le ofer legitimația? Mai erau și alții în situația mea.

Hoții au fost prinși, noi cei fără „pașaport" am fost poftiți să coborâm, și trenul de Cernăuți se vedea la un pas de mine! Mai întâi am amețit, apoi redresându-mă, mi-am zis: „Băiete, păstrează-ți calmul." Mi l-am păstrat când am fost introdus în biroul miliției. Cu perfectă stăpânire, am pus sub nasul șefului o dovadă ștampilată în regulă – din care reieșea că cetățeanul Andrei Mateiciuc a lucrat la fabrica de cherestea „Bradul Roșu", din regiunea Gorki, și că acum mă întorc acasă la Rădăuți. „Bun, zice milițianul, alt act mai ai?" „Nu am!" „Așază-te colo pe bancă și așteaptă." M-am așezat pe bancă. Am așteptat. Seara am fost băgat la beci. Am așteptat: o zi, două, o săptămână. După o săptămână, milițianul îmi spune: „De la Rădăuți ni se răspunde că nimeni nu te știe pe acolo, iar regiunea Gorki ne comunică că acolo nu este nici o fabrică cu numele de pe dovadă." Mă gândeam – în timp ce milițianul mă lua cu duhul blândeții – că nu poate exista o astfel de fabrică, de vreme ce eu și cu Sandu o fondasem! Noi făcusem ștampila și tot noi o botezasem „Bradul Roșu"!

Am trecut prin Cernăuţi, dar nu aşa cum am dorit, ci cu escortă. De acolo am fost trimis la Moscova. De data aceasta gratuit. Şi acolo, la Ministerul de Interne, nu mai era nici o posibilitate de tăgăduială. S-au crucit toţi de felul măiestru cum am ajuns până în ţară.

Acum, iată-mă între voi. Stau şi mă gândesc. Dacă îmi ascultam inima, plecam la Liov pe jos. Actul era bun. Nu avea nimeni nimic cu mine. Lăcomia, parcă trasă de nerăbdare... Voiam să ajung cât mai repede la Bucureşti... Acum, ce zici, Sandule, încercăm şi la anul?

- Să crap, dacă nu merg – şuieră Sandu – amărât că nu a trecut şi el pe la Cernăuţi.

Dar n-a mai fost nevoie de aşa ceva. Andrei şi Sandu, cu cei mai mulţi dintre români, au plecat spre ţară la 1 Mai 1948.

Pe Andrei l-am întâlnit la Canal. L-am întrebat: ce zici, Andrei? Încercăm?

- Părinte, bat-o focul de America, tare-i departe. Să mă mai gândesc! Poate până atunci vine America la noi.

- Andrei, prietene, lung e drumul... Să vedem ce-o mai fi şi la anul. Ai răbdare...

Artă

În epoca războiului, oricât ai fi căutat, n-ai fi găsit hârtie. Iar dacă din întâmplare descopereai o coală de hârtie, aceasta constituia obiectul unei admirații generale. Oamenii o pipăiau, o miroseau și pronunțau, ca o invocare: „hârtie, hârtie”.

Am reușit odată să cumpăr o jumătate de coală. M-a costat solda mea pe trei luni. Dacă o descoperea administrația, pe lângă faptul că o confisca, urmau și diverse pedepse. Adusă la bordei și trecând din mână în mână, ne-am convins, în fine, că în U.R.S.S. s-a descoperit hârtia și că marilor ei savanți li se cuvine brevetul.

De obicei foloseam papirusurile, ca vechii egipteni. Mesteceni erau destui. Doar noi tăiam pădurile. Tăiam, pe dimensiuni mici, tulpina mesteacănului și apoi îi desprindeam coaja argintie. În bordei, cu atenție mărită, desfăceam coaja până la foițele subțiri, fine, ca hârtia olandeză. Tăiată pe dimensiuni mici și cusută cu ață, formam volume, extrem de atrăgătoare. Papirusurile noastre erau de culoare albă, roz-pal și adeseori galben-verziu, ca gălbenușul oului de rață. Ca să citești, trebuia, cu atenție mărită, să dezvălui filă cu filă. Volumul se usca și, dacă umblai cu neglijență, foile se măcinau. Noi am reeditat pe de-a-ntregul povestea papirusurilor Alexandriei, până la finele captivității numai pe această hârtie am scris, și multe volume de acest fel au reușit să fie aduse în țară.

Pentru cei care învățau limbi străine, erau mai la îndemână scândurile și placajele. Ba chiar mi-aduc aminte că în iarna lui 1944, un poet necunoscut umbla prin bordeie cu o scândură lungă de 2 metri, pe care, cu un cui, își tipărise opera, și-și citea poeziile, dacă erai dispus să-l asculți.

Matematicienii și inginerii foloseau cărămizi și pietre lustruite.

Lipsea total cerneala. Cine avea un vârf de creion chimic, parcă ar fi avut o mină de aur.

Cu multă greutate, totuși, puteai să faci rost de un creion, pe mahorcă. Numai ce vedeai câte un școlar de 10-12 ani că te ispitea cu un creion bont. Începea târgul și până la urmă intra în lagăr încă un creion.

Până în primăvara anului 1947 a fost o epocă de înflorire a papirusului cum nu s-a cunoscut nici în evul antic, însă în primăvara acelui an „se descoperise" hârtia. Foile de mesteacăn au fost încet-încet părăsite. Se întâmplase o minune. În lagăr s-a înființat o cantină și, în urma unei inspecții ministeriale de la Moscova, la cantină au apărut hârtie, creioane și anilină pentru cerneală. Hârtia era de calitate inferioară, din aceea care se așternea pe mese la cârciumile periferice, și destul de scumpă. Dar noi eram bucuroși că, în fine, puteam să scriem pe hârtie. Pentru noi a fost o surpriză tare plăcută. Pe această hârtie se putea vedea – în zare – marca fabricii de la Bușteni. Bucuria noastră a fost și mai mare când am citit pe ambalajul unui val de hârtie cuvântul „Letea". Ei, ziceam noi: „Scumpa noastră țară nu ne uită, dă tot ce are celor ce nu au nimic."

Războiul se terminase de doi ani, ba se făcuse chiar și pace cu Germania și noi încă trăiam în pădure. Soarele lucea, cerul era albastru și ciocârlia cânta în înălțimi. În aceste condiții, cu toate dorurile neostoite și cu gândul întors veșnic către Carpați, când a plesnit mugurul în mesteceni, a sunat și coarda sensibilității în sufletele tăietorilor de păduri. Și pe colile de hârtie, prefăcute în carnețele, au început să se înșire cuvinte care încercau să spună ceva; doruri, speranțe, melancolii și ici-colo câte o idee. A apărut poezia, a apărut proza și, ca o necesitate organică, s-a înființat brigada caligrafilor, au apărut legătorii şi cei ce scriau titlurile în relief. Parcă s-ar fi ridicat din morţi bătrânul Eliade, cu al său îndemn: „Scrieţi băieţi, scrieţi numai". Şi băieţii oftau şi scriau. Şi deoarece poezia era mai la îndemână, trebuia mai puţină hârtie, iar ideile se puteau condensa în câteva strofe, şi pentru că toată lumea cunoştea prozodia, toate gradele, până la căpitan – inclusiv – cultivau versul, iar de la maior în sus, proza. Proza presupune maturitate, experienţă în conducerea condeiului pe hârtie, cunoaşterea oamenilor şi felul de a construi. Maturii lagărului, de la maior în sus, scriau deci romane, vezi bine, în timp ce „imberbii" făceau poezie.

Şi aşa se face că, aducându-ne aminte de justa constatare a bardului de la Mirceşti că „românul e născut poet", zi după zi şi lună după lună, am ajuns spre toamnă, după o statistică riguros controlată, că, din două mii de ofiţeri români, o mie aveau sub căpătâi un volum frumos caligrafiat, ca o ediţie de lux, pe care, în colţul din stânga sus, scriseseră „bun de imprimat".

Cealaltă mie de români se împărţea aşa: opt sute de prozatori, o sută care jucau table, cincizeci de cartofori, zece matematicieni, zece nebuni şi treizeci de oameni de omenie.

Şi aşa cum erau împărţiţi pe diverse preocupări, viaţa ar fi curs frumos, dacă scriitorii ar fi fost oameni de treabă. Nu ştiu de unde apăruse o idee printre poeţi şi prozatori – că un poet ca să rămână pur, original, şi să iasă de sub orice influenţă străină, trebuie să nu citească nimic. Mai ales nu trebuia să citească ediţia definitivă a vecinului. Aşa se explică faptul că în lagăr, în această perioadă de timp, toată lumea crea, dar nimeni nu citea. Or, poeţii – aşa e natura lor – sunt foarte măguliţi de aprecierile superlative. Însă ca să ajungi la cuvinte măgulitoare, trebuie mai întâi să citeşti opera. Abia acum începea nenorocirea noastră, a „oamenilor de treabă". Deoarece scriitorii îşi zâmbeau protocolar şi se dispreţuiau reciproc, s-au uitat împrejur şi şi-au zis: „Trebuie să găsim cititori, ca să ne aprecieze şi să creştem în admiraţia lor."

Şi au plecat din bordei în bordei, în căutarea oamenilor de omenie. Din pricina zăpăcelii în care se complăceau, uneori nimereau la câte un tablagiu, rugându-l: „Citeşte, rogu-te, genialele mele poezii sau romanul meu ultramodern", şi li se răspundea: „Da', lasă-mă domnule în pace cu prostiile astea! Altceva nu ai de lucru? Învaţă limba japoneză. Aşa, măcar te perfecţionezi la desen". Şi bietul poet, extrem de iritat pentru că era neînţeles, zicea printre dinţi: „Aşa a fost întotdeauna. Geniile n-au fost înţelese de contemporani. Abia posteritatea, dacă le recunoaşte meritele, îi declară academicieni post-mortem şi le ridică statui."

Sandu le-o reteza net: „Mă, nu vezi că scrii prostii? Nici fond, nici formă, nici armonie; ca să-ţi citesc idioţiile, înseamnă să renunţ la limba turcă – Sandu era pasionat de limba turcă către finele captivităţii. Te rog să mă slăbeşti cu poezia ta. Dacă vrei o ţigară, poftim."

Poetul pleca ameţit, parcă lovit cu leuca în cap. Se întorcea la patul lui, deschidea caietul şi privea: hârtie bună, scump plătită – caligrafia clasa I – şi fondul, ce să mai zicem?

Sandu avea pretenţia că a făcut studii de estetică. Dar toată estetica lui se reducea acum la memorarea dicţionarului turcesc, ajutat de Galip Abdulah Haeredim, de la Medgidia (locotenent Reg. 6 Vânători).

În bordeie e linişte amarnică. Nici musca nu se aude. Când te mişti, păşeşti precaut, în vârful bocancilor. Sus, pe cracă, un poet cu barbă până la brâu stă cu ochii în bagdadie, vede el ceva acolo. La o măsuţă jos, romancierul, cu creionul între dinţi, meditează asupra felului cum trebuie să-şi omoare eroina infidelă. Colo, unul rezolvă o problemă, iar părintele Mărăcineanu se frământă cu versificarea parabolelor evanghelice.

Sunt foarte mulţumit de această linişte, pe care n-o impune nici o autoritate. Însuşi şeful bordeiului nostru citeşte şi rezumă „Bazele leninismului". Se pregăteşte să devină om politic.

Mi-a căzut în mână o carte bună. Cine ştie cum a ajuns până la Mănăstârca! E vorba de „Memoriile" lui Pârvan. Mă opresc la fiecare frază. Fiecare cuvânt e pus la locul lui, şlefuit, ca o piesă rară. Constat că nimeni, în graiul nostru, nu a cultivat stilul preţios aşa cum l-a făcut Pârvan. Citesc cartea cu nesaţ. După Evanghelie, vine Pârvan. Aici stau izvoarele trăirii noastre româneşti. Toţi cei ce-au citit unul din eseurile cărţii rămân în admiraţia acestui mare suflet de gânditor român.

Pârvan a fost cel mai citit, după Sfânta Carte. Copiat şi multiplicat, studiat şi comentat, a însemnat cea mai preţioasă lectură pentru români. Nu aveam totdeauna suficiente cuvinte de laudă cu care să-i facem recomandarea prin bordeie.

Tocmai citeam „De Parentalia", când se apropie de măsuţa mea un poet tânăr, fără barbă, politicos, cu haina peticită.

- Părinte, m-a trimis Sandu până la dumneata. Mi-a spus Sandu că aveţi o deosebită înţelegere pentru poezie. Am venit să vă rog să citiţi câte ceva din opera mea.

- Păi, eu sunt călugăr, dragă domnule, şi cu poezia stau rău. Dacă mă întrebi ceva despre canoanele Sfântului Vasile, apoi eu te lămuresc, cu dragă inimă. La poezie nu mă pricep. L-am citit, zilele acestea pe Lope de Vega şi când am ajuns la poezia intitulată „întoarcerea învinşilor", mi s-a părut că acolo e vorba de noi şi-am închis cartea. Tot aşa mi-a căzut în mână un volum de Victor Hugo şi, la fel, m-am oprit când am citit că ruşii, după Borodino, îi iau ceasul mareşalului Ney. Iată, l-am citit şi pe Arghezi şi m-am oprit la „Psalm"! Constat că n-am puterea să merg până la capăt. Du-te la Mănescu Valentin, el se pricepe.

În timp ce Valentin duce tratative cu poetul, eu stau şi mă gândesc: Doamne, ce prăpăd va fi la Societatea Scriitorilor când, numai din Rusia se vor întoarce o mie de poeţi şi opt sute de prozatori! Dacă mai adaug la numărul lor şi pe cei ce se vor întoarce din apus, să vezi atunci bătălie pe locurile din Parnas!

Într-o zi, m-a pus păcatul şi am cedat stăruinţelor unui prozator. Din acea zi mi-am pierdut toată liniştea. Mi s-a făcut reclamă și reclama a prins repede, că sunt om de treabă, nu scriu nici poezie, nici romane și că în schimb citesc. La asta s-a mai adăugat că sunt călugăr și, ca atare, am o deosebită înțelegere pentru slăbiciunile omenești.

La început ziceam și eu că, în definitiv, a scris omul trei sute de pagini, le-a pus un titlu și sub titlu cuvântul „roman". Ei, și? Ce, a omorât pe cineva? Așa am crezut la început. Apoi însă am văzut că lucrurile altfel stăteau. Las' că-n romane toate personajele mureau împușcate, otrăvite sau înecate – ca și cum viața nu se putea încheia și frumos – dar pericolul, pentru umila mea persoană, era extrem de mare. Am fost la un pas de a mă intoxica cu aceste lecturi. Nenorocirea mergea încă mai departe. Romancierul citit – mândru, plin de importanță – anunța în cercul lui: „M-a citit părintele călugăr și mi-a spus că, cu scrisul meu, revoluționez literatura română. În mod sigur voi fi tradus și în limbile popoarelor din Apus..." În sufletul lui se umfla și plesnea de aroganță. Îl vedeai plimbându-se pe aleea din fund, cu manuscrisul la subțioară. Era posibil ca un invidios să i-l pună pe foc.

Făcusem, păcatele mele, câteva aprecieri măgulitoare... De aici a urmat toată tulburarea mea. Poeți, prozatori, eseiști făceau coadă la patul meu și-mi ofereau spre citire operele lor. Politicos și smerit le primeam și vraful manuscriselor creștea pe masă, pe pat și, când n-au mai avut loc, le-am mutat la Valentin sub grindă.

- Ce facem, Valentine?

- Citim, părinte, citim.

Muscă râdea. Dintre toți oamenii de treabă, numai el scăpase de poeți. Noi, ceilalți 29, citeam și împărțeam laude, în dreapta și-n stânga.

Până într-o zi, când am simțit așa, ca o rușine, pentru ceea ce făcusem. Și i-am atras atenția lui Valentin: „E timpul să le spunem oamenilor adevărul gol, goluț. Astea nu sunt romane, și nici caietele nu cuprind poezii". Valentin a râs: „Încearcă, părinte!"

Am încercat. Mi-am ridicat în cap tot lagărul. Norocul meu a fost că mi-au sărit în ajutor Valentin, George Fonea, Haralambie Ţugui şi încă vreo câţiva. Am stat noi la sfat de taină şi am hotărât să punem ordine în literatura română locală. Nimic nu ne îndreptăţea să facem acest lucru, dar, la fel, nu se găsea nimeni care să ne împiedice.

Două luni de zile am selectat cele mai bune poezii şi câteva pagini de proză. Aceste lucruri le-am copiat într-un caiet în care am mai adăugat câteva poezii din literatura universală, pentru lămurirea stihuitorilor lagărului despre ceea ce însemna poezia de calitate. Am mai adăugat şi cinci prezentări de romane – din care prozatorii noştri puteau înţelege care-s regulile de construcţie pentru romane. Am tras două ediţii după acest caiet, pe care l-am pus în circulaţie sub formă de fascicule. Sus, pe copertă, era scris, semnificativ, „Florile dalbe". Iar în seara de Crăciun, acest caiet stătea sub ramurile bradului.

Paralel cu aceasta, am împrumutat de la celelalte naţii câteva zeci de cărţi de valoare care s-au tradus în graiul nostru. Dintre acestea amintesc: „Viaţa lui Iisus" de Giovanni Papini, „Focul" lui D'Annunzio, Enciclopedia de istorie, din 1936, scrisă la Berlin, câte ceva din Teodor Birt („De la Homer la Socrate") şi altele.

În iarna care a urmat, până în primăvara lui 1948, s-a scris mai puţin şi mai cu atenţie. Lucruri însă care nu rămân.

Apoi a venit momentul ca românii să plece spre ţară. La 1 mai 1948, autoritatea rusă a hotărât eliberarea noastră, după un ordin al ministrului de Interne. Am plecat acasă fără nici o hârtiuţă scrisă. Câtorva încercări de a camufla „opera" li s-a răspuns prompt, cu reţinerea autorului în lagăr.

Atunci, între bordeie, s-au aprins focuri. Iar Sandu, marţial, striga: „Bre, a venit vremea de apoi! Se reeditează acel strămoşesc «opus ignis, auctor patibulos»."[29]

[29] cartea pe foc, şi autorul la spânzurătoare.

Lui Sandu îi părea rău după caietul cu „glosalalie" (felurite limbi). Dar eu îmi ziceam, cuminte: Dumnezeu a ferit literatura română de o pacoste. Toate producţiile ardeau în timp ce autorii îşi plângeau caietele.

Acum, după trecerea anilor, cred că ar fi fost valoroase aceste caiete – de orice natură ar fi fost cuprinsul lor – pentru o expoziţie documentară.

Dar postumele regrete rămân simple regrete.

Focul a mistuit şi gânduri şi simţiri omeneşti. A fost secolul lui „opus ignis" de teamă ca nu cumva „auctor" să ajungă în „patibulas".

*

În muzică au fost câteva încercări reuşite. De numele lui Haralambie Papadopol este legată amintirea unui „poem rustic" cu care orchestra de la Mănăstârca ne-a făcut cunoştinţă într-o duminică din iarna lui 1946. Tot Haralambie a compus, lucrând ani de zile, răspunsurile mari la liturghia ortodoxă şi un concert religios pe tema prohodului Domnului, din Vinerea patimilor. Este atât de temerară această încercare a lui Haralambie şi atât de nouă în conducerea subiectului încât, dacă el va fi reuşit – urmează ca specialiştii să-şi spună cuvântul –, vom avea, pentru muzica noastră religioasă, primul oratoriu ortodox.

Arta minoră a înflorit şi ea. Mă refer la sculptură. Câteva nume vor rămâne mereu treze în amintire. De numele lui Nicolae Chivulescu sunt legate splendide realizări în lemn de măr pădureţ sau în os de cămilă. Amintesc de o cruce, de 25 cm înălţime, lucrată numai în os, cu o broderie de flori şi figuri săpate, care îi va pune în mare încurcătură pe renumiţii călugări – fraţii Urmă de la Neamţ. Apoi căpitanul George Stoica, din mâna căruia au ieşit giuvaeruri, cruciuliţe, casete frumoase etc... Îmi aduc aminte şi de o iconiţă pe lemn de mir, care reprezenta pe Sfânta Fecioară cu Pruncul în braţe. Iconiţa a fost singura realizare în acest gen ieşită din talentul şi priceperea lui Teodor Dan. Dar

Teodor Dan avea şcoală înaltă în materie, fiind un rafinat estet; dovadă, încercările lui poetice...

Dar cea mai frumoasă realizare stă sub bătaia crivățului, la căpătâiul celor ce căzuseră, în Poiana Morii – troița de mesteacăn şi stejar, frumos sculptată prin migala meşterilor români.

Poate că vânturile şi iernile grele vor fi culcat-o la pământ. Păcat... O astfel de troiță ar fi trebuit să fie închisă într-un clopot de sticlă şi păstrată pentru generațiile viitoare. Nu se putea imagina ceva mai armonios, mai suplu, mai desăvârşit.

Nemții, când au văzut-o, au expus-o mai întâi în mijlocul lagărului, şi ceilalți străini spuneau: „Aceasta-i artă mare! Ce potențe zac, încă nebănuite, în sufletul românesc!"

*

Avea dreptate Valentin Mănescu când afirma: „Părinte, noi ne dezvoltăm aici ca o insulă românească. Facem şi artă, după putința locală. Chiar dacă nu e perfect reuşită, trebuie apreciate încercarea şi năzuința."

Florile dalbe cu tristețile lor

Când veneau sărbătorile, ni se topeau inimile după Țară. Dacă dorul nostru călătorea spre pajiștile înflorite de lângă Dunăre, culegeam viorele și toporași, pentru ca, în Vinerea patimilor, să le aducem jertfă lui Iisus Cel răstignit.

Iar în dimineața Învierii, făceam buchete de ciuboțica-cucului și le puneam la icoane, în pădurile bătrâne de pe la Himosu. Frunza crudă înverzea, iar sub poala codrului ningea roz-albul florilor de măr. În acele zile de la începutul primăverii trăiam chinuri care ne duceau până în pragul nebuniei...

Venea iarna cu viscole și zăpezi cât omul de mari și rămâneam blocați, până la topirea nămeților. Și iată că, în mijlocul iernii, făceam popas, cu aduceri aminte în cinstea lui Moș Crăciun și a bădicăi Traian. În acele zile uitam că suntem în lagăr și trăiam tradițiile, ca în satele noastre de sub Carpați.

Și, pentru că tradiția reprezintă viața spirituală a unei nații, cu bogatele și adâncile ei manifestări, și legătura cu trecutul glorios al neamului și cu manifestările lui religioase, comisarul politic nu era de acord cu păstrarea acestor tradiții în lagăr. Însă aici s-a izbit de o așa rezistență, că a dat înapoi. Și au încercat, peste tot, aceste comisariate să preia și să organizeze oficial – în lagăre – aceste serbări. În locul colindelor care au plecat, acum două mii de ani, de la stâna baciului Crăciun, comisariatele introduceau colinde și cântece populare „progresiste". În dosul fiecărei fraze muzicale, vedeai acțiunea politică a stăpânului. Steaua avea doar cinci colţuri, iar Moş Crăciun îşi schimbase identitatea, poreclindu-se Moş Gerilă.

Aşa a fost în fiecare an.

Dar în fiecare an, paralel cu ceea ce organiza stăpânul la club, noi sărbătoream în bordeiele noastre, păstrând curate, ca aurul lămuit prin foc, colindele străvechi şi pluguşorul, cu împăratul Traian.

La Crăciunul lui 1948, în lagăr, la Mănăstârca, în toate bordeiele ardeau feştile între ramurile pinilor. Între ramuri atârnau jucărele confecţionate din placaj şi carton. Pentru cine erau toate aceste nimicuri? Inimile celor ce împodobiseră bradul le închinaseră copiilor care, în colţul de sub icoană, alături de mămica lor, îl implorau pe Moş Crăciun să-l aducă pe tăticul înapoi.

În bordeiul 15 ne adunam şi lângă bradul din colţ, la lumina opaiţului, cântam colindele Pruncului născut în Betleemul Iudeii. Uşor, liniştit, ca într-o poveste spusă de bunic, se depăna firul sfintelor amintiri. Ultimul colind aducea rouă în ochii tuturor robiţilor.

„Sub fereastra amintirii ne-adunăm,
Sufletul de altădată-l colindăm,
Cad nămeţii şi pierim
Fără cruce, fără ţară, velerim!
Trec în caravană magii dorului
Peste fruntea rece a luptătorului.
Brazii ard în vatra vechiului cătun,
Noi purtăm colindul unui nou Crăciun.
Gândul nostru-n gândul ţării să-mpletim
Flori de gheaţă-ntr-o cunună, velerim!"

Cu sufletul greu de amintiri şi sub biciuirea crivăţului zburlit printre nămeţi, ne întorceam la bordeiele noastre.

*

În seara dinspre Anul Nou, la fel adunaţi, îl aduceam în bordeiul nostru pe bădica Traian, îl gospodăream în Dacia şi-l pofteam să se apuce de arat şi semănat „pe câmpiile mănoase de sub mărul rotat." Şi, la culesul recoltei, toţi eram prezenţi, apoi treieram, mergeam la moară şi gospodinele scoteau din cuptor „un colac mare frumos, ca şi faţa lui Hristos" – din care ne făceau şi nouă parte dreaptă. Toată plugăria noastră şi întâlnirea acestui popor de ţărani cu „faţa lui Hristos" o desfăşuram ca în „înşiră-te mărgărite" în pluguşorul daco-roman, stropit cu busuiocul misionarilor creştini.

De aici se trăgea toată rezistenţa noastră, ca neam. Din tradiţii, pe care nu le întâlnim la vecinii noştri, din ortodoxia românească ce, păstrând pură şi neatinsă dogma, se manifestă după înţelegerea noastră, umanizându-L pe copilul Iisus şi încreştinându-l pe bădica Traian.

A doua zi, porneam pe cărările unui nou an, cu sufletul curăţit de zgură şi de cenuşă.

Dar la Anul Nou din 1948, n-a mai fost aşa.

De la club, de la comisarul politic, din casa stăpânilor a fost trimisă repede vestea care a coborât în sufletele noastre tristeţe de moarte: regele fusese înlăturat de la domnie.

Ultima rezistenţă a neamului fusese îndepărtată. Neamul rămânea singur să se zbată, să sângereze, să umple închisorile.

De mii de ani noi am avut voievozi şi domni la cârma ţării. Regele, care le-a urmat, a însemnat stabilitate şi aşezare. Iată-ne, în pericol, pe timp lung şi greu, sub dominaţie străină. Un nou val de întuneric peste ţara noastră, care primise lumină de la popoarele Apusului şi care strălucise tânără, radiind prospeţime. Acum intram sub influenţă euro-asiatică; ne întorceam forţat în întuneric. Sub bagheta mongolului de la Moscova, trebuia să repetăm, până la năucire: trenul era inventat de ruşi, radioul de Popov şi altoiul de Miciurin, iar ariciul cel mai ţepos stătea în grădina Kremlinului.

Copiii ţării au început să repete lozinci sforăitoare, făcând cozi în faţa brutăriilor. De când nu mai ară bădica Traian, nu mai este pâine în „ţara pâinii". Mana pământului dunărean hrăneşte şi îndoapă goliciunile asiatice. Trenuri după trenuri duc spre răsărit bogăţiile nepoţilor dacilor.

Bădică Traian, pregătește-ți legiunile și, cerând ajutorul lui Hristos, vino de ne mântuiește de balaur. Să împletim iarăși un colac din grâu arnăut, tot atât de frumos ca și fața lui Hristos și să-l mâncăm pe iarbă verde, la umbra mărului rotat al țării noastre, ciocnind bărdacele cu vinul spumos de la Năpădeni. Bădică Traian, la tine-i speranța.

*

În seara acelui An Nou, n-a mai fost voie bună în bordeiele noastre. La palida lumină a opaițelor stăteam tăcuți, duși pe gânduri. Aurelian, împins de barbari, părăsise Dacia. Venise peste țară un val de întuneric. Ne aflam oare la începutul unui nou Ev Mediu?

Golodovca[30]

Sunt zeci de ani de când în Rusia nu s-au mai pomenit greve.

Poporul, după ce a luat puterea în propriile sale mâini şi după ce şi-a instituit o dictatură proprie, o „democraţie” cum nu a mai cunoscut încă istoria, cuprins de fericire, victorios şi stăpân, a băgat gâtul în ham şi hai la drum. Că e rău? Că ţi-e foame? Că nu ai unde te oploşi cu ai tăi? Astea sunt probleme care se vor rezolva, tovarăşe! Răbdare, răbdare, ţara e bogată! În pământ sunt multe bogăţii şi toată lumea va fi fericită. Mai întâi vom sacrifica două, trei generaţii şi pe urmă, pentru cele ce vor urma, vom organiza raiul pe pământ. Lucrătorul, ca şi ţăranul, rabdă, stă la rând în faţa magazinului unde îşi primeşte porţioara. Porţioara aceasta i se dă, planificat, de împuterniciţii lui, aleşii poporului, care însă nu au nici un motiv să-şi sacrifice prezentul lor opulent, în favoarea celei de-a cincea generaţii.

Dimpotrivă, organizând regimul muncitoresc, recomandă acestuia să-şi îmbunătăţească situaţia, lucrând ore în plus, depăşind norme şi supranorme, iar rezultatul final, pentru omul de rând, stă în aceea că trebuie să-şi strângă cureaua pe buric. În acest timp, cei ce împart prada pun osânză. Răbdare, tovarăşe, răbdare, foarte curând poporul nostru va avea parte de atâta fericire, cum nici nu visează burghezii. Şi, în fond, este cineva împotriva regimului? Să se ridice în picioare! Nimeni nu se ridică în picioare. Nimeni nu

---

[30] greva foamei

protestează. Noi singuri, muncitorii, am instituit acest regim. Putem ieşi în stradă? Putem face grevă? Să nu fie! Până şi din dicţionare a fost scos cuvântul „grevă". Da, grevele merg în ţările Apusului, unde proletariatul duce lupta cu capitalismul, cu dorinţa de a-şi lua soarta în propriile mâini. Dar, la noi grevă?! Împotriva cui? Împotriva noastră?

Aşa argumentează „osânza" şi poporul tremură în aşternut de frica securităţii.

Ţăranul umblă cu opinci de tei şi lucrătorul stă într-o cameră cu pereţii de scânduri – ca să-l audă vecinul că îndrăzneşte să ofteze, cu paturi suprapuse, copiii dormind pe lângă pod, hrăniţi cu mei şi varză de Karelia, iar intelectualul, fricos ca un iepure, se strecoară cum poate, fără gânduri, fără opinii – fiind mereu de acord cu statul: „da, da şi nu, nu" după cum primeşte comanda.

Pentru a se mântui, oamenii aceştia trebuie învăţaţi să trăiască liberi, să gândească, să se mişte.

În iunie 1946 aram cu cazmaua poienile de la Şoniha – câteva sute de hectare. Hrana zilnică consta din varză murată, urzici conservate şi tărâţe coapte sau fierte.

Mare mirare a fost pentru stăpânire când, într-o zi, cei de la Oranki au refuzat să mai iasă la lucru. În ziua următoare s-a molipsit şi Mănăstârca. Au început izolări, încarcerări, dispersări prin alte lagăre. Unitatea dintre români era încă sfărâmată pe considerente politice şi greva nu a reuşit. Toată vara aceea au fost ciocniri cu autoritatea. După alegerile din noiembrie 1946, când ruşii s-au văzut stăpâni în România, muncile au devenit din ce în ce mai grele şi regimul, tot mai neomenos. Eram duşi la muncă chiar în zile de sărbătoare. Greva noastră totuşi a fost o încercare de protest. Chiar dacă n-a reuşit pe de-a întregul, încă rămâne ca un gest de omenească răzvrătire împotriva regimului comunist.

Apoi s-a făcut pace la Paris. Comuniştii, care fac tărăboi pe tema imperialismului, ne-au luat Basarabia şi Bucovina, gurile Dunării şi, intrând în Cehoslovacia, au luat

Ucraina subcarpatică, pentru că cine stăpâneşte masivul Boemiei e stăpân pe Europa centrală. De asemenea, au luat sudul Poloniei până sub Cracovia, fără nici un fel de justificare, împingând pe polonezi pe Oder, pe Elba. Cehilor le-au luat Ucraina subcarpatică – care de mii de ani aşteaptă plângând încorporarea în patria mumă. Tot comuniştii au luat finilor Karelia şi regiunea Petsamola, chiar s-au întins şi în nordul Norvegiei, căutând o ieşire spre Atlantic. Pe urmă, a fost bine. Armata e la Berlin, la Viena, la Adriatica şi numai la 30 de kilometri de Constantinopol. Hai să organizăm greve în Apus, cu pâinea de la gura flămânzilor noştri, hai să mâncăm coloniile, cu aurul furat – de unde s-a putut – şi corul brotăceilor de la Moscova să strige asurzitor: „Pace, pace, luptăm pentru pace", încheind cu „coexistenţa paşnică".

În februarie 1947 s-au ratificat tratativele de pace cu ţările învinse şi noi trăgeam mereu la ham.

A venit vara. Speranţele cresc, în lume e pace, dar lumea se pregăteşte de război. Noi lucrăm pe la colhozuri. Nu pleacă nimeni spre ţară. Apoi a venit toamna şi am cules ceea ce nu era de cules. A venit iarna şi a plecat regele. După ce am cântat colinde, zăpezile s-au aşezat mari cât casele şi noi, conservaţi în geruri, ne întrebam: „Mă, au trecut patru ani de la armistiţiu, s-au pus tot felul de iscălituri pe o mulţime de acte, e drept că nu soarta prizonierilor este principala problemă pentru anul 1948, dar şi aceasta trebuie rezolvată". Ba, noi, fiind direct interesaţi, socoteam că de mult trebuia să fim pe la vetrele noastre. Mereu întrebat, comisarul politic ne răspundea: „Ţara voastră nu vă vrea". E drept că nici noi nu-l vrem pe Petru cel Groaznic. Dar ce era comun între Ţară şi Groza?

Ţara gemea sub călcâi străin şi ne aştepta cu braţele deschise, iar Groza reprezenta sluga stăpânirii. Ţara ne aştepta – erau familiile noastre, satele şi munţii, dar sluga nu ne vroia. Simţea că noi i-am citit vrerile, ştia că noi vedem întunericul ce venea peste ţară. Se temeau – Groza şi partida slugilor – că noi le-am pune piedici în vânzare. Pricepusem că înțelegerea dintre stăpân și slugă era să ne macine acolo, în păduri și în hamuri. Unii, încercând politica stăpânului, ziceau: „Dacă țara nu ne vrea, atunci trimiteți-ne în America”. „Nici asta nu se poate – răspundea politrucul, speriat. Voi puteți face rău și acolo. Schimbați-vă ideile, fiți alături de noi și vă trimitem în țară. Acolo vă facem oameni mari. Altfel, mai stați aici. Este destulă reacție în România. Voi, dacă vă duceți acolo, măriți numărul potrivnicilor noștri.” „D-apoi, nu-i Uniunea Sovietică prezentă în România, chiar cu armata, iar guvernul nu este al vostru...?!” „Da, dar nu suntem încă destul de consolidați, iar voi ne sunteți dușmani. Mai rămâneți aici și gândiți-vă la propunerea noastră. Uniunea Sovietică este tare, puternică, generoasă, nu-i pasă de voi, dar totuși vrea să vă ajute. Iar voi îi întoarceți spatele. Treaba voastră!”

Îmi aduc aminte că la Oranki, când Ana Pauker se căznea să rupă unitatea noastră, un colonel rus, Novicov, care o însoțea, ne-a spus o scurtă istorie, ca exemplificare pentru nehotărârea noastră de a trece de partea pauker-iștilor. Zicea el că, după reușita revoluției – în 1918 – la Petrograd au fost luate captive câteva mii de ofițeri, cărora li s-a făcut propunerea să treacă de partea armatei roșii. Aceștia au cerut timp de gândire. Pentru că gândirea se simte mai liberă când depui un efort fizic, acești captivi împrăștiau bălegarul dintr-un grajd unde erau adăpostiți, iar a doua zi, îl adunau la loc, grămadă. Și tot gândeau. De vreme ce, la desele întrebări care li se puneau, răspundeau că nu sunt încă hotărâți și că mai au nevoie de timp, pentru o matură reflectare, regimul comunist, înțelegându-i perfect, le-a legat câte o piatră de gât și i-a aruncat în Iagoda. Oamenii aceia gândesc și astăzi, în fundul lacului. Ana Pauker fuma o țigară de mahorcă și adăuga cu glas spart, de bețivă: „Pui de cățea – eram feciorii leoaicei de la Roma – vom trece peste cadavrele voastre...!”

Și iată, trecuseră cinci ani. Ana Pauker era ministru de externe și țara nu ne vroia.

O dată în viață am gândit just și ne-am hotărât singuri soarta – să mergem așa, până la moarte. Puneam chiar viața noastră preț pentru dragostea de Dumnezeu și neam.

Ajunseseră în țară „voluntarii” (procomuniștii) și până la noi a ajuns vestea că acolo ei împărățeau.

Noi trăgeam la ham și doineam de dorul Țării.

Puternic este sentimentul ruperii de pământul strămoșilor tăi! Chiar dacă, ajunși acolo, ne-or băga în ocne, noi doream să ajungem acasă. De-om muri, cu frunțile senine, mormântul să ne fie lângă biserică, în pământul dunărean; să ne odihnim oasele, alături de bunici... Am hotărât să mai facem o încercare.

Era la începutul lui februarie. Frig, ger cumplit, trudă de rob. Țara era departe!

Seara, în bordei, la lumina opaițului, unul câte unul ne îndreptam către comandantul bordeiului. Tăcute, mâinile așază în fața lui hârtii mici, pe care era scris: „Din acest minut intru în greva foamei, până ce autoritatea sovietică îmi va răspunde, în scris, care este data când vom fi repatriați noi, românii!”

Apoi, oamenii se lungeau pe paturi.

- Ce-i asta, domnilor?, întreabă comandantul bordeiului.

- Este ceea ce scrie în declarație...

Acesta aleargă cu declarațiile la stărșie (comanda interioară a lagărului). Aici se adună, unul după altul, șefii de bordeie, cu declarațiile.

Starșele speriat aleargă la comisar. Comisarul galopează la colonelul Verbițchi, comandantul celor două lagăre, care hotărăște: „Să-i lăsăm în pace, se vor sătura de grevă, se vor plictisi și o vor sparge singuri.”

S-a lăsat de mult noaptea neagră, dar telefonul zbârnâie spre Nijni-Novgorod, spre Moscova.

Ofițerii ruși, în alarmă, trec cu pași de pâslă, prin bordeiele românilor. Aici e liniște adâncă, toată lumea doarme.

Suntem la Mănăstârca 1500 de români, dintre aceștia 300 sunt voluntari antifasciști, iar restul, 1200 de români, nevoluntari.

Dimineață se răspândise zvonul că suntem șapte sute în grevă.

Vine colonelul comandant. Vine procurorul Vâlcov, vine comisarul, cu ofițerii de la poartă.

- Ce vreți, domnilor?

- Termen, pentru repatriere.

- Credeți că puteți forța mâna Uniunii Sovietice?

- Cerem să ne repatriem...!

Amenințări peste amenințări, încercări de a ne rupe din unitate; nimic.

Peste 24 de ore intră în grevă încă trei sute, iar a treia zi încă trei sute. Lucrurile iau o întorsătură gravă. Greva continuă și în bordeiele noastre e o tăcere adâncă, de moarte. Mai vine o zi și după aceea o altă zi și-n cea de a șaptea seară, intră în grevă și bolnavii din spital. Chiar și mare parte dintre voluntari intră în grevă.

Suntem slăbiți, suflăm greu. În gură vine miros de putreziciune. Greva continuă. Noaptea visez – poate că nu dorm – la frumusețile de pe valea Bistriței și de dincolo de opaiț apar și dispar înlăcrimați ochii mamei. În față, pe perete, stă o cruce mare de mesteacăn, îmbrăcată în crenguțe verzi de brad. Când îmi fac cruce, mâna îmi cade, ca o aripă rănită.

În gură simt gust de cocleală.

Seara și dimineața, Iisus – din spatele crucii – mă îndeamnă: „Rabdă, omule, până la sfârșit; vei birui.”

A opta zi, zarvă la ruși. Cine poate să se mai miște ajunge la sala de mese. Acolo mulți domni și mulți militari cu stele mari ne întreabă:

- Ce vreți?

- Să mergem acasă!

- Credeți că ne puteți forța mâna?

- Nu credem nimic; dați-ne în scris termen pentru repatriere. Furios, roșu la față ca un rac fiert, generalul Vladimirov ne amenință cu pumnii.

De vreme ce noi am acceptat moartea, cum ar putea să ne mai înspăimânte?

Mă lungesc pe pat; nu mai simt foame, nu-mi mai este sete. În primele zile, gheare de lup rupeau din stomac. Acum totul s-a potolit şi o căldură dulce mă înfăşoară ca într-un scutec de copil, mă hrănesc din propriul meu trup. Mintea mi-i perfect lucidă, aud şi recepţionez totul, ba chiar, rar de tot, ies până afară, sprijinindu-mă de pereţi.

Şi Vladimirov ăsta, cu subalternii lui, nu se mai astâmpăra. Mereu se plimba prin bordeie. Şi ne supăra el şi subalternii lui cu vorbăria lor. Apoi, au ridicat dintre noi cincizeci de inşi. I-au aruncat într-un camion ca pe nişte butuci de brad şi i-au izolat la Oranki. Acolo, acelora şi nouă, aici, ni se fac promisiuni, ca, peste cinci minute să ni se adreseze cu ameninţări.

Greva nu e ruptă. Nici unul nu abdică. Turba stăpânirea.

- Ce vreţi voi, banditilor?

- Daţi-ne în scris termenul repatrierii!

A trecut şi a zecea zi de grevă. Medicii şi santinelele, nemţi şi ruşi, transportă cu tărgile la spital pe cei slăbiţi. Acolo, li se întind ispititoare ceaiuri îndulcite şi pahare cu lapte. La poartă, două autocamioane sanitare rusești cu hrană şi medicamente. Bolnavii nu acceptă ajutorul medical. Sanitarele, cu mâna la gură, se lamentează: „Vai, vai, vai, ce-i asta?"

Hotărârea şi rezistenţa noastră uimesc. Nemţii şi u gurii parcă sunt fierţi. Le-am făcut o chemare pentru o ţiune comună... Dar s-au temut.

Iar noi, leşinaţi, rezistăm.

În tăcerea celei de a zecea nopţi, într-un cot se ridică Ilarie Gorjanul şi, cu o voce care ieşea ca din mormânt, scandează: „Moartea, numai moartea este cea mai sfântă nuntă dintre nunţi". Apoi, aiurând, vorbeşte cu mama şi cu fetiţa sa. Ilarie a înnebunit.

Dar noi, strivind o lacrimă sub pleoape pentru Ilarie şi alţi şapte, sensibilizaţi ca dânsul, rezistăm. Spitalul e supraîncărcat cu oameni leşinaţi de foame. Bucătarii fierb mâncăruri cu gris şi supe. Nimeni nu se atinge de ele. Medicii şi sanitarele, străini de lagăr, pronunţă cuvântul „răspundere".

Rezistăm.

La două noaptea, generalul Vladimirov intră în lagăr, cu toată rusăraia după el. Trece din bordei în bordei apoi vorbeşte un minut şi lasă o hârtie ştampilată, semnată de dânsul.

Victorie! Strigă Ilarion, revenit în lumea noastră, şi se închină.

Din dosul crucii Iisus îmi şopteşte: „Nu ţi-am spus? Cine rabdă până la sfârşit biruie!"

Toată noaptea generalul Vladimirov a colindat prin bordeie, atent ca nu cumva să rămână cineva nemâncat.

Hârtia cu semnătura lui a fost bătută în cuie, ca să rămână aşa, la vederea tuturor. Acolo stă scris: „Din împuternicirea Sovietului Suprem, eu, generalul Vladimirov – comandantul militar al Regiunii Gorki – aduc la cunoştinţa prizonierilor români că vor fi repatriaţi până în iulie 1948."

*

La 1 Mai în acel an au plecat spre ţară mai toţi ofiţerii români. Cu excepţia celor care au fost reţinuţi pentru cercetări juridice. Pe urmă, în loturi mici, pe măsura scoaterii de sub anchetă sau după expirarea pedepsei, au venit, rând pe rând, toţi în ţară.

Ţara cea bună ne-a primit cu inima de mamă, dar stăpânirea de aici, la comanda ruşilor, ne-a băgat la ocnă.

E bine şi aşa; măcar suntem la noi acasă.

*

Când eram gata să plec acasă, trecând prin faţa unei comisii formate din trei magistraţi cu stele mari, am fost întrebat:

- Golodovca ai făcut?
- Făcut.
- Şi pentru ce?
- Ca să aflu termenul de repatriere.
- Da. Până la 1 iulie. Şi azi la ce dată suntem?
- 7 iulie!

- Şi?
- În istorie, ruşii nu s-au ţinut niciodată de cuvânt.
- Mă, banditule, apoi tu nu ştii că nu eşti om?
- Dar ce sunt?
- Pui de căţea, asta eşti! Marş de aici! Totuşi am plecat spre casă, ceva mai târziu.

Şi în Bucureşti, la Ministerul de Interne, m-a întrebat un căpitan, care fusese şi el prin Rusia:

- Ai făcut greva foamei?
- Făcut, se poate!?
- Şi de ce?
- Mi-a fost dor de tine!

Şi căpitanul mi-a cârpit trei perechi de palme, scrâşnind printre dinţi: „Las' că te vindec eu de golodovca. Acum începe «vifornița cea mare».”

Sunt ani de-atunci şi vifornița stăruie, însă sufletul parcă mi s-a oţelit.

Mă uit la Dunăre cum îşi duce valurile spre Sulina. Munţii Măcinului stau pe loc. Pe ei, îi salut. Furtunile trec, dar iarna rămâne mereu trează. Aşteaptă ceasul iureşului celui mare. Oare va veni?

Diplomaţii spanioli

Era în primele zile ale lunii noiembrie, anul 1946. Pe la colhozurile vecine rămăseseră cartofii neculeşi. Iarna se aşternuse de mult pe aici şi necazul cel mare era că pe noi ne duceau, pe astfel de vreme, la muncă. Frig, zăpadă, umezeală. Plecam la câmp cu târnăcoape şi cu lomuri în spinare. Când ajungeam acolo, cu lopeţile dădeam zăpada la o parte de pe cuiburi şi apoi cu târnăcopul sau cu lomul încercam să scoatem ceva din pământ.

Mâinile îngheţau pe zăpadă, pe bulgării de pământ degeraţi. Şi de sus cădeau – în vârtejuri – fulgii de zăpadă.

Într-o seară, după ce mâncasem, stăteam lungiţi fiecare cu gândul său dus departe. Sandu şi Bădiţa fumau. Deodată, un zvon a ajuns până la urechile noastre. Cei de jos se grăbeau să iasă afară.

- Ce-i? întreabă Sandu pe un austriac care, trecând pe lângă altar, fredona un vals vienez.

- La poartă se află un lot cu noii sosiţi... răspunse, pe voce de tenor, vienezul şi se pierdu în mulţime, cu melodie cu tot.

- Hai băieţi, să vedem ce marfă ne mai soseşte. Şi Bădiţa coboară primul pe stâlp, după el Sandu şi la coadă eu.

La poartă-i adunat mai tot lagărul; noi am rămas cam departe. Ascultăm conversaţia celor din faţă. Se aud voci de femei şi de copii... Ce comedie o mai fi asta?

Portiţa de la camera ofiţerului de serviciu se deschide şi slt. Caramanov, nervos şi agitat, strigă la noi să dispărem de pe alei: „La corpurile[31] voastre", strigă rusul, şi noi

[31] adăpost oferit ca locuinţă

ne dăm câţiva paşi înapoi. Nemulţumit de lipsa noastră de disciplină, ofiţerul cheamă înăuntru un pluton de ceasovoi. În faţa primejdiei ne dăm înapoi până la biserică.

Slt. Caramanov, mulţumit de sine şi de reuşita lui în disciplinarea noastră, aşază plutonul pe două rânduri, distanţate unul de altul, şi, la un semn către portar, acesta deschide larg porţile de la intrarea mănăstirii Oranki.

În rânduri de câte patru, femei, bărbaţi, copii, cărucioare de copii – pătrund tăcuţi în lagăr; altfel de oameni decât noi, altfel îmbrăcaţi, cu mantouri şi pălării, cu pardesie şi băşti. Coloana merge încet, escortată de plutonul ceasovoilor, iar în fruntea lor păşeşte, mândru ca un cocoş, slt. Caramanov.

Când coloana ajunge în dreptul nostru, Caramanov strigă de trei ori, ca un înger al răzbunărilor din Apocalipsă: „Aşa vom face cu întreaga Europă”. Sandu nu are ce face şi strigă, pe deasupra capetelor: „Dar cu America, ce faceţi?”

- Şi pe America o băgăm la Oranki..., răspunde prompt Caramanov. Femei cu copii de mână, bărbaţi cu bagajele în spate, defilează prin faţa noastră şi tăcuţi pătrund în corpul doi – la etaj.

- Vezi, tu, măi Sandule, cum se scrie istoria? îl provoc eu la discuţie. Cred că ai fost atent şi la premisele de viitor. „Aşa vom face cu întreaga Europă”.

Sandu tace, în timp ce Bădiţa-i numără pe nenorociţii de europeni, ancoraţi la noi.

Uşa de jos, de la corpul doi, este încuiată cu un lacăt şi sublocotenentul lasă acolo un pluton. Fără grabă ne retragem spre corpurile noastre. Bădiţa ne lămureşte: „După socoteala mea sunt 153... Poate să-mi fi scăpat vreun copil”.

În timp ce noi ne îndreptăm spre „casă”, Sandu ne anunţă că mai rămâne pe afară. Sus, la noi, Bădiţa se întinde cu mâinile sub cap şi tace. Mă întreb cine-or fi noii veniţi? Şi tot eu mă mângâi, spunându-mi: „Lasă că mâine vom afla”.

Peste un ceas, lumea s-a potolit; cei mai mulţi se întind în sicrie şi dorm. Sandu apare jos la stâlpul nostru şi ne cheamă: „Haideţi repede acolo, că a plecat plantonul”.

- Nu mergem, măi, lasă pe mâine!

- Haideţi, că-i foarte interesant; ca la cinema „Grand". E oleacă de distracţie.

Şi am plecat, cu Sandu în mijloc, iar în urma noastră alţi curioşi. Ajunşi la uşa corpului 2, ştiam că sus, după ce urci scările, este clubul şi aici erau cartiruiţi veneticii. Constatăm că, într-adevăr, plantonul rus dispăruse. Câţiva nemţi, câţiva unguri dădeau târcoale intrării. Încolo, lagărul era pustiu; se pregătea de odihnă.

Pe scări suiau şi coborau oameni. Se distingeau voci de bărbaţi şi de femei; din timp în timp, figuri de copii.

Ne apropiem de intrare şi privim lacătul. Bădiţa apăsă pe clanţă şi prin întredeschiderea dintre belciuge se văd două fragmente din treptele ce duceau sus.

Suntem zece, douăzeci de inşi care, aici la uşă, ne întrebăm în şoaptă: „Cine-or fi, Doamne?"

Se aud vorbe nemţeşti, franţuzeşti şi alte graiuri.

- Măi, Sandule, poliglotule, apropie-te şi ascultă, îl îndeamnă Bădiţa. Sandu îşi ridică clapa căciulii de pe urechea stângă – puţin de tot – şi ascultă atent.

- Nu înţeleg nimic. Vine un zvon până la urechea mea, ca la turnul Babel.

Tocmai cobora cu paşi grei cineva. Şoptim către Sandu: întreabă-mă, cine sunt indivizii?

Sandu, cu gura la întredeschidere, strigă să-l audă şi rusul de la poartă, să-l audă şi morţii: „Cine sunteţi, măăă?"

Din iuţeală, a strigat în româneşte. Paşii se opresc şi apoi urcă repede. Se speriase omul de strigătul lui Sandu.

- Stai, domnule, nu fugi, se roagă Sandu în franţuzeşte, apoi în nemţeşte, trece la limba engleză şi sfârşeşte în turceşte.

- Măi, Sandule, îi zice Bădiţa râzând din ce fel de oameni te-i fi trăgând tu? Păi, ăştia-s turci?

- Îs mai răi decât turcii, bre. Cu aceia până la urmă ne-am înţeles să le dăm ceară şi baţali graşi, iar ei să ne lase în boii noştri. Şi împăcăciunea a fost ţinută. Nu vezi că ăştia nici turceşte nu ştiu?

Sandu, în postul lui de observator, trage cu urechea, răspunde prompt la întrebări şi la un moment dat zice: „Gata, am pus mâna pe ei; coboară mai mulţi handralăi (Sandu se pronunţă de pe acum peiorativ despre acest neam de oameni de la etaj).

- Măi, care sunteţi acolo? – li se adresează în franţuzeşte. Paşii se opresc în dreptul urechii lui Sandu.

De dincolo de uşă, în acelaşi grai, vine un răspuns: „Dar voi, de la uşă, cine sunteţi?"

- Răspunde-i, măi, Sandule, îl grăbim noi.
- Noi, de la uşă? Noi de la uşă suntem prizonieri de război.
- Şi ce doriţi, mă rog?
- Vrem să ştim cine sunteţi şi de unde veniţi.
- Cam pretenţioşi; vreţi să ştiţi cam multe. Atât doar vă putem spune că majoritatea suntem spanioli, ceilalţi sunt resturi din diplomaţia germană. Vă este suficient?
- Vă mulţumim pentru informaţii; totuşi lămuriţi-ne ce fel de spanioli sunteţi?
- Ce fel de întrebare e aceasta? Noi suntem comunişti spanioli, buni tovarăşi cu Dolores Ibaruri. O cunoaşteţi pe „la Passionaria"?

De pe buzele lui Sandu scapă o înjurătură românească despre mamă şi origine, însoţită de un scuipat lăturiş.

- Aţi spus ceva? întreabă cel de dincolo de uşă.
- Am spus – răspunde Sandu – că-i bine să aşteptaţi un minut. Vă aducem acum, aici la vorbitor, pe câţiva compatrioţi de-ai dumneavoastră.
- Sunt spanioli pe aici?
- Se mai găsesc câţiva, aşa, de sămânţă.

Alergaseră câţiva la corpul zece, unde se găseau cei 13 ofiţeri supravieţuitori din „Divizia albastră", şi-i aduceau val-vârtej. Muscă se dă la o parte, cu îndemnul: „Domnule slt. Pacco, vezi că ţi-au venit cimotiile; mare bucurie pe Franco". Şi, adresându-mi-se: Franco ar fi bucuros ca inamicii lui să se chircească de frig, aici la Oranki, cu «frio senor, frio», sub înţelegătoare protecţie a U.R.S.S.-ului."

Când nici nu gândeam, la ușă se încinge o discuție aprinsă între spanioli; cu vorbe aspre și înjurături care se întretaie deasupra lacătului.

Sandu ne lămurește: „Ce vreți? Sunt popor meridional; iute, nervos, gata la pumnal."

Sus pe scări, pașii grăbiți ai veneticilor. Dincolo, la noi, Pacco și ceilalți spanioli înjură de mama focului: „Dă-i dracului de amărâți; le-am oferit ajutorul nostru, spuneau că mor de foame și când au aflat că suntem «falangiști», ne-au refuzat. Lăsați-i să crape de foame, doar se găsesc aici sub imperiu comunist. Au să se vindece aici de râia lor ideologică."

- Ce-au spus, domnule? De unde vin?

- Ce să spună? Din trei cuvinte ne-am lămurit cine sunt și, doar ați văzut, imediat ne-au luat în pumnale. După războiul civil din Spania, comuniștii au plecat; unii în America, câți s-au putut strecura acolo, iar cei mai mulți în Franța, în Franța era spiritul democratic al Frontului Popular și aceștia s-au oploșit sub plapuma lui Leon Blum. Până când au venit nemții în Franța și pe care au pus mâna i-au dus la lucru în fabricile din Germania. Iar dacă au ajuns rușii pe acolo, aceștia i-au eliberat și i-au împărțit prin lagărele din Rusia. Și, după cum vedeți, stau sub lacăt, flămânzi, și tremură încălzindu-se la gândul că se vor întoarce cu Ibaruri la Barcelona.

Întorși în locuința noastră, după ce ne băgăm în submarine, cu toate boarfele puse deasupra păturii, reluăm încet subiectul. Nu-i putem lăsa așa. Până la urmă trebuie să ne amintim că oameni suntem toți și ajutorul nostru trebuie să meargă mai ales către cel nevoiaș. După ce-i ridicăm și-i punem pe propriile lor picioare, vom vedea ce-i de făcut; dacă rămâne om, îl tratăm în consecință. Înclin a crede că pe deasupra oricărei deosebiri politice, noi trebuie să-i ajutăm cu alimente, cu haine, pe copii, pe femei, pe bolnavi.

Dincolo de geam, pândește noaptea de noiembrie; neagră ca adâncul și pustie.

- Să încercăm mâine. Vom vedea ce se poate face, conchide Bădița.

*

În seara următoare, înţeleşi cu Pacco, ne strecurăm la uşa corpului 2. Suntem numai cinci inşi. Sub mantale, purtăm pachete cu de toate.

La ciocănitul nostru repetat, insistent, coboară câţiva dinăuntru, se opresc şi întreabă ce dorim.

Pacco, pus de noi să se înţeleagă cu conaţionalii lui, încearcă să se achite de obligaţiile luate. Şi discută aprins. Vorbele zboară ca floretele şi de aici, înţelegem noi, nu va ieşi nimic bun.

- Mama lor de golani – se înfurie Sandu – ce i-aş scutura eu oleacă să curgă din ei ideologia barceloneană, cum curg gloanţele pe front. De mâine încep spaniola. Trebuie s-o învăţ şi pe asta; nu-i chip altfel.

Pacco se întoarce spre noi. Pacco învăţase bine româneşte:

- Eu v-am spus încă de aseară să-i lăsăm dracului; dacă mor nişte lifte spurcate ca ei, nu-i nici o pagubă. Auzi?! Preferă să moară de frig şi de foame, decât să primească ajutor de la „falangişti". Eu, nu puteţi să spuneţi, părinte, am încercat să fiu creştin; nu poţi să te adresezi porcului cu calificativul de „frate". Porcul rămâne porc în orice condiţie s-ar găsi; şi trebuie să trăiască obtuz. Ducă-se dracului; or fi ei spanioli, dar sunt buboşi; noi cu dânşii ne-am lămurit. Nu putem arunca mărgăritarele la picioarele porcilor. Dacă vreţi, încercaţi dumneavoastră. Noapte bună.

*

A mai trecut o zi. Seara, la apel, în curtea lagărului au fost scoşi şi „diplomaţii" – aşa i-a botezat rusul de la poartă şi aşa au rămas şi pentru noi. În faţă, femeile şi copiii; în spatele lor, bărbaţii cu pardesie şi pantofi, cu pălării pe cap. Bătea un vânt aspru peste lagăr şi diplomaţii s-au învineţit, s-au înnegrit de frig. Jucau mărunt, în pantofi cu talpă subţire, uneori se adunau ca aripile păsărilor muribunde, iar pălăriile stăteau pe capete ca o batjocură inconştient adresată iernii ruseşti. Gerul le-a albit urechile şi nasurile. Noi, în hainele noastre peticite, totuşi vătuite, cu căciulile slinoase cu urechi, îi compătimeam: „Oamenii aceştia, aşa cum au plecat la drum, nu vor vedea primăvara viitoare." Şi-i spun lui Sandu să mai încercăm o dată să discutăm cu ei. Bădiţa încuviinţează.

*

Numai noi trei batem chiar în uşă. S-a oprit cineva în dreptul nostru şi întreabă:

- Despre ce-i vorba?
- V-am adus ceva de mâncare, răspunde Muscă.
- De la voi nu primim nimic.
- Uite ce-i, domnule; noi suntem români şi înţelegem să vă ajutăm, cu ce se poate, până când vă veţi lămuri ce-i pe aici.
- Ce politică faceţi dumneavoastră?
- Domnule, noi n-am venit să facem politică, aici, la uşă. V-am văzut înfriguraţi şi slabi. Am înţeles că-i timpul să vă tratăm ca pe oameni; ca pe fraţi de suferinţă.
- Noi nu suntem fraţi cu voi. Voi sunteţi fascişti, ca şi falangiştii noştri, şi nu vrem să avem nici un fel de raporturi cu voi.
- Foarte bine, zice Sandu, nici pe noi nu ne încântă frăţia cu voi, dar nu avem ce face! Stăm sub acelaşi acoperiş. Aşa-i legea noastră; înţelegem să vă dăm o mână de ajutor, acum când vi-i greu. Mai târziu, la vară, cât îţi pofti, ne-om şi duela.
- Ce vorbeşti, domnule?
- Te rog să mă crezi, amice, că dacă nu m-ar ţine de mână un călugăr care-i lângă mine şi de la care pleacă simţul milosteniei, te-aş pocni în mutră, cât ai zice peşte!

Dincolo de uşă se aud râsete. S-au adunat mai mulţi şi comentează repezit dialogul. Sandu prinde un moment de linişte şi le vorbeşte.

- Vă ştiu democraţi. Uite ce-i: provocaţi o adunare generală acolo sus la dumneavoastră şi aduceţi-le la cunoştinţă alor voştri propunerea românească. Mă, flămânzilor – uită Sandu de legile politeţii, bune, cum zice el, numai între oamenii civilizaţi, în fruntea civilizaţilor stând el – mă, hămesiţilor, ajutorul nostru, deocamdată, îl dăm pentru copii şi pentru femei. Ne-am înţeles?

- Uite ce-i, domnule, dumneata trebuie să fii un om vesel; ca să vă fim pe plac, vom provoca un miting fulger chiar acum şi vom aduce la cunoştinţa generală propunerea românească. Veniţi mâine la această oră şi vă vom da răspunsul.

- Aşa să rămână, roş-coloraţilor! Noapte bună, încheie, satisfăcut, Sandu.

Afară viscoleşte şi geamurile de la diplomaţi sunt oblonite de gheaţă. Unde-i Barcelona cu vastele plantaţii de portocali care la ora înfloririi parfumează cerul pe zeci de kilometri? Aici-i „frio, senor, frio". Sus, spaniolii dansează un languros tango şi vântul bate-n cercevele în ritm de castaniete.

Şi a mai trecut o zi. Următoarea e ziua Sfinţilor Arhangheli Mihail şi Gavriil şi, cu ajutorul lui Dumnezeu, vom liturghisi şi ne vom împărtăşi. Am reuşit să facem rost de 10 grame de vin. Mare lucru!

- Bate, Sandule, să se cutremure Hispania, dă îndemn Bădiţa. Şi Sandu, ascultător, bate şi iar bate în ritm de toacă, ca la schitul Rarăului.

Spaniolii au apărut la „vorbitor" şi se pare că în spatele lor stă tot natul; se aude vorbă, în diverse tonalităţi.

- Bună seara, domnii mei, începe Muscă, suntem gata să primim răspunsul dumneavoastră.

- Bună seara, domnilor ofiţeri români, răspunde vocea unui tenor, şi continuă repede: adunarea noastră generală acceptă în unanimitate propunerea dumneavoastră şi vă adresează calde mulţumiri pentru sprijinul dumneavoastră dezinteresat. Copiii şi femeile noastre primesc acest ajutor şi noi îl vom distribui în mod egal între ei. Şi acum vă rugăm să ne arătaţi modalitatea de a ajunge la acest ajutor.

- Foarte uşor – răspunde Bădiţa – şi, cu o bucată de fier, scoate un belciug. Când trage de uşă, ne găsim noi trei în faţa grupului spaniol: femei, copii, bărbaţi.

- Poftim, doamnelor, luaţi aceste pachete.

Şi eu trec înainte, punând în mâinile lor, zahăr, untură şi pâine.

Peste două zile, cu îndelungate stăruinţe şi ameninţându-i noi pe ruşi cu greva, toţi diplomaţii au fost echipaţi de iarnă; pantaloni şi haine vătuite, căciuli cu urechi şi mantale – captură de la nemţi –, în picioare, bocanci reformaţi, totuşi mai călduroşi decât pantofii cu talpa ca foiţa de ţigară.

Eram o sută de români aici sau poate mai bine. După ce i-am văzut pe diplomaţi echipaţi de iarnă, în fiecare seară le duceam câteva braţe de lemne în plus şi zilnic jumătate din raţia noastră de zahăr, grăsime şi pâine. Ba, în plus, arătându-şi dorinţa de-a fuma, le-am dat şi mahorcă, făcându-le lulele în serie.

Pacco şi ceilalţi ofiţeri spanioli râdeau mulţumiţi: „Încet, încet, se domesticesc."

La apelul de seară, compania noastră stătea vizavi de grupul diplomaţilor. Cum ne vedeau, începea o hărmălaie cu semne de veşnică amiciţie, iar Sandu „românul" – pretinde că e pur sânge – pe deasupra capetelor ni se adresa măreţ: „Ginta latină, bre, ginta latină." Nemţii priveau cu vădită neînţelegere gălăgioasa întâlnire, de fiecare seară, dintre români şi spanioli.

Şi iarna se scurge cu vaietele vântului şi cu necazurile noastre.

Într-o zi, toţi românii au fost scoşi de la Oranki, cu salteaua în spate, şi până seara ne-am instalat în bordeiele mărginaşe de la Mănăstârca.

Se auzea – spuneau ruşii – că a venit ordin pentru repatrierea tuturor românilor. Fiecare ceasovoi se simţea dator să ne îndemne la lucru: „Hai, daţi-i zor, chiar acuşi plecaţi acasă".

Şi, când colo, au plecat toţi austriecii. Iar noi munceam, tăind păduri şi cărând, înhămaţi la sănii. Pe urmă s-au plictisit şi ceasovoii să tot repete, ca papagalii, că toţi românii pleacă acasă. Cum încerca unul să pronunţe vorbele: „toţi românii" noi, în cor, repetam sacadat: „La pădure, toţi românii, la pădure".

Rusul se supăra, înjura şi se dădea la o parte mârâind: „Toţi românii-s deştepţi".

Nu mai stăteam la un loc cu Bădiţa şi cu Sandu. Soarta iar ne împrăştiase. Dar oricând ne puteam vizita. Când venea la mine Sandu, totdeauna aducea vorba de spanioli.

- Ce-o mai fi cu spaniolii noştri?

- Mai întâi – răspundeam – nu sunt ai noştri, ci-s, aşa cum ţi-am spus, ai lui Dolores Ibaruri şi, al doilea, îmi închipui că tremură, ca şi noi.

Până într-o zi când, pe un drumeag de pădure, şirul nostru de sănii se întretaie cu săniile celor de la Oranki. Chiote, hărmălaie şi voie bună. Către coada coloanei, surpriză. Spaniolii noştri înhămaţi ca nişte buiestraşi de soi.

- Ce-i cu ginta noastră? îi întrebă Sandu, după ce se potolesc efuziunile amicale.

- Ce să fie? răspunde Don Castaldo, profesorul de muzică de la Barcelona, cărăm lemne. Mergem pe principiul că munca-i o onoare. Drept să vă spun, mă tem c-o să crăpăm de-atâta „onoare". E mare diferenţă între idee şi realizarea ei. Să ştiţi ca mi-e dor de voi. Vom face tot posibilul să venim la Mănăstârca.

- Vă aşteptăm, vă aşteptăm... Şi coloanele, sub sudălmile furioşilor uzbeci, s-au despărţit. Pe drumuri deosebite am ajuns la porţile cu sârme.

- Ai văzut, sfinţia ta? Neamul nostru îşi caută poteci către luminişuri, orbecăind prin pădurile ruseşti.

- Da, Bădiţă, să sperăm că experienţa aceasta ne va folosi.

*

Abia după Paşti au ajuns diplomaţii la Mănăstârca.

Au trecut printre rândurile noastre, cu efuziune caldă, cu semne de mare dragoste şi cu voioşie exuberant latină.

Au fost aşezaţi în trei bordeie din latura sudică a lagărului şi s-a tras sârmă împrejurul lor. Într-un bordei stăteau veritabilii diplomaţi. Domnul Speitzer, cu doamna, fost şef al consulilor germani, domnul ministru al Germaniei în Manciuria cu doamna, ataşatul de presă al acestei legaţii, o reporteră olandeză – de la Radio Donnau, o familie de unguri din ministerul de externe maghiar şi, printre ei, portarul de la legaţia Senegalului din Berlin. În al doilea bordei au fost plasaţi spaniolii căsătoriţi şi în cel de-al treilea, mulţimea, plebeii diplomaţiei.

Fiecare familie ocupa o boxă, despărţită cu scânduri de cealaltă. Părinţii dormeau pe blat, jos, iar copiii pe „cracă”, sus. Mâncarea o primeau de la bucătărie, ca noi. Încolo, hoinăreau toată ziua între stărşie, certându-se între ei. N-au mai fost scoşi forţat la muncă. Cel mai simpatic era portarul Senegalului. Mic, bine legat, în vârstă de circa 60 de ani, nu te puteai înţelege cu el nici într-un chip; nu ştia decât senegaleza. Tot timpul tăcea şi se mişca alene pe lângă bordei; îşi suporta cu orientală resemnare detenţia. Când venea duminica, se îmbrăca în haine negre, de calitate, cu pantaloni la dungă, cămaşă scrobită, cravată neagră şi pălărie tare. În picioare, pantofi cu vârfurile de lac. Toată lumea se îmbrăca ceva mai îngrijit; nimeni însă nu putea să ajungă până la distincţia senegalezului. Zâmbind, ataşatul de presă neamţ recunoscuse: „De fapt, singurul diplomat între noi este portarul Senegalului. Îşi menţine portul şi se ţine cu aceeaşi prestanţă şi aici, ca la uşa de intrare a Legaţiei”.

Era atât de perfectă această şlefuire a senegalezului încât, când îl vedeam, toţi îl înconjuram şi-i zâmbeam; el ne răspundea ridicând pălăria, aşa cum îi văzuse pe mai marii de la Berlin şi cu zâmbet răspundea la zâmbet. Îi dădeam mahorcă; fuma cu tact, numai cu pipa. Şi tăcea. Când spaniolii se certau, el se dădea la o parte, le întorcea spatele. Mânca tăcut ovăzul fiert sau meiul şi faţa lui nu trăda nici un gând.

Diplomaţii veritabili spălau şi cârpeau rufe şi ciorapi, peticind coatele rufelor şi genunchii pantalonilor.

În bordeiul spaniolilor nefamilişti, toată ziua-i scandal. Pun ţara la cale şi nu găsesc cum să-l doboare pe Franco.

Simpatia noastră însă se îndreaptă spre copii. Mai ales a acelora dintre noi care au copii acasă, departe. Iar dintre copiii aceştia, de vârste deosebite, bruneţi, cu ochi mari sprâncenaţi şi cu părul creţ, în special Reghina se bucură de dragostea noastră. Reghina este o fetiță de 4 ani, ca o păpușă, cârnă, cârlionțată, isteață și mincinoasă de nu se găsește pereche pe aici. Ea iese printre sârme și repede, repede vine până la bordei, la noi. Aici se suie în brațele lui Focșăneanu-Barbă-Neagră și ronțăie bomboane, confecționate din zahăr, făină și unt. Ronțăie, întreabă și răspunde în spaniolă, în germană și-n franceză. Mulți români lucrează la ateliere pantofiori, rochițe, șorțulețe și i-au făcut tot felul de jucării. De altfel, nu au fost neglijați nici ceilalți copii și, cu vădită atenție, mâna noastră dreaptă i-a susținut pe toți. Mai mult chiar, când am observat că pentru copiii de școală nu se făcea nimic, i-am dat în grija câtorva ofițeri români care cunoșteau spaniola și au făcut școală cu dânșii – scrisul și cititul, matematici și în genere obiectele școlilor primare. Spaniolii nu mai puteau îndura foamea; de la bucătărie, cu consimțământul nostru, li se dădea diplomaților, pe lângă porția regulamentară, și supliment. Le-am reparat hainele și refăcut bocancii, pregătindu-i pentru iarna ce trebuia să vină...

*

În vara anului 1947, muncile au fost mai ușoare și, fiind mai odihniți, eram mai bine dispuși. Spre Țară nu plecase nimeni. Seara, după masă, pe terenul dintre bordeiele 7 și 17 se juca fotbal, întâlnirile dintre reprezentativele națiilor erau destul de spectaculoase și galeriile își spuneau cuvântul. Mai puțin asistate erau meciurile dintre echipele improvizate ale bordeielor.

Într-o seară, surpriză. Bordeiul 13 de români se întâlnește cu echipa spaniolilor celibi. Tot lagărul e prezent la această comedie sportivă. Arbitrează slt. Delighiazu. Jocul e comic, jucătorii aleargă dezorientați și când socotesc că nu sunt observați, lovesc mingea și cu mâinile. Pedepsele cad, ploaie. Spaniolii țipă ascuțit, îndemnându-și nația. Fac un vacarm parcă n-ar fi o sută, ci o sută de mii, ca la Sevilla, la luptele cu taurii. În venele lor pulsează sângele mândrilor toreadori. Vor pretinde victoria. Cei de pe teren se-ndeamnă gâfâind, pun piedici şi transformă, pe cât se pare, fotbalul în handbal. Oricum, numai să reuşească. Bordeiul 13 joacă fără coeziune, totuşi a înscris 1, 2... 7 goluri. Spaniolii luptă disperaţi, a doua repriză se apropie de sfârşit şi ar fi necesar ca măcar golul de onoare să fie marcat. În centru se frământă, ca pe ruinele Alcazarului, un spaniol mic de stat, cu capul mare de tot şi pătrat, căruia toată galeria îi admiră dârzenia cu care luptă şi scandat îl îndeamnă: „Hai cuadrado" (hai pătratule, hai pătratule). Cade, se ridică, aleargă la dreapta, se întoarce la stânga şi nimic nu reuşeşte. Dându-şi seama că totul e pierdut, se opreşte în loc şi, când îi vine bine, ia mingea şi fuge cu ea în poarta românului şi strigă triumfător: „Gol, gol, la nostra victoria, ura, ura!"

Arbitrul fluieră pedeapsa care se execută pe loc. Cei de la 13 primesc mingea şi rapid, trecând prin apărarea spaniolă, înscriu al 8-lea gol exact în secunda când se fluieră sfârşitul meciului, „Il cuadrado", atent la fluier, o clipă rămâne cu mâinile bălăbănind în vânt, iar în clipa următoare, îi altoieşte arbitrului două palme.

Când şi cum, greu de explicat, dar în sânul gintei latine s-a declanşat războiul civil. Pe teren nu se mai joacă fotbal; în schimb, spaniolilor li se scutură cojoacele. Sandu, lângă mine, la distanţă apreciabilă de locul bătăliei, îngână: „Mă, nu trebuie asta, mă, nu trebuie asta..."

Când lucrul părea că se potoleşte, apare Manullo, din Barcelona – înalt, spătos, negru, fioros la căutătură, cu un cuţit în mână. Pe Manullo îl ura tot lagărul, îl ura pentru motivul că-şi bătea zilnic nevasta. Lolitta răbda bătăile soţului ei şi tot lagărul aştepta un moment prielnic de răfuială cu Manullo. Am uitat să spun că Manullo era tatăl Reghinei lagărului.

Manullo venea cu paşi mari, strecurându-se pe lângă bordeie, cu un cuţit de bucătărie în mână.

- Mă, vine Manullo – strigă unul cu voce tare.

Manullo se opreşte o clipă şi priveşte teatrul de bătaie şi în momentul când se decide să intervină, slt. Tălpăşanu îl loveşte peste mâna dreaptă cu un par de mesteacăn şi cuţitul sare departe. Manullo e cel mai voinic de pe teren. Cu pumnii, cu picioarele face gol în jurul său. Tălpăşanu e mai scund, bine legat, se apropie a doua oară şi-l cârpeşte peste mijloc. Manullo se îndoaie şi cade. Apoi, bătaie, ca la fasole. Spaniolii, pe care Manullo îi teroriza, îl calcă în picioare.

Sandu strigă de departe, nervos: „Mă, nu-l omorâţi, mă, nu-l omorâţi".

Beligeranţii, români şi spanioli, s-au împăcat lângă coastele sfărâmate ale lui Manullo. Manullo a fost cărat pe targă la spital. Tot lagărul mulţumit de atare ispravă, repetă: „Bine i-au făcut lui Manullo".

„Il cuadrado" era numai vânătăi. Se plimba mândru pe lângă bordeiul lor, etalându-şi urmele bătăilor prin care a trecut. Ne făcea semne de adâncă prietenie şi de veşnică amintire. Don Castaldo – profesorul de muzică şi totodată şeful lor – s-a prezentat la slt. Delighiazu, cerându-şi protocolar scuze pentru incidentul de pe teren.

Amiciţia a rămas amiciţie. „Pugilistica" de pe terenul de fotbal întărise aceste raporturi amicale. Dar Manullo?

Manullo s-a făcut sănătos într-o săptămână. Apoi ruşii l-au băgat la carceră pentru altă săptămână. Şi Lolitta – ca orice soţie grijulie pentru soarta soţului său – se strecura până la el cu Reghina, înfruntând pericolele, şi-i strecura de mâncare „golanului" – cum îi zicea mânios Sandu.

După aceea a ieşit Manullo de la carceră. De peste sârmă, într-o seară, i-a strigat lui Tălpăşanu: „Nu eşti cavaler, m-ai lovit cu ciomagul". Şi Tălpăşanu-i răspunse: „Nu eşti cavaler, ai atacat cu cuţitul pe la spate..." Şi Manullo a râs. Iar Tălpăşanu i-a întins mâna peste sârmă, spunându-i: „Cu tine nu am nimic; dar să nu-ţi mai baţi soţia. Reghina-i fetiţa noastră, a românilor, şi nu vrem ca să crească în atmosferă urâtă". Manullo râde şi răspunde: „Mon amigo – prietene – eu mor pentru Reghina, iar pe Lolitta sunt gelos. Ceilalţi spanioli îi cântă serenade; trebuie să mă înţelegeţi!"

Bunele raporturi cu diplomaţii s-au menţinut fără greutate şi fără a uza de false diplomaţii.

Peste noi a venit toamna cu ploile şi o nouă iarnă cu zăpezi. „Frio, senor, frio. Ce cald şi plăcut în ţara noastră! Unde-i frumoasa Barcelonă, Cordoba, cu minunile ei de artă maură şi renumita Malaga. Sunt departe, departe şi acolo stă Franco!"

Apoi iarna a trecut ca toate iernile şi-n urma ceţurilor călătoare s-a arătat negrul pământului, mai apoi ierburile şi frunzele verzi şi flori sărace prin poieni, pe lângă drumuri.

Atunci eram la Oranki. Mai toţi românii plecaseră în preajma Paştilor spre ţară. Rămăseseră pe aici vreo două sute de români. Diplomaţii erau cu noi; trăiau la fel ca noi. Bădiţa plecase spre Urali, iar Sandu, spre ţară. Eram trist şi nu-mi găseam rostul.

Într-o dimineaţă – era duminică, pe la începutul lui iunie – comisariatul i-a scos pe diplomaţi pe aleea principală şi după ce a făcut apelul le-a comunicat: „U.R.S.S., în înalta sa înţelegere, apreciind ca juste cererile refugiaţilor politici spanioli, aprobă strămutarea lor în regiunea Odesa."

Don Castaldo mă lămureşte:

- Domnule părinte, noi am cerut să ne dea autorizaţia de a pleca în America. După cum vezi, mergem probabil la vreo fermă de pe lângă Odesa. Vai de viaţa noastră!

- Nu-i nimic, Don Castaldo. Eu am fost la Odesa. Pe acolo e mai bine şi iernile sunt mai calde.

- Ah, de mi-aş încălzi odată oasele! După asta, pot să şi mor.

- Don Castaldo, să sperăm că lumea va ajunge la un echilibru, cu ajutorul lui Dumnezeu.

- Domnule Părinte, ar fi bine ca Dumnezeul dumneavoastră să se arate odată şi să aşeze lucrurile în lume. Probabil că numai o forţă externă ar putea impune ordinea pe glob. N-am nimic împotrivă. Să vină numai şi s-o facă. Îl voi saluta şi eu cu toată consideraţia. Ne-am săturat până-n gât de atâtea lipsuri şi de atâtea peregrinări. Dragă Părinte, am ajuns la convingerea că nouă, materialiştilor, ne trebuie o doză de idealism, chiar mai mare decât a dumneavoastră, ca să răbdăm şi să răzbim sau să crăpăm fără a fi realizat ceva. Comunismul e pur în idealitatea lui. În practică e multă, multă suferinţă; rabzi, suferi şi ca un nebun strigi în stradă: „Măi, ce bine-i aşa!" Curată nebunie.

Don Castaldo şi ceilalţi diplomaţi îşi strâng repede puţinul lor bagaj şi, cu îmbrăţişări de fraţi, se îndreaptă spre poartă.

Reghina e purtată în braţele noastre şi acoperită de pachete şi pacheţele-cadouri. Manullo râde şi ne strânge – să ne rupă mâna. Lolitta plânge.

Portarul Senegalului ne salută ceremonios, cu pălăria ridicată; pe faţă duce un zâmbet inexpresiv.

Au trecut afară şi-n urma diplomaţilor se închid porţile. De dincolo de poartă se aud încă glasurile de tenori ale spaniolilor, în ochii lor plutesc vedenii: Madrid, Sevilla, Barcelona şi albastra Mediterană.

Eu şi Moscova

La 8 septembrie 1944, trenul, cu multe vagoane de marfă şi cu 3000 de prizonieri ce veneau din Siberia, s-a oprit pe o linie într-o gară. Exact atunci la megafon se anunţa: „Aici gara Moscova. Trenul nr... Pleacă peste 2 minute spre Vladivostok...”

Iată – în fine – că, după o călătorie de o lună de zile, ajunseserăm la Moscova. Plecaserăm dintr-un lagăr din ţinutul Karaganda, la graniţa chineză – unde lucrasem în nişte mine de cărbune. Drumul, făcut în condiţii de lipsuri mari, foame, sete, păduchi, decimase pe mulţi dintre noi. În vagon eram atât de mulţi, încât ne organizaserăm pe trei schimburi. O treime dormeam, alta stătea jos, a treia grupă stătea în picioare. Până la Moscova am rămas numai două treimi. Morţii erau aruncaţi din vagoane dimineaţa, la numărătoare. La două-trei zile, uneori chiar mai rar, primeam câţiva pesmeţi negri ca pământul şi peşte sărat, împuţit. După aceea, începeau urletele după apă: „Apă, apă, apă, daţi-ne apă”. Escorta ne înjura şi trecea mai departe.

Iată-ne deci ajunşi la Moscova. Soarele este înspre apus şi-n depărtare se văd înnegrind orizontul aceleaşi, fără de margini, păduri. Sub pădure, un imens aeroport, cu sute de avioane, grupate pe mărimi şi comenzi. Până la noi ajunge zgomotul oraşului. Războiul este departe, la hotarele Germaniei, şi odată cu înserarea se aprind luminile în gară şi în oraş. Pe lângă noi trece un tren militar supraîncărcat cu ostaşi care cântă cu elan: „Moscova mea, ţara mea!”

Târziu în noapte, coborâm din vagoane, ca nişte umbre; trecem mai multe linii ferate şi intrăm în oraş, pe o stradă liniştită, în dreapta şi în stânga fabrici cu furnale înalte şi, intrând pe poarta uneia dintre fabrici, ne trezim într-o baie enormă – haine şi încălţăminte la etuvă, iar noi, sub duşuri.

De serviciu, numai femei, iar noi, la fel îmbrăcaţi precum fusese Adam în rai. Ne feream, pudici, de privirile lor indiferente, dar când ne acopeream faţa, rămânea vizibil dosul. Apoi, ce să facem? Ne-am spălat cum am putut şi am băut apă pe săturate.

Ne-am îmbrăcat, aşa uzi, şi am intrat în propriile noastre ţoale, dar încălţămintea se făcuse scrum – arsă, uscată, plesnea pe picioare. Bună baie, dar scump plătită. Ş-apoi, aşa îmbăiaţi, am jucat toată noaptea – păcatele noastre – ca să nu îngheţăm. Păduchii! Păduchi rămăseseră din belşug, în vagon.

Dimineaţa, hrană rece – de data asta pesmeţi fără peşte şi, surprinzător, garda deschide uşa de la vagon şi dă ordin ca să mergem şase oameni după apă. Fiind pe lângă uşă, haide, am sărit şi eu jos în coloana celor şase de la toate vagoanele şi am intrat escortaţi în oraş. Trecem de o fabrică, un magazin alimentar cu mezeluri şi pâine albă – de lemn vopsit – şi iată un teren de varză de toamnă, încă neculeasă, şi acolo o cişmea. Erau vreo 20 de femei – aliniate – pentru apă. În spatele lor ne aliniem şi noi, dar câte doi, ca la şcoală. Mă uit în toate părţile; era un cartier necăjit, case cu etaj, dar şi altele, cele mai numeroase, numai cu parter; în fund se vedeau trecând tramvaie spre gară. Nu prea departe, o linie de troleibuz şi surd, scăzut, se auzea zgomotul din centrul oraşului.

În faţă se zărea un cartier cu case de lemn. Troleibuzul circula pe străzi întortocheate. E ceva aici din vechea Moscovă? Uite şi o biserică decapitată. Ce-o fi înăuntru?

Încet, păşim către cişmea. Câteva femei, aşteptându-şi rândul, stau la sfat, deoparte; se uită la noi şi dau din cap. Una roade dintr-o varză şi tot spune ceva; pare a fi supărată. Varza trece la vecină, care rupe cu gura dintr-însa ca dintr-un măr domnesc. A treia se înfruptă şi ea cu lăcomie şi, cu gura plină, încearcă să spună ceva, dar scapă varza jos. Mânioasă, prima pune mâna pe varză şi, zvârr! cu ea în noi. Hop! A căzut drept în braţele mele. Scap gamelele jos, dar rup o gură bună din varză. Vecinul mi-o înşfacă, al treilea se repede şi el şi nici nu ştiu când, dar varza parcă nici n-ar fi fost vreodată. Râdem mulţumiţi. Femeia furioasă se uită atentă în toate părţile, smulge o altă varză şi-o aruncă-n capul unui neamţ, înalt, cu ochelari. Râsete, în amândouă taberele. Ceasovoiul ne înjură şi ne mână la vagoane.

Când trenul nostru se pune în mişcare spre nu ştiu ce destinaţie, pe ferestruica de sus, printre sârmele ghimpate, privesc case şi oameni, mahala după mahala, până ce, intrând iarăşi în pădure, Moscova rămâne acoperită în spatele nostru.

*

10 iunie 1945. Am înţeles că mergem la lucru într-o fabrică la Arhanghelsk. Ei, zic eu, asta-i bună! De la Astrahan, unde am plutit pe Volga şi pe Caspica, trecând prin Karaganda, de lângă Himalaia, oprindu-ne pentru scurt timp la Sverdlovsk în Urali, iată-ne acum plecând de la Mănăstârca, pe Volga superioară, spre Marea Albă. Acum, e sigur că ne-om face vânători de urşi albi şi de foci.

Timp de două zile, dis-de-dimineaţă, ne trezea anunţul puternic al spicherului: „Aici e Moscova, gara Kievskaia – trenul cutare etc..." Iată-ne pentru a doua oară la Moscova. Suntem aproape de gară. Forfotă mare şi zgomot mult de locomotive şi de vagoane. Pe peron, lume puţină. Mulţi ostaşi, multă ofiţerime, care se uită mândri la noi; ne-au învins. Apare un maior rus şi stă de vorbă cu comandantul trenului nostru.

- Ai şi ofiţeri? întreabă maiorul.

- Da, sunt şapte români.

Uşa vagonului nostru se deschide şi comandantul, un locotenent-major, spune: „Toţi ofiţerii să coboare fără boarfe".

Am coborât şi ne-am aliniat lângă vagon. Maiorul ne-a măsurat lung şi ordonă: „Scuturaţi-vă de praf, ştergeţi bocancii, căci mergeţi cu mine!”

În coloană de câte trei, mergem după maior. Lumea ne priveşte, indiferentă.

Trecem dincolo de gară şi ne urcăm repede într-un autobuz. Pe această arteră principală, care duce la gara Kievskaia (Chievului), sunt case vechi, întinse cât un cvartal.

Primăvara a ajuns şi pe aici. Tei şi plopi şi multă verdeaţă. Străzi largi, drepte, multe tramvaie, foarte puţine taxiuri. La ora aceasta – ora 9 dimineaţa – se deschid magazinele şi poţi vedea cozi lungi la uşa fiecăruia, mai ales la magazinele de pâine. Femei şi copii mulţi; bărbaţii sunt plecaţi de acasă; au invadat Europa.

Am ajuns undeva şi ne-am dat jos. Maiorul ne numără şi spune scurt: „Idi.”

Intrăm într-o clădire nouă, mare, cu săli spaţioase; înţelegem că acesta-i muzeul militar. La această oră sunt puţini vizitatori. Trecem repede, fără să ne oprim, prin sălile ce prezintă istoria naţională şi militară a Rusiei de până la 1918 şi iată-ne într-o sală enormă, în care sunt expuse trofeele câştigate în actualul război. Panouri mari, cu fotografii din timpul marilor bătălii şi apoi arme de tot soiul, capturate de la nemţi, italieni, unguri etc...

Peste tot este prezentat potenţialul de război al inamicilor U.R.S.S.-ului. Şi iată, maiorul ne duce într-un colţ rezervat României şi ne spune: „Priviţi aici! Aceasta este contribuţia românească la actualul război.” Şi am privit şi nu mi-a venit să cred. Pe o estradă, era o căruţă cu coviltir de papură, trasă de doi cai slabi şi şchiopi; alături de cai, un soldat român cu o manta ruptă, pe cap cu o căciulă neagră, ferfeniţă, şi în picioare cu opinci din piele de porc, prin spărturi ieşindu-i obielele. Pe un panou scria cu litere mari: „Şapte mere într-o basma, am plecat la Moscova”. Atât şi nimic mai mult.

Ceilalţi colaboratori ai nemţilor erau prezentaţi corect: statistică, armament, contribuţie economică.

Maiorul ni se adresează, la plecare: „De ce aţi dat petrolul nemţilor?" Noi am înţeles perfect. Contribuţia românească îl ustură rău de tot.

Trecem pe jos pe lângă parcul de cultură fizică, cu terenuri amenajate pentru exerciţii fizice şi bazine de înot. Lume destulă pe străzi, dar tăcută, foarte reţinută.

Reveniţi în vagon, soldaţii ne întreabă: „Unde aţi fost?"

Răspundem, râzând: „În audienţă la Kremlin".

Când, spre seară, am plecat pe „Calea nordului", printre clădirile noi, fără stil – enorme blocuri, inexpresive, până la disperare – am zărit de departe stelele roşii de pe Kremlin.

*

10 iulie 1948 - 8 decembrie 1948

Pe 7 iulie, la Oranki, am trecut prin faţa unei comisii militare, care m-a găsit bun de repatriere.

A doua zi, trecând – nu ştiu de ce – prin Mănăstârca, cu un camion, am plecat la Gorki şi iată-mă instalat într-un vagon de 60 de tone cu încă zece ofiţeri romani, gata de drum spre ţară. În sfârşit, ne ziceam noi, veseli, peste câteva zile vom fi la Bucureşti.

Spunea tata, săracul: „Măi băiete, socoteala de acasă nu se potriveşte cu cea din târg". Şi chiar aşa a fost. Când în după-amiaza zilei de 10 iulie am ajuns în Moscova, tot în gara pentru „locurile îndepărtate", spre Siberia, Caucaz etc., lângă vagonul nostru s-a oprit un rus, a arătat o hârtie maiorului ce conducea trenul de prizonieri (erau unguri, austrieci şi români), şi acesta ne dă ordin: „Ofiţerii români coboară cu bagajele".

Sublocotenentul ne numără, dă mâna cu maiorul, şi pornim.

În dosul gării – e nouă şi-i frumoasă – ne aştepta un camion şi, cu viteză mică, traversăm oraşul. Privim în dreapta, privim în stânga şi din fugă nu reţinem mare lucru. Oraşul scade, ne trezim într-o mahala, la poarta unei fabrici, la poarta unui lagăr. Suntem număraţi, controlaţi şi daţi în primire unui colonel neamţ, starşele lagărului, care ne duce la izolare.

A doua zi vine la noi, de la stărşie, un translator neamţ şi ne spune: „Trebuie să mergeţi la lucru".

Mircea Onişor, care era lângă mine, îi răspunde: „Nu mergem la nici o muncă. Noi suntem plecaţi spre patrie şi nu înţelegem pentru ce am fost aduşi aici."

Neamţul pleacă şi peste un ceas vine ofiţerul rus de serviciu, cu starşele lagărului. Ne „invită" la muncă, ne ameninţă şi după un ceas de discuţii sterpe, ne pune sub zăvor, strigându-ne tare articolul 12 din constituţia stalinistă: „Cine nu munceşte să nu mănânce" (luat de-a gata, din apostolul Pavel).

În ziua aceea nu mâncasem şi nimeni nu ne-a mai vizitat. La numărătoarea de seară, ofiţerul rus ne-a numărat pe geam, fără să deschidă uşa.

Aici era bine. O cameră curată, luminoasă, cu paturi de fier suprapuse, cu saltea, cearşaf şi pătură.

În curte forfoteau numai nemţi. În dimineaţa următoare, am cerut să ieşim la raportul comandantului rus. Peste un ceas a venit colonelul rus cu câţiva subalterni şi starşele neamţ, cu translatorii lui. Raportul nostru şi discuţiile care au urmat ne-au lămurit: garnitura cu care venisem noi la Moscova nu trecea prin România, ci se ducea prin Polonia, la Budapesta şi Viena. Noi trebuia să stăm aici, poate numai o zi, două, până ce prindeam un tren de prizonieri ce mergea la Focşani. Până atunci, eram rugaţi să ieşim la lucru, şi anume 2 ore dimineaţa şi două ore seara, la măturatul străzilor. Asta era destul de plăcut, era o muncă uşoară şi timpul trecea pe nesimţite.

Uitându-ne unul la altul, am consimţit. Mai ales că era vorba de o zi, două, cel mult.

N-a fost o zi-două, ci nouăzeci şi nouă, şi abia la 8 decembrie am plecat spre ţară.

Eram la Moscova şi, măturând străzile, ne gândeam: poate mâine, poate poimâine, vine trenul nostru...

În fiecare zi la poarta lagărului ne aştepta un ceasovoi, cu ochii oblici şi cu gândul dus tocmai în Kazahstan. Ne număra de trei-patru ori până ce se încredința că suntem unsprezece, cât scria pe hârtie, după care plecam la drum. După vreun kilometru, intram într-o curte a întreprinderilor comunale, unde ne echipam cu şorţ de muşama peticit, tomberoane, măturică de sârmă şi cu câte un măturoi din crengi de mesteacăn cu coadă lungă de trei metri. Ceasovoiul ne înşira pe o stradă lungă, pietruită cu bolovani de râu, neuniformi şi, uitându-se la noi cu ochi mici, ne spunea: „Să nu fugiţi, domnilor ofiţeri. Rusia îi mare şi vă prinde; şi apoi este ordin ca toţi românii să plece repede acasă".

De fugit, n-aveam pentru ce. Doar eram în drum spre ţară! Să ne mai complicăm existenţa?

Începeam măturatul. Cu măturoaiele noastre cu coadă lungă, prindeam dintr-o dată întreaga stradă. Se vede că un stahanovist a adus această inovaţie în munca măturătorilor – coada lungă şi flexibilă. Pe această născocire se va fi făcut vreo comunicare în Academia de ştiinţe sovietică! Poate că stahanovistul este deputat în Sovietul Suprem, cine ştie?!

Deocamdată noi eram foarte mulţumiţi de cozile noastre. Mai întâi, pentru că ne reduceau timpul de lucru şi al doilea, foarte important, tot praful îl aruncam pe hainele şi-n nasul trecătorilor; noi rămâneam la mijloc, în zona ozonată.

Curios. Când lumea ieşea după treburi pe stradă – de plimbat fără rost nu se plimbă nimeni la Moscova atunci apăream şi noi cu măturoaiele; de la 9 la 11 dimineaţa şi de la 4 la 7 seara. Oricât de civilizat ne-am fi comportat noi, nu se putea mătura o stradă, chiar asfaltată, fără să ridici praf. Şi aşa, bieţii pietoni nu aveau de ales; treceau pe lângă noi ca scăpaţi din puşcă, cu mâna la nas. Iar noi, în ritm armonios, precum la coasa de ovăz, hârşti la dreapta, hârşti la stânga, cu măturoaiele noastre barbare.

O săptămână măturam într-un cartier, altă săptămână în alt cartier. Şi aşa, până-n toamnă, până-n iarnă, măturam toată marginea Moscovei. În centru nu aveam ce căuta. Mă uit la case, la oamenii de pe stradă, la vitrine. Vitrinele, încărcate cu de toate: alimente, brânzeturi, franzele rumene. „Sunt de lemn, frumos lucrate”, mă lămureşte ceasovoiul cu un zâmbet complice. La magazinul din colţ s-a terminat zahărul şi uleiul, dar lumea stă liniştită la rând şi aşteaptă; poate că se mai aduce de la depozit. Pâinea se vinde la kilogram. Vai, ce neagră-i şi acră!

Băutură este suficientă; o jumătate de kilogram de vodcă costă 60 de ruble, iar lucrătorul are pe lună 200 de ruble, din care trebuie să mănânce, să se îmbrace şi să crească copiii. Poţi să te apropii de un pahar de vin, când litrul costă 100 de ruble? Cine are leafă mare de 2-3 mii de ruble, bea şi mănâncă, dar şi ăsta cu atenţie la pungă. Ceilalţi, masele, privesc vitrinele. Nu e nevoie să ne spună aceste lucruri ceasovoiul, le înţelegem imediat şi singuri.

Într-o după-amiază, măturând o stradă mai centrală, am văzut un bărbat cu haină europeană, cu cravată la gât şi cu gambetă. M-am uitat lung după el, văzându-l cât de ţanţoş mergea.

- Este un artist, mă lămureşte ceasovoiul.

Altfel, oamenii şi femeile umblau pe aici cu haină închisă şi şapcă. În ziar, tot pe atunci, l-am văzut şi pe Molotov cu pălărie şi cravată. Vreo altă abatere de la moda rusească nu am văzut, cât am stat acolo.

*

La 15 iulie ajunsesem cu măturatul de la ora 11, în dreptul unei biserici, fumurie la culoare, cu turle înalte. Pe trotuar şi în stradă, multă lume aştepta în linişte. Ne-am oprit din măturat, ne-am aliniat tomberoanele lângă trotuar şi cu ceasovoiul lângă noi – un bătrân din regiunea Moscovei – priveam biserica şi mulţimea.

Ceasovoiul nu ştia ce hotărâre să ia – să plecăm de acolo, să mai rămânem? Se întoarce spre mine. Ştia că sunt preot, şi de aceea se uita la mine cu respect şi cu teamă.

- Mai rămânem, moşule, nu-ţi fie teamă, nu fugim.

- Bine, stați aici, să vedem ce este.
- În biserica aceasta slujește Patriarhul vostru, scrie la gazetă c-au venit la voi mai mulți vlădici străini.

Citisem în *Isvestia* că la Moscova se comemorau 500 de biserici ruse. Se pomenea și de delegația română.

*

A venit toamna și frunzele galbene s-au desprins de pe ramuri; noi le-am măturat și le-am dus la moarte.

Apoi, într-o dimineață de octombrie, a venit iarna, cu zăpadă albă și frig aspru. Greu pentru măturători.

Peste vară hălăduiserăm, cercetând case și oameni, privind tot ce ne cădea sub ochi. Moscova veche, cu casele de lemn și ulițele înguste, cu grădini – resturile pădurii care a fost cândva pe aici – și cartierele noi, cu blocurile enorme, inexpresive, de pe lângă fabrici și întreprinderi. Adesea ne-am aruncat privirile în valurile curate ale râului Moscova. Centrul a rămas mereu departe de noi.

Țara este departe și trenul nostru nu mai apare.

Cu lopețile în mână, desfundam pe la colțurile străzilor, adunam zăpada lângă trotuare și cu tomberoanele îi făceam vânt în canale.

De sus ningea mereu. Oamenii, bărbați și femei, la fel îmbrăcați, pantaloni și haină vătuită, cu pâslari în picioare și pe cap cu căciuli cu urechi – treceau pe lângă noi veseli; iarna le plăcea. Copiii, mulți, foarte mulți, se jucau prin zăpadă cu nasurile roșii și cu privirile șirete.

Brazii erau troieniți, mestecenii gemeau în bătaia crivățului.

De sus, ningea mereu.

*

Astăzi este sărbătoarea Sfântului Nicolae. Afară a stat ninsoarea și noi așteptăm echipați să mergem la lucru.

Peste un ceas, vine la noi ofițerul de serviciu și ne spune: „Pregătiți-vă bagajele și haideți cu mine".

Ieșim la poartă; ne urcăm într-un camion și drumul nostru – așa ne spune inima – ducea la gară.

Mânaţi din urmă ca de un vânt rău, suntem aliniaţi în faţa unui căpitan roşcovan, pistruiat, care ne arată vagonul şi ne spune: „Al vostru este, până la Focşani".

Ce bucurie! La orizont creştea mare bucurie: Ţara cea bună, căminul părintesc!

Iarăşi un vagon mare; şi noi suntem unsprezece. Pe frigul ăsta, ar fi fost mai bine dacă eram mai mulţi. Ne aşezăm puţinele noastre lucruri într-un colţ. Ieşim la uşă şi privim. Pe aici am mai fost. Cunoşteam şi gară şi împrejurimi.

Oamenii, încotoşmănaţi, suie sau coboară din trenuri. Orele trec, trenuri pleacă, şi noi stăm pe loc.

Când se apropie seara, am o strângere de inimă. Dacă se contramandează ordinul de repatriere?

Aţipim. Somn plin de coşmaruri. Lungă noapte. Sticloasă, cu ger cumplit.

La ziuă ne trezim, serviţi cu o caşă fierbinte. Câţiva soldaţi români sunt bucătari pentru garnitura noastră. Sunt veseli că se întorc acasă. Au plecat din Urali, cu destinaţia Bucureşti, acum doi ani şi jumătate. Dar ce vrei? Rusia este mare şi drumu-i lung! Şi când te gândeşti că noi, cei 11, am plecat spre ţară numai de 6 luni!

Când lăudam la maximum caşa pentru fierbinţeala ei, îşi face apariţia căpitanul comandant al lotului nostru şi, de pe o listă, ne citeşte numele.

- Coborâţi! zice roşcovanul.

Rămânem împietriţi. Ne uităm unul la altul şi încet punem mâna pe raniţe. Se vede, gândeam noi, că nu-i acesta trenul nostru!

Căpitanul împătureşte tabelul şi-l pune în port-hart. Privind codeala noastră, spune:

- Fără raniţe, fără bagaje. Mergem să facem o vizită în oraş!

- Aşa? zicem noi, ca înviaţi din morţi. Mergem, cum să nu mergem!

După el, ieşim în piaţa din spatele gării şi, cu primul tramvai, plecăm spre centru.

Iată-ne în Piaţa Roşie. De o parte cetatea Kremlinului, cu bisericile înstelate, într-o latură a pieţii biserica, în ruină, a Sf. Vasile Blajinul şi apoi, pe latura opusă Kremlinului, în fund, râul Moscova, cu bazinul de iarnă. Se circulă numai pe trotuarul vecin Kremlinului. Lume puţină, care ţopăie de frig.

Iată şi mausoleul lui Lenin; de piatră fumurie, simplu. Coborâm câteva trepte, şi-n stânga, după o vitrină, Lenin pe catafalc. Chimiştii se străduie să-l menţină întreg, cât mai mult (şi când nu se va mai putea, vor face unul din lemn sau din gips şi-l vor vopsi; aşa cum au procedat cu pâinile şi mezelurile de la magazinele alimentare).

Ieşit din mausoleu, privesc atent porţile Kremlinului; nu poate trece nici vrabia, în zbor, pe acolo.

Piaţa-i pustie, paza-i puternică. Dincolo de ziduri, dictatorul bea vodcă, din sticle colorate. Palatele Ţarilor sunt bune şi pentru ţarul neîncoronat.

Căpitanul zice: „Să mergem să vedeţi metroul”.

Suntem pe scările rulante. Jos, viu colorate, se deschid luminoase bolţile metroului. Vagoanele, cuplate câte două, circulă cu o viteză de tramvai bucureştean. Sunt aidoma cu trenurile automotoare scoase din Reşiţa sau de la Malaxa. Ne găsim în gara Maiakovski.

Gările sunt mici, de marmură. Fiecare gară deosebit colorată, cu chioşcuri de ziare şi tutungerii. La ora când ne suim în tren, sunt puţini călători.

Peste câteva minute coborâm în staţia Frunze şi, după ce aruncăm o privire peste blocul de marmură roză, ieşim la sol, tot cu scara rulantă.

În calea noastră întâlnim clădirea masivă a Institutului Marx-Engels-Lenin (Stalin), iar ghidul nostru zice: „Acum vom vizita biblioteca Lenin...” Intrăm dintr-o sală într-alta, urcăm un etaj, ajungem la al treilea, apoi coborâm şi puţinii cititori, care se încălzesc aici, ne privesc cu ochi miopi.

- Aţi văzut, domnilor ofiţeri, cea mai mare bibliotecă din lume, care cuprinde atâtea milioane de cărţi etc... Parcă am fi la circurile de la Moşi. Unde se află Biblioteca Naţională din Paris sau Muzeul Britanic cu valorile lor? Sunt în urma Moscovei cu o mie de ani, cel puţin! Noi, politicoşi, constatăm admirativ: „Mare clădire, domnule căpitan."

Trecem prin faţa Operei mari, şi a celei mici – de balet, citim câteva firme cu institute universitare, vedem câteva hoteluri mari, reclame de cinematografe (aproape la toate rulează „Balada Siberiei"). Ghidul ne arată unde se tipăreşte *Pravda* – oficiosul partidului. Dincolo, o librărie, „Cartea noastră", cu un bogat sortiment de şahuri. În vizita noastră ne lovim de nesfârşitele cozi la pâine şi alte alimente.

Cerul s-a înnourat şi de sus coboară – liniştiţi – fulgii de zăpadă.

Moscova îşi aprinde lămpile electrice. În gară ajunge, surd, zgomotul oraşului. Locomotivele, plutind în aburi cenuşii, ne dau târcoale. Aşteptăm plecarea.

Când s-au izbit tampoanele, cu zgomot de fiare vechi, am tresărit: „În sfârşit, plecăm". Şi la primul huruit al roţilor îngheţate, mi-am făcut cruce: „Doamne, ajută-ne să sărutăm pământul strămoşilor!"

Un kilometru, doi şi când trecem peste râul Moscova, în depărtare, sus, apar stelele roşii de pe bisericile Kremlinului.

Apoi mahalaua ne prinde, ne face vânt din urmă şi la orizont apar pădurile negre.

Peste păduri, sub cer, stăruie încă luminile oraşului.

Buzele şoptesc: „Adio, Moscova!"

Mă-ntorc la vatra părintească

Adio, Moscova!

Plec cu regretul de a te fi cunoscut. Aş fi preferat să fii Parisul, Roma sau Londra. În aceste condiţii sub gene aş fi dus regretele despărţirii. Aşa, pentru ceea ce ai fost tu pentru mine şi pentru tata, mestec în măsele blesteme amare, la adresa ta.

*

Trenul se opreşte prin toate staţiile, mari sau mici. Zăpadă până la liziera pădurii şi, de acolo, întuneric dens. Deasupra, nici o stea. Au rămas pe turlele bisericilor din Kremlin.

În vagon e frig. Înşirăm nişte scânduri pe jos şi încercăm să adormim; nu putem încălzi un vagon de 60 tone cu căldura noastră corporală. Încotoşmănaţi în boarfe, ne lipim unul de altul cu căciulile legate sub bărbie, cu gulerul ridicat şi încercăm evadarea în vis.

Afară e zăpadă şi pădure. Lucruri dintr-astea am văzut noi atât de mult, de ni s-a acrit sufletul.

Peste zi, ni se dă mâncare: pesmeţi, negri ca cernoziomul, peşte sărat şi câte o supă de crupe sau mei. Apă – avem o găleată, ne luăm noi de prin gări. Nici un fel de grăsime, nici un pic de zahăr. Iar ţigările ni le fumează ofiţerii din escortă şi ceasovoii.

Dar toate aceste lipsuri nu înseamnă mare lucru când stai şi te gândeşti că mergem acasă.

Oare să ne ducă acasă?

Trenul nostru duce unguri şi austrieci, iar noi, cei 11, mergem în România.

Îmi aduc aminte că noi am plecat spre ţară pe 7 iulie. Oare nu vom face alte etape, „de ajustare”, pe acest lung drum al întoarcerii?

Suntem pregătiţi şi pentru asta.

Am trecut de Tula, cu bisericile văduvite de cruci şi clopote.

Tula este oraşul turnătorilor în fier. Apoi, în altă zi, am întâlnit în drumul nostru Brianskul – pe aici au fost lupte grele – şi pentru noi, care ştim toate, se deschide în depărtare, larg, câmpia ucraineană, de la Kiev spre mare.

Ne uităm pe ferestruicile zăbrelite; păduri de foioase în podişul Valdaiului şi, pe ici-colo, prin poieni, sate necăjite cu magazii dărăpănate pe la marginea lor. Gările şi clădirile de pe lângă gări sunt aşa cum au rămas de la război, încă nu s-au refăcut la Institutul de planificare planurile pentru reparaţii. Este vreme, din belşug – ţi-ar răspunde orice rus.

Nopţile sunt întunecoase şi în vagon nu avem nici un opaiţ. Plutim în întuneric. Vagoanele se izbesc, cu zgomotoase vaiete de fierărie veche, iar capetele noastre, sprijinite, joacă precum tărtăcuţele. Vai de somnul nostru. Pun mâinile sub cap să mai amortizez izbiturile. Când trenul opreşte în gări, atunci adormim, la comandă. De frig şi de nesomn am căpătat culoarea cartofului degerat. Şi totuşi inima ni-i veselă. Orice kilometru făcut pe acest drum ne apropie de Ţară. Ah, sfânta noastră Ţară.

Discutăm şi ne bucurăm la gândul că prin gări „Crucea Roşie” ne va ieşi în cale cu ceaiuri calde şi cu felii de pâine proaspătă. Vai, de am ajunge mai repede în Ţară!

Se porneşte o vifornită, cu şerpii crivăţului în coasta trenului. Zăpada, spulberată de vânt, pătrunde prin crăpături şi, nevăzută, ne biciuie obrajii. Stăm, strânşi pe podea, cu ochii larg deschişi şi ascultăm suflul greu al locomotivei şi fluierele crivăţului...

Aşa era în acea iarnă de pomină la Stalingrad... În spatele nostru rămăsese războiul şi fumul războiului şi sub nori apele negre ale Volgăi. Pe deasupra plesneau bicele crivăţului, scăpat la loc deschis, în stepă. Pe deasupra apelor, norii negri sărutau valurile în horbote de gheaţă. Sublocotenentul rus era fericit pentru captura făcută (pusese mâna, fără să-şi dea seama, pe biroul operaţiilor mareşalului von Paulus. În ceaţă, în viscol, în buncăr era zăpăceală. Şi când şi-a dat seama pe ce a pus mâna, a înnebunit de bucurie.) Uite-l colo, cântă, joacă, chiuie, în întrecere cu crivăţul şi, din timp în timp, se închină până la pământ cu mari cruci pravoslavnice. Câţiva soldaţi îl supraveghează. Suntem la mijloc, pe bac, o mână de oameni dezarmaţi, şi în jurul nostru, puhoi de ruşi. Războiul a rămas în spatele nostru, începea greul pentru noi.

Greul a început tot într-o noapte. Pe un vas pescăresc, am plecat, ciucure pe punte – în vânt şi ger –, pe apă la vale, până la Astrahan. Cine murea era dezbrăcat de haină, şi, gol şi îngheţat, era azvârlit în valuri.

La Astrahan, într-o lună, două, trei lumea s-a rărit. Păduchii şi tifosul, dizenteria tratată cu hipermanganat şi foamea au golit lagărul. Cimitirul era în spatele lagărului.

Apoi am fost duşi la Oranki, ne-am întâlnit cu „tanti” Ana şi cu propaganda.

De acolo, cale lungă, nouăzeci şi una de zile de drum cu vagonul de marfă, fiind hrăniţi cu peşte sărat şi fără apă, până în Karaganda. Munţii Himalaia, de piatră sură, cu furtuni şi ninsori veşnice la creste, ne chemau; împingeam vagoneţii cu cărbuni, cu ochii pe drumurile ce duceau printre munţi.

Şi apoi, pentru pricini necunoscute, am poposit pentru câteva luni la o mină de fier din Urali, la marginea oraşului Sverdlovsk. Şi iarăşi am trecut în Rusia europeană. Am atins în trecere Moscova şi Leningradul; am rămas la Greazovăţ o lună de zile, pe urmă am plutărit pe Marea Albă, la Arhanghelsk, unde am lucrat la o fabrică de celuloză.

În lungile nopţi polare, am stat ore întregi cu ochii măriţi, privind feeria splendidei aurore boreale. Coroană imperială, draperii de operă, candelabru şi snop de fulgere, aurora ţâşneşte în culori ce se schimbă fulgerător, ţâşneşte din mare şi de dincolo de mare, din oceanul de gheaţă şi de dincolo de ocean, din inima mării care rămâne ascunsă undeva, în dosul pământului. Nu se poate imagina un spectacol mai măreţ. Flăcările jucăuşe aprind orizontul şi cerul, până la zenit, îmbrăcând în purpură sau în violet, în verde sau în maron, toată emisfera nordică. Renii privesc cu ochii mari, umezi, orizontul în flăcări, iar focile se scaldă în lumină. Laponii, cu mâinile sus, ca într-o invocare, şoptesc cuvinte de teamă şi de preamărire pentru zeul focului din dosul candelabrului, cu candele de aur şi rubine. În jurul draperiilor, ca într-un desen schiţat în cărbune, cerul negru de catran. Dinspre coroanele de flăcări de aur, pe gheaţa Mării Albe şi până la picioarele noastre, lumini jucăuşe, schimbătoare, scânteieri pe zăpezile îngheţate şi licurici verzi. Pluteşti, cutremurat de un fior tare, pe deasupra realităţii şi dincolo de lumi...

Apoi ne-am aşezat, de-a lungul multor anotimpuri, schimbând bordeiul, la Oranki şi la Mănăstârca.

Mă dor umerii, frecaţi, bătuţi de hamuri, iar la încheieturile oaselor pielea s-a bătătorit, s-a învineţit.

Când mă întorc pe o parte sau pe cealaltă, oftez din băierile inimii; mă dor toate. Sufletul însă cântă. Rămân în urmă crivăţ, zăpezi şi cazne...

Iată-ne, într-o dimineaţă, la Kiev. Maiorul rus se apropie de vagonul nostru şi ne spune; „Haideţi cu mine în oraş".

Am stat două zile în gara Kiev. În aceste două zile, rusul ne-a purtat să vedem oraşul. Desigur că am trecut Niprul în mai multe rânduri şi de câteva ori ne-am aruncat ochii la ruinele unde a fost altădată Lavra Pecerskaia (mănăstirea din peşteră), centru religios al Rusiei. Acolo este un muzeu – înfiinţat de asociaţia beslojnicilor[32] – dar, aşa se

[32] ateilor

pare, în câţiva ani, pentru că politica face cotituri de neaşteptat – sub malul verde al Niprului – acolo va fi iar o aşezare călugărească, pentru a promova iubirea pe câmpurile unde a fost semănată ura.

Pe mine m-ar fi interesat să văd mormântul marelui mitropolit român Petru Movilă care, pentru cultura rusească, reprezintă iniţiatorul şcolilor superioare, cel care a scris *Mărturisirea ortodoxă,* perfect valabilă şi până astăzi pentru întreaga creştinătate ortodoxă. Pe mine şi pe alţii din grup ne-ar fi interesat mormântul acestui om, dat cu împrumut de neamul nostru răsăritului semibarbar. Maiorul rus, la această remarcă a mea, zâmbeşte, ridică din umeri şi spune: „Aşa ceva nu este de interes". Şi ne arată câteva clădiri mari ale partidului, fără formă, fără stil – în care se macină vânt. Însă ochii noştri se opresc plăcut impresionaţi pe vechiul Kiev, pe casele bătrâneşti, purtând patina timpurilor, înconjurate cu largi grădini şi parcuri. Aici este statuia lui Bogdan Hmelniţki, hatmanul cazacilor, nedoritul cuscru al lui Vodă Vasile Lupu. Tot aici este Universitatea. Am mai văzut un institut şcolar şi alături o casă a nu ştiu cărui sindicat. Pe la colţuri, magazine gastronomia[33], restaurante goale şi cozi la pâine. Cartela s-a desfiinţat, dar nu găseşti pâine, zahăr, carne şi ulei. Încolo, din belşug cutii cu scobitori, veselă de tinichea – castroane – şi perii de frecat podele.

În jurul oraşului, pe linia orizontului, pădure verde. Prin mijlocul oraşului, apa Niprului, cu pragurile de gresie, în care, către anul 900 al erei noastre, au fost botezaţi ucrainenii. Uite şi o biserică, două, ba chiar trei! „Ierusalimul Rusiei", aşa cum era cunoscut Kievul până nu de mult, oare numai atâtea biserici să fi avut?!

Se pare că revoluţia, ca peste tot, a dărâmat, a batjocorit sufletele şi a clădit puşcării... Kievul, care a fost socotit în trecut centrul de cultură al Rusiei, astăzi este doar o capitală a unei republici subjugate, cu o umbră de guvern, cu o

[33] alimentare

armată deplasată la granița chineză pentru reeducare – armata aceasta se îmbolnăvise de europenism și începuse a murmura pentru o Ucraină liberă. Și mai are, nu înțeleg pe ce considerent, un reprezentant la O.N.U.

Este sigur că mâine Kievul își va reactualiza spiritualitatea, clădind mai departe, pe trecutul întrerupt în 1918 de târnăcop. Asta, când va fi o Ucraină liberă.

Până atunci, apa Niprului va curge la vale mâloasă, ducând sloiuri de gheață. Și trenul nostru merge tot la vale, pe malul apei. Și simt, la o cotitură, lăsând în dreapta târgul de cai de la Cercași, că trecem apa. Câmpul se întinde mohorât, fără hotar, până la Bug și până la mare. Ici un sat și un colhoz, dincolo un sovhoz (fermă de stat) și iar pustiu. Iar pustiul este acoperit de zăpadă. Pădurile au rămas departe, în urma noastră. Pe aici nu-i codru, nu-i apă și vântul, parcă turbat, joacă cazaciocul. Trenul, încet ca melcul, merge, lunecă, scârțâie, bombăne, urlă răgușit a stepă, a gol și se apropie de Europa. Trecem prin niște dudău – câmp întreg de mărăciniș – și gata, suntem la malul gălbui al Bugului. Aici e un oraș numit Pervo-Maisk – și dincolo un altul, Golta. Locurile ne sunt destul de cunoscute.

Când trenul oprește în gara Golta urechile noastre prind din zbor grai românesc. Deschidem ușa de la vagon și coborâm. O bătrânică vinde piroști de cartofi: „Ia, mamă, de aici, costă o rublă, da-s bune ca mierea." Soarele strălucește în crucea amiezii, pe un cer siniliu. Bătrânica, simțind că buzunarele sunt goale, ne îmbie: „Luați mamă, bogdaproste."

Graiul cu îndemnul, ca mierea, „luați, mamă" și plăcintele de cartofi, calde, ne aduc lacrimi în ochi. Bătrânica pricepe și, mișcată, își șterge două lacrimi: „Lasă, mamă, că o să fie bine." Petrică someșanul, avocat de la Cluj, îi sărută mâna, ca pentru toți, iar mama îi sărută fruntea. Țara cea bună ne întinde brațele.

Trenul a plecat mai departe, tăind Transnistria în două. Dealuri molcome, moldovenești, ici-colo câte o pădure arămie sfioasă.

Satele sunt acum ceva mai dese, gările tot mai neîngrijite. Prin gări, vorbă românească.

Iată-ne în gara Balta. E o zi călduţă, sau poate că aşa ni se pare nouă, celor ce venim de la nord. Soarele e gata să apună. Gara este complet distrusă de război şi în gară forfotă de lume care nu pleacă nicăieri. Colhozurile îşi depun cota de porumb. Magazii nu sunt, ci jos în dosul gării s-au clădit piramide de grăunţe. Dacă bate vântul cu ploaie sau de aştern ninsorile, stivele cu grâne stau sub cerul liber. Deasupra stivelor se prinde un strat de putregai. Dar lumea n-are vreme, stă la coadă la brutării.

Un drum pietruit pleacă din dosul gării şi, după ce încalecă pe câteva dealuri luminoase, se opreşte lângă cimitirul oraşului Balta. Pe dealul de alături sunt nişte livezi şi vii şi mai în fund o pădure de stejar. Pe toate mi le-amintesc! De la gară oraşul nu se vede. E într-o vale, pe apa Iaharlâcului. Acolo, în oraş, este o biserică mare, neterminată, şi o fostă mănăstire, decapitată de actualul regim. Când s-a făcut republica moldovenească, aici şi-a avut capitala. Pe urmă capitala şi cu postul de radio s-au mutat mai aproape de Nistru, la Tiraspol. După ce în 1940 Basarabia a fost „eliberată" de la români, capitala s-a mutat la Chişinău, iar Balta cu cei zece mii de locuitori ai săi a rămas cum a fost şi mai înainte, un târg fără pretenţie şi fără viitor. Aici sunt mulţi moldoveni care se închină la icoana lui Inochentie[34].

Nu departe de Balta se află şi satul Lepiţchi, unde, în 1917, călugărul Inochentie şi-a întemeiat „raiul său". Regimul n-a fost de acord cu acest rai pământean şi a dat foc şi raiului şi lui Inochentie. De atunci, moldovenii de la Balta cântă în fiecare seară, aprinzând lumânări şi candele în faţa icoanei părinţelului, „Sfinte al lui Dumnezeu, Inochentie, roagă-te lui Dumnezeu pentru noi." Şi iată, aşa, Balta, prin intermediul călugărului Inochentie, a intrat în istoria mişcărilor religios-sectare.

Stăm la uşa vagonului, privim forfota colhoznicilor, necăjiţi că-şi dau pâinea de la gură, ca s-o primească porţie neagră şi mucedă de la stat.

[34] a dat naştere inochentismului

Le povestesc celor de lângă mine întâmplări cu Inochentie şi alte întâmplări petrecute aici în oraş cu mine şi cu alţii, pe care războiul ne-a purtat şi pe unde nu ne-a fost voia.

În oraş – la Balta – eu am stat aproape o lună de zile, în anul 1941...

Intrasem aici după un atac puternic şi până să se refacă unitatea, am rămas încartiruit la o femeie bătrână, peste drum de Grădina publică. Gazda mea se numea Ana Ivanovna Teodorcic.

Aflasem de la Ion, ordonanţa mea, că Ana Ivanovna, care pe vremuri fusese profesoară de ştiinţe naturale la un liceu, acum se ocupa cu „cărturăria". Pardon, cu datul în cărţi. Când eu plecam la cazarmă, la uşa Anei Ivanovna se făcea coadă la fel ca la alimentara din colţ.

- Ioane, să bagi de seamă, să nu se întâmple altceva aici. Nu uita că suntem în vreme de război, îi spuneam eu lui Ion.

- N-aveţi nici o grijă, domnule căpitan. Baba noastră – aşa-i zicea el – dă în cărţi şi atât. Mi-a zis şi mie multe...

Într-o seară – era în ziua de „Schimbarea la faţă" – aveam la mine în vizită pe maiorul Banu. Ciocneam un pahar de vin.

În timpuri de cumpănă, oamenii trec peste raţiune şi peste opreliştile ei şi fac lucruri de care mai târziu se sfiesc. Maiorul Banu aflase de îndeletnicirile gazdei mele şi stăruia să o cunoască. Ion a poftit-o pe Ana Ivanovna la noi. Cu părul alb ca zăpada, curăţel îmbrăcată, în amintirea vechii ei profesiuni, s-a aşezat pe un scaun şi discuţia s-a purtat în jurul a o mulţime de lucruri importante – despre război şi despre regim, despre bărbatul ei care fusese profesor de matematici şi care, pentru că gândise altfel de cum era permis să gândească, fusese condamnat, deportat în Komi[35] şi murise pe acolo. Fetele ei, măritate, erau la Moscova. Apoi, direct, maiorul Banu trece la subiect:

---

[35] la Polul Nord

- Ana Ivanovna, dă-mi te rog şi mie în cărţi; vreau să ştiu ce m-aşteaptă...

Şi Ana Ivanovna, înveselită de cererea lui, scoate cărţile, şi-i dă în cărţi. O oră a boscorodit verzi şi uscate. Ana Ivanovna vorbea frumos româneşte, dulce ca-n Moldova, corect, ca la Universitate.

Am văzut că maiorul se întristase.

- Ce-i, Ana Ivanovna? În locul ei, îmi răspunde, zâmbind acru, maiorul:

- Cărţile vorbesc de moarte...

- Lasă, domnule maior, de murit, vom muri noi! Dar asta cât mai târziu posibil. Acum nu e timp pentru asta.

Maiorul Banu căzuse pe gânduri.

- Să vă citesc şi dumneavoastră, domnule căpitan...?

- Mulţumesc, Ana Ivanovna, dar eu nu cred în astfel de lucruri.

- Ei, lasă să vedem ce scrie acolo, intervine maiorul.

Şi mai mult de silă şi dintr-o neînţeleasă delăsare, am acceptat. Şi Ana Ivanovna a spus o mulţime de lucruri, care au fost şi care urmau să fie.

Pe urmă am plecat din Balta. Războiul se deplasase spre Odesa şi noi mărşăluiam într-acolo. Într-o dimineaţă, la începutul toamnei, a căzut maiorul Banu. L-au fulgerat schijele unui obuz. Dar la război asta se întâmplă în fiecare zi şi se poate întâmpla chiar în fiecare clipă cu fiecare ostaş. Am avut în acea zi o amară aducere aminte, pentru prezicerile Anei Ivanovna. În inimă stăruie ca un ghimpe: „Dar, dacă se va întâmpla aşa?" Peste un an, tot la sărbătoarea „Schimbării la faţă", mergeam spre Stalingrad...

Am stat un ceas în gara Balta. Mi-am adus aminte de Ana Ivanovna şi de citirile ei şi am râs crispat; războiul nu se terminase în trei luni cum crezusem noi... Intervenise America în favoarea ruşilor cu arme. Hrană, îmbrăcăminte, aviaţie...? Cine ştie? Câte întâmplări pe care nu le pot lămuri! Iarna, am căzut prizonier. Mi-am adus aminte de Ana Ivanovna! „Vei cădea, prins la ruşi...!" Iată, sunt exact şase ani de atunci. Bătrâna şoptise: „Vei sta şapte ani în amară robie, după aceea te vei întoarce şi vor urma cele ce se arată aici...” şi-mi înşirase o sumă de lucruri, care numai bine nu arătau!

Iată-mă acum, la ora întoarcerii spre patrie. Privesc de la bara vagonului spre Balta şi la forfota din gară.

Prietenii m-ascultaseră interesaţi şi intrigaţi în acelaşi timp.

Pe lângă vagon trece un moşneag cu barbă albă.

- Moşule, de unde eşti dumneata?

- Eu? Pe mine mă întrebi?

- Da, pe dumneata.

- Apoi, sunt din târg, de la Balta.

- Aşa? Foarte bine, moşule. Mie îmi trebuie chiar unul din Balta, ca să-l întreb ceva.

- Mă rog matale, întreabă-mă. Şi de-oi şti să-ţi răspund, apoi nu te-oi lăsa să-ţi răceşti gura degeaba. Dar, ceasovoii aceştia nu s-ar lega de noi?

- N-ai grijă, moşule. Ei ne păzesc pe noi, să nu zburăm mai repede spre casele noastre, încolo, după cum vezi, reazimă şi ei vagoanele cu umărul să nu se prăvale, şi cască a neodihnă.

- Ei, şi acum unde vă duceţi?

- Acasă, moşule!

- Vai de capul vostru! În scurt, vă vor înjuga ca şi pe noi. Uitaţi-vă ce se întâmplă aici, în gară. Munţi de cereale şi noi crăpăm de foame. Da' să nu-ţi uiţi vorba, că-s tare grăbit să ajung acasă, până nu înnoptează.

- Uite despre ce-i vorba, moşule. Eu am trecut cu războiul pe aici. Şi în Balta, am stat la o femeie bătrână, peste drum de Grădina publică, pe numele ei Ana Ivanovna...

- Ei, da, cărturăreasa. O ştim, cum să n-o ştim.

- Foarte bine, moşule. Aş vrea s-o văd. Acum nu ştiu cât va sta trenul aici în gară. Văd că suntem văduviţi de locomotivă. Treci mata, dacă eşti bun, în seara asta pe la dânsa şi spune-i să vină la gară. Spune că mi-e dor de dânsa.

- Bine, voi trece. Dacă o vrea să vină! Mă rog, voia-i la dânsa, ca la Duca Vodă. Ştiu că i-au venit fetele de la Moscova, în musaferie, şi-i veselie mare în casă la dânsa. Dar, eu voi încerca... Dar, mă rog, cum te cheamă pe mata?

I-am spus cum mă cheamă şi i-am mulţumit pentru bunătate.

*

Dimineaţa m-am trezit odihnit. Eram tot la Balta; cerul era senin şi soarele, amărât, abia răsărise. Pe peron, câţiva oameni zgribuliţi. Lângă vagon, ne spălăm cu zăpadă, îmi curăţ bocancii cu poala mantalei, îmi scutur hainele şi căciula şi apoi aştept. Vine? Nu vine?

Cei 11 pasageri ai vagonului 111003 – de 60 de tone – stăteam ferchezuiţi, aşteptând pe „baba noastră".

Dinspre Bârzula vine o locomotivă, se lipeşte încet de trenul nostru şi pufăie zgomotos pe nări. Parcă mă încearcă o părere de rău. De ce n-o fi venit Ana Ivanovna? Se teme. Au trecut atâţia ani! M-a uitat, biata bătrână.

Orele trec; gara intră în forfotă, cotele se depun neîncetat. Trenul se mişcă, garnitura trece pe altă linie şi se opreşte. Maşina sfârâie nărăvaş şi apoi tace, mulţumită.

Când a venit? De unde a apărut? Căci n-am zărit-o, atenţi fiind la manevra trenului. Iat-o pe peron, mică, bătrânică, Ana Ivanovna, înconjurată de trei femei tinere. Iar din vagon strig: „A venit, măi, băieţi" şi după mine zdup, zdup, ceilalţi.

Mă opresc la un pas de Ana Ivanovna, râzând vesel.

- Bună ziua Ana Ivanovna, mă mai cunoşti?

- Vai, domnule căpitan, vai băiatul mamei, şi plângând mă îmbrăţişează, mă sărută ca pe propriul ei copil, mă boceşte, mă mângâie cu vorbe calde. Fetele bătrânei, cu ochii umezi de lacrimi, mă sărută frăţeşte. Eu plâng ca un copil în braţele lor, pe urmă îmi revin rapid şi cu mâna bătrânei în mâinile mele, mă uit la dânsa întrebător.

- Ţi-am spus eu, băiatul mamei, ce-o să păţeşti? Acum o parte din greutăţi au trecut. Las' c-o să treacă şi celelalte, cu ajutorul lui Dumnezeu, sănătos să fii.

În jurul nostru s-a adunat toată gara. Şi noi, cei 11, suntem complet încercuiţi. Ana Ivanovna mă întreabă de una, de alta cu bucuria de a-şi avea fetele musafire. Totuşi are şi un necaz. Băiatul ei cel mai mic, artist, a plecat cu nemţii.

Cine ştie dacă mai trăieşte?

E prea multă lume în jur şi nu-i bine. Ana Ivanovna mă ia de braţ cu: „Hai să mergem mai la o parte”, îmi strecoară un pachet: „Ţi-am adus, dragul mamei, câte ceva, mult n-am putut, dar ţi le dau din inimă. Şi dumneata m-ai ajutat atunci, când îmi era greu şi nu se găseau nici de unele.”

Ceasovoii dau alarma să ne suim în vagoane. Maşina fluieră lung, a stepă întinsă.

Îi sărut mâna Anei Ivanovna, ca propriei mele mame. Bătrâna mă îmbrăţişează, udându-mi faţa cu lacrimi şi şoptindu-mi: „Când s-o face pace şi n-o mai fi antihrist pe pământ, am să vin la Bucureşti să te văd şi să văd Ţara, că doar sunt româncă. Să ştii că am să vin cu toate neamurile mele”. Fetele râd şi repetă: „Venim, venim să vedem Bucureştiul!”

- Veniţi, vă aştept. Ba chiar, de va fi aşa cum spune Ana Ivanovna, vin să vă iau de aici, să staţi la noi acasă.

M-am urcat repede în vagon. Trenul, haida, haida, se pusese în mişcare. Pe peron flutură patru batiste şi altele necunoscute, în spatele lor. Din uşa vagonului, mâinile noastre flutură a rămas-bun.

Biata Ana Ivanovna! Ce inimă de mamă bună! Ne-am „împărtăşit” toţi din bunătăţile dăruite.

Anii au trecut grei de încercări şi de obidă şi mă întreb, stând singur în tăcutul bordei de la Bărăgan: oare n-am ajuns la capătul anilor de cumpănă? Şi mai îmbătrânită, Ana Ivanovna îmi şopteşte: „După vrerea lui Dumnezeu. Sfârşitul răului se vede. Ai răbdare, dragul mamei şi ne vom vedea la Bucureşti...”

*

Dimineaţa, în zori, trecem apa Nistrului, hotarul nostru întărit cu cetăţile voievodale, care privesc spre răsăritul plin de primejdii, de unde, pentru noi, n-au venit decât nenorociri.

Trenul lunecă încet pe podul de la Râbniţa, frumos ca o bijuterie, aruncat peste apele îngheţate. Păduri şi livezi, în hibernare. Ţara îşi arată bogăţiile de câmpii mănoase, dealuri cu podgorii şi cu păduri, începând de aici, de la hotarul cu cetăţi şi până la apa Tisei. Ţara, măr domnesc, pentru apărarea căreia au sângerat moşii şi strămoşii mei. Apa Nistrului a stat strajă la hotar şi la vreme de primejdie a oglindit în undele sale cai şi călăreţi moldoveni, mânaţi la bătălie cu păgânul, pentru a ne apăra sărăcia şi nevoile şi neamul. Apoi de la hotar, cetatea Hotinului, Sorocii, Orheiului, Tighinei şi mai în jos, până la Cetatea Albă şi Chilia, păstrează pe veci întipărită în piatră, în valuri şi în inimi icoanele voievozilor de la Suceava şi de la Iaşi.

Peste ape şi peste câmpii s-a aşternut omătul iernii, pentru roada pâinii de la vară şi pentru mustul din podgorii.

„Frumoasă eşti, o, ţara mea, cu câmpii mănoase şi ape limpezi...!”

... Când am trecut apa Nistrului, la oprirea trenului, am coborât, ne-am închinat şi am sărutat pământul răzeşilor Orheiului, punând aici o lacrimă de amărăciune, pentru nedreptate... Grai dulce românesc – prin gări – şi satele ne dau pâine, colac frumos împletit, frumos, ca şi faţa lui Hristos şi din bărdace, vin roşu, sângele Domnului. Ţara cea bună lăcrimează pentru noi, iar oamenii din partea locului se „închină” cu faţa către Apus. Într-acolo merg nădejdile. Şi fraţii noştri aşteaptă, aşteaptă şi se închină cerului: „Doamne, adună-ne la aceeaşi mamă!”

*

Lucram la o fabrică de cherestea, în pădure. La directorul fabricii venise în vizită, în concediu, tatăl lui Vasile Şelaru, pe care întâmplările îl duseseră prin regiunea Komi (între Arhanghelsk şi Urali – lângă Oceanul îngheţat de nord). Aflând că sunt din Basarabia, mă oprește într-o zi și mă întreabă cum e viața pe la noi pe acasă. Bineînțeles că i-am spus de pâinea albă și despre bogățiile și ieftinătatea vieții de la noi. La acestea, el mi-a răspuns:

- Sunt pus în alternativa de a alege între Chișinău și Krasnodar. Unde zici dumneata să mă așez cu serviciul?

- Duceți-vă la Chișinău... Și am început a-i arăta toate avantajele de care s-ar bucura acolo.

Iar bătrânul contabil mi-a răspuns, tărăgănând, nehotărât:

- Așa o fi cum zici dumneata, dragă domnule. De altfel, toți vorbesc la superlativ despre viața abundentă de la Chișinău, dar eu, ca om bătrân care am văzut destule și-am priceput câte ceva din felul cum se desfășoară lucrurile în politica internațională, înclin a crede că mă voi duce la Krasnodar. Asta și pentru motivul că până acum m-am condus pe proverbul: „E mai bine-n capul mesei și-n mijlocul țării". Ce știm noi? Republica Moldovenească e mai aproape de România, tot felul de interese o leagă de Dunăre și de București... Mă duc la Krasnodar.

- De, domnule contabil, cred că ați judecat just. Mai ales că proverbul cu pricina se știe și pe la noi.

*

Trecem pe la Bălți – bălării și moloz, murdării și cârpe, așa cum au rămas lucrurile de la război. Iată-ne la Fălești, cu târgul peste vale, și după încă o noapte, dimineața, lăsând în urmă, aproape acoperită de bălării și de urmele bătăliilor, gara Ungheni, ne oprim pe mijlocul podului, suspendați între ceruri și apele cele de dedesubt.

Prutul duce la vale, aburind, sloiuri de gheață. E un soare frumos, călduț și pâclele joacă până dincolo, până la Cristești, până la Stânca Roznovanului. Păpurișul uscat tace, în așteptarea vântului, cu bălțile înghețate – oglindă. Spre apus, întinsul șes al Prutului și ghicesc, după dealuri, cetatea de scaun a Moldovei, Iașii.

Spre sud, dealurile cu podgorii şi livezi, cu păduri străbune, de la Tomeşti, Comarna, Poieni, iar pe apă, la vale, câmpul întins al Ţuţorii. În spate, chiar lângă noi, fără viaţă, târgul Ungheni, punct de graniţă. Mă închin şi zic: „Nu se poate, Doamne, să rămânem aşa! Sfarmă Tu nedreptatea care ni se face..."

De altfel, nu simt nici o emoţie; hotarul l-am trecut pe la apa cu cetăţi. Aici vin vameşii ruşi, ne numără, ne întreabă de nume, se uită la boarfele noastre, şi când e gata, trenul trece mai departe, uşor, patinând pe pod. La 100 de metri se opreşte în micuţa gară Ungheni - România. Aici, nici ţipenie de om. Nimeni nu ne primeşte, nimeni nu ne numără, nici vameşi, nici întrebări. Pustiu. Ţara noastră nu are vamă aici? Soldaţi de pază? Ce-i asta?

Un ceferist ne zâmbeşte: „Bine-aţi venit, fraţilor" şi dă drumul trenului. Atât!

Gara Socola. Iaşiul, pe şapte coline. Alb şi frumos se aşterne la picioarele noastre.

Câteva femei din mahala, după ce se lămuresc cine suntem, fug acasă şi ne aduc pâine, brânză şi mere.

Dar unde-i Crucea roşie şi coconetul? Costel Vântu înjură furios, hotărât să pună câinii pe reprezentantele Crucii Roşii, când vor bate la poarta lui.

- N-au făcut nimic pentru noi, n-au mişcat un deget cât am fost în robie. Dar, nici acum să nu găseşti un ceai într-o gară românească?

- Lăsaţi-le dracului, domnilor – răspunde o femeie din cartier, încărcându-ne braţele cu mere –, că nu ştiu altceva decât să se vopsească şi să dea ceaiuri dansante.

- Dă-le-n portul Marsiliei, cu roşeaţa lor cu tot, încheie Costel, muşcând crunt dintr-un măr frumos.

Ceasovoii au devenit vigilenţi şi fugăresc lumea care se adună ciucure în jurul nostru, fiecare cu ce poate. Ungurii şi austriecii înţeleg că se găsesc în România. Peste capetele ceasovoilor li se aruncă pâine şi fructe...

Zice Petrică someşanul: „Unde-i politrucul Terleţchi, să vadă cum ne linşează mulţimea, cu pâine şi cu fructe?"

Totuşi nu se vede, nu se simte nici o autoritate românească. Să fie ţara oare atât de „înfeudată” ruşilor?

Cum stăteam noi, românii, lângă o magazie şi mâncam mere – cu cordonul ceasovoilor întins în jurul trenului până peste linii –, simţim că pe la spate se apropie cineva. Acest „cineva” erau trei la număr. Voinici, bine legaţi, cu scurte de piele şi şepci, ne măsoară scurt şi ne întreabă dacă suntem români.

- Pe cât se pare, suntem români. Dar de ce? Am înţeles imediat că-s lupi îmbrăcaţi în scurtă de oaie.

- Ce să fie? Răspunde cel mai voinic, măsurându-mă şiret. La ce-aţi venit încoace, măi fraţilor?

- Cum, la ce-am venit? Noi aici avem părinţi şi copii, aici ni-i izvorul, aici ni-i Ţara, aici e prispa noastră...

- Măi fraţilor, măi fraţilor, nu mă înţelegeţi. La ce-aţi mai venit încoace? Nu ştiţi ce se întâmplă în lume?

- Ascultă, domnule, îl întrerup eu. Te rog să ne scuteşti de văicărelile dumitale. Ce tot îi dai cu fraţilor, în sus, fraţilor, în jos; spune-ne scurt, ce te doare?

- Măi fraţilor, d-apoi n-aţi auzit ce se petrece cu ţara noastră, acum, la 30?

- Ei, ce se petrece...?

- Cum, cu adevărat nu ştiţi?

- Nu ştim ce se petrece cu ţara noastră, la 30, acum. Ei, eşti lămurit?

- De ce te superi? Noi credeam că ştiţi! Iaca, trebuie să vă spunem tot noi. Credeam că, dacă veniţi din U.R.S.S., ştiţi mai bine decât noi.

- Ce să ştim măi, omule? îl repede iritat Costel.

- Nu te supăra, domnule, răspunde mieros cel mai mic dintre cei trei. Merge vorba pe la noi că, la 30 decembrie, România se va alipi la U.R.S.S. şi de aceea am vrut să ne lămurim şi noi cu nişte oameni ca dumneavoastră care veniţi din inima luminii, de la Moscova.

- Ascultaţi, domnilor, răspund eu flegmatic, muşcând dintr-o pară cu gust acrişor, ca dumneavoastră, noi am văzut mulţi, pe acolo, prin ţara din care venim. V-am cântărit de la prima vorbuliţă şi ne dăm seama cine sunteţi. Scutiţi-ne de „măi fraţilor" şi plecaţi, tot pe unde v-aţi strecurat până aici.

- Aşa vi-i, adică, vorba?

- Precum vezi.

Cei trei ne măsoară cu ochi de oţel şi-apoi dispar după colţul magaziei. Ah, unde-i Sandu să trimită după ei un lung şi dispreţuitor scuipat?

Iuda, Iuda s-a arătat chiar de la hotar.

- Asta, zic eu, este o altă faţă a Ţării.

Ţara cea adevărată ne-a dat pâine! Noi ne aşezăm inimile lângă sânul de mamă al Ţării celei bune, care ne-a simţit iubirea.

*

Focşani, 23 decembrie 1948 - 4 ianuarie 1949

A nins, cu vifor românesc, toată noaptea, iar a doua zi pe la 11, iată-ne în gara Focşani. Soare, cald, zăpada doar ca o brumă. Gara, pustie, şi-n dosul gării, oraşul tăcut. Ne gândeam: ce bine, am ajuns acasă! Plecasem de la Moscova la 8 decembrie seara şi iată, astăzi 23 decembrie, am ajuns la destinaţie. Ungurii, austriecii vor merge mai departe, dar pe noi, de bună seamă, ne vor preda aici autorităţilor româneşti. Şi acestea, într-o oră, două, ne şi dau drumul. De Moş Ajun cu sacul în spinare, ne vom opri sub ferestrele luminate şi dulce-i vom colinda pe ai noştri:

„Sub fereastra amintirii ne-adunăm,
Sufletul de altădată-l colindăm;
Doamne, toarnă-n focul inimii zăpezi,
Fruntea noastră, mamă, iarăşi s-o dezmierzi;
Flori de măr într-o cunună - Velerim!"

Ce frumos va fi în acel ceas!

Cerul se va deschide pentru noi, a binecuvântare.

Deocamdată stăm în vagon, cu uşa larg deschisă, cu mantalele pe umeri şi privim. În gară, nici ţipenie de om. Sus, lângă acoperiş, şase, şapte „icoane". Unele cu bărbi, altele cu mustăţi doar, iar ultimele, mai jos, complet bărbierite.

- Semnul evoluţiei speciei - remarcă Petrică.

- Se vede că, pe vară, a fost secetă pe aici. Uite, oamenii au scos „icoanele” pentru ploaie şi, dacă Dumnezeu a rourat pământul, oamenii s-au dus la treburile lor, uitând „icoanele” spânzurate sub acoperiş, constat eu, plictisit.

- Îmi face impresia că pe aici se fac exerciţii pentru spânzurători... Niciodată nu poţi şti ce-ţi rezervă viitorul. Trebuie să fii pregătit şi pentru spânzurătoare. Se pare că oamenii ştiu ce au de făcut, cu „sfinţii” din „icoanele” de sub streaşină... Încheie înlănţuirea gândurilor noastre Costel, prin sublinierea ortodoxului Amin, psalmodiat de mine.

Când nici nu ne aşteptam, pe peron apar vreo treizeci, patruzeci de ţigani căldărari, cu plete mari, pantaloni largi şi cizme până peste genunchi. La mijloc aveau brâuri bătute-n cuie de aramă. Femeile erau gălăgioase, cu basmale pe cap, cercei mari în urechi şi cu fuste creţe, de toate culorile curcubeului. Gălăgie. Se ceartă între ei, mai că se iau la bătaie. Tot trenul hohoteşte de râs. Ţiganii se opresc din sfadă şi se uită la tren. Scot lulelele din carâmb şi fumează. Vin mai aproape de noi. Ceasovoii ne păzesc, pe lângă vagoane, jos. Căldărarii se aşază fumând pe bordura peronului. Se uită la noi, ne măsoară. Vorbesc ceva răstit, între ei. Noi suntem doar la doi, trei metri distanţă de dânşii. Glumim între noi, încet, pe socoteala ţiganilor. Să nu ne audă.

- De-ai noştri sunteţi? întreabă cel mai bătrân.

- Adică, lămureşte-ne, cum de-ai noştri?

- Păi, auleu, mânca-v-aş, români de-ai noştri, răspunde o ţigancă buzată.

- De, răspunde Costel, români suntem noi, dar nu chiar de-ai voştri.

- Nu-i nimic, îi bine şi aşa. Se cheamă că tot de-ai noştri sunteţi. Vi-i foame? Săracii băieţii noştri, săracii ofiţerii noştri, le-o fi tremurând buricul de foame şi noi... Continuă ţiganca buzată să le spună ceva balaurilor pe ţigăneşte.

Apoi vântul a început să bată uşurel, aducând până la uşile noastre cruntul miros al fumului de lulea.

- Parcă ei n-ar fuma? Păcătoşilor, vă gândiţi numai la voi... Ţiganii îşi scutură lulelele, le pun la carâmb, se ridică şi pleacă cu câteva cârâieli. Au dispărut după gară.

Privim în sus; e amiază. Ne uităm în jos; ne e foame. Ruşii din tren nu ne dau de mâncare, pentru că am ajuns în Ţară. Ceilalţi, de la Focşani, sigur nu ne-au trecut la raţie. Strivim în măsele începutul unor înjurături amare, pentru noua orânduire care nu a fiert încă ceaiul.

Chiar în acest minut de amărăciune, ne înveselesc ţiganii care reapar pe peron, îmbrâncindu-se cu lungi cârâieli, fugărind femeile. Se apropie de vagonul nostru. Ceasovoii râd şi se dau la o parte; în vagon, cade o ploaie de pachete şi pacheţele, învelite în hârtie. Ne ferim de lovituri – în timp ce ţiganca cea buzată, cu voce de contraalto – strigă pe deasupra tuturor, ca s-o auzim şi s-o înţelegem: „Mâncaţi, băieţii mamei, mâncaţi, ofiţerii noştri cei robiţi...", şi cu nuntă, cu alai, cu vociferări, ţiganii dispar cu gurile ţuguiate, ne trimit sărutări.

- Straşnici ţigani, remarcă Petrică. Ce scenă minunată au jucat!

Şi după ce numărăm darurile, găsim 11 pâini franzelă, 11 pacheţele cu mezeluri, altele cu brânză şi 11 pachete de ţigări naţionale.

- Trăiască „Crucea Neagră", strigăm toţi în cor. Şi ăştia au dovedit a fi oameni...!

*

Unsprezece oameni, număraţi, percheziţionaţi, am fost băgaţi în lagărul de la marginea oraşului. Bordeie murdare, putrede, pline de ploşniţe, în mijloc o scenă în aer liber şi, mai la fereală, o baie în care, doar ce intrăm, ne curg trei picături de apă rece pe cap – de ni se zbârleşte pielea. Doctoriţa, rusoaică, după ce ne priveşte în toată goliciunea adamică, spunând „haraşo", ne dă câte o cămaşă nouă şi câte o pereche de indispensabili cârpiţi.

Un colonel rus, înţelegem că e comandantul lagărului – spune şi el „haraşo" – ne îndeamnă să ne alegem un bordei, în care să ne aşezăm.

- Ce să ne mai aşezăm, zice Costel. Mai bine să ne facem bagajele deranjate la control. Odată cu seara, eu colind la Bucureşti, şi voi pe unde veţi putea.

Mie îmi stă pe inimă îndemnul colonelului de a ne aşeza.

-Ce ştie rusul! reia Costel. Peste o oră trecem la români.

-Deocamdată, aici, suntem în lagăr rusesc şi în prepelece sunt ceasovoi.

Alături de lagăr e un cimitir şi o biserică.

Deocamdată am hotărât „să facem un tur de orientare”, vorba lui Petrică. Curând, ne oprim dezgustaţi; prea sunt multe bordeie şi prea seamănă lagărele unele cu altele.

Ne aşezăm, cu bagaj cu tot, pe băncile de lângă scena în aer liber. Suntem mai aproape de poartă şi, cu un pas, mai lângă vatra părintească.

Soarele-i călduţ, cerul e înalt; ceasovoii picotesc în prepelece, iar două vrăbii se ceartă pe gard. Un sturz, într-un tufan din cimitir ciripeşte: „Aici, aici”.

- Ba, să avem pardon! Nu venim acolo. Lăsăm onoarea aceasta altora. Să treacă întâi pe acolo, cine ştim noi, răspunde Vasile Zorilă.

Până una alta, ne încălzim oasele la soare şi aşteptăm să se deschidă porţile. E greu să fii prizonier la ruşi, în propria ta Ţară!

*

Unsprezece oameni în lagărul de la Focşani; şi soarele apune. Unde-s bucuriile Moş Ajunului?

- Nu-i nimic, vom colinda mâine, ca-n Moldova,..

Şi ne-am culcat, în tinda unui bordei, tot ca-n vagon.

Somn de cenuşă, greu, în luptă cu ploşniţele flămânde.

Când s-a zărit de ziuă, am reînviat, şi odată cu noi şi toate dorurile după libertate.

Încercând rând pe rând bucuriile revenirii în ţară, ca şi tristeţile orelor scurse încă între sârme, a venit şi seara de Crăciun, în oraş – colindătorii trec pe la ferestre şi glasurile lor cristaline aduc în case vestea despre naşterea

Pruncului Sfânt, în Betleemul îndepărtat. Copiii țării trec peste opreliști și alături de păstorii și magii răsăritului biblic aduc, la ieslea din peșteră, cununi din flori de măr, pentru Prunc și pentru Maica Preacurată.

Zgomotul orașului și melodiile colindătorilor vibrează în inima noastră, sensibilă pentru astfel de sfinte aduceri aminte, și alături de îndepărtatele coruri de copii, fredonăm, cu rouă în priviri:

„Sculați voi, români plugari, florile dalbe!
Că vă vin colindători
Și v-aduc pe Dumnezeu
Să vă mântuie de rău, florile dalbe!"

Bucuriile sărbătorilor noastre strămoșești, cu belșugul și voia bună de pe vremuri, au trecut cu gust de cocleală în cerul gurii.

Un rus apărea de trei ori pe zi și dintr-o găleată ne împărțea mâncare. Ceva ce nu se putea înțelege ce-i; foi de varză, arpacaș și uneori, peste ele, mațe terciuite.

A trecut Crăciunul și după el Anul Nou. Peste drum de lagăr, era o cazarmă și acolo se afla o unitate rusească.

Două zile și două nopți, dinspre această cazarmă veneau urlete, strigăte ca-n pustiu și lălăieli primitive. Venise Anul Nou – 1949.

În oraș, echipele de urători cu bice și buhaie aminteau de Bădica Traian care, plecând la arat, ca un gospodar cuminte ce era, a trecut Dunărea pentru că zărise el, înspre încoace, un loc curat, sub mărul rotat și aici și-a făcut plugăria, semănând sămânța nouă și generoasă, neamul românesc. La Dunăre apar Ucenicii Domnului, care binecuvântează această sămânță, din sufletul căreia va răsări în lumeun neam cu această triplă moștenire: ordinea romană, rezistența dacă și, peste ele, plămada spiritualității creștine...

Iar echipele de urători și semănători asta povestesc, de două mii de ani, pe la ferestrele luminate.

În colțul cazarmelor se-aud împușcături și urlete de junglă.

Au mai trecut, în două mii de ani, alte furtuni, poate chiar mai grele decât acestea. Iar noi nu ne-am oprit din mersul nostru către lumină. Mereu am arat, mereu am semănat şi binecuvântarea lui Hristos nu ne-a părăsit. Vom birui şi vrăjmăşia vremurilor prezente. Pe urmă se va face lumină...

Mi-a urat şi mie, în fapt de seară, Vasile Zorilă, aşa cum se aud urăturile în ţinutul răzăşesc al Orheiului, de lângă apa cu cetăţi:

„Ploi la vreme,
Rod sub plug,
Sănătate şi belşug,
Iar la toate mesele
Numai feţe vesele.
Cele rele să pornească,
Cele bune să sporească;
La anul şi la mulţi ani..."

*

Încă o zi, apoi alta şi încă una. Soare frumos, parcă ar fi primăvară, sau ni se pare nouă, care venim din locuri cu ierni grele şi zăpezi veşnice.

Ne învârtim fără de nici un rost prin lagăr. Ploşniţele ne-au speriat, sunt tot atât de multe şi de lacome ca şi-n lagărele de unde am plecat, îmi pare că avem şi păduchi. Prea mă mănâncă spinarea.

- Sunt, constată Costel Vântu, cu scârbă şi necaz. Ăsta-i import răsăritean.

Şi începem, tacticoşi, ca dincolo, despăducherea.

Am auzit – poate din gazetele de acolo – că s-a descoperit un praf care ucide paraziţii: D.T.T.-ul. Se spunea acolo că D.T.T.-ul este descoperirea unui mare „savant sovietic", căruia Academia sovietică i-a decernat premiul Stalin. Se mai bâiguia ceva despre faptul că nişte burghezi din Anglia i-ar fi furat patentul şi că se lăudau cu această descoperire.

Fapt cert este că noi ne găsim în ziua de 4 ianuarie 1949 la Focşani şi ne despăduchem cum putem, încă n-am văzut D.T.T.

Dar cum stăm la soare şi vânăm, cu greţoase aprecieri, „iepuri" străini, deodată portiţa lagărului se deschide şi vin către noi câţiva ofiţeri ruşi, în frunte cu un colonel, apoi un căpitan român şi mulţi, foarte mulţi plutonieri.

- Ce faceţi voi aici? ne întreabă colonelul.

- Vânăm păduchi, îi răspund eu.

- Nu se poate. De unde păduchi?

- Poftiţi, de vedeţi, îl poftesc eu politicos, punându-i în ochi cămaşa mea.

- De ce nu vă spălaţi? De ce nu vă îngrijiţi?

- Nu ni s-a dat săpun, n-avem apă... În aceste condiţii, cu sămânţa adusă de undeva... Ştiu eu ce să mai zic? Noroc că păduchii sunt sănătoşi, altfel am mai aduce pe aici şi tifos.

- Doctorul să ia măsuri, hotărăşte colonelul şi se întoarce spre ieşire.

Căpitanul român ne înconjoară cu compania lui de plutonieri. Fiecare are un dosar la subţioară.

- Domnilor ofiţeri, începe căpitanul – fiecare plutonier reprezintă un judeţ. Ca atare, un cerc teritorial. Treceţi la judeţul respectiv să vă facă formele de eliberare. Îmi vine să râd. Nouă ni s-a spus că a venit un nou lot de prizonieri din U.R.S.S. şi, cum vedeţi, am venit 60 de oameni pentru ca să vă luăm câteva date. Lotul anunţat, cum văd eu, numără unsprezece oameni...

- Nu-i nimic, bine că aţi venit.

- Speranţele noastre cresc. Poate că astăzi ne vom elibera, îmi pare că am fost uitaţi aici.

- Ce pot eu să fac? Şi dumneavoastră şi noi suntem la dispoziţia ruşilor. Cum hotărăsc ei, aşa se face.

Formalităţile odată încheiate, cu bilete de voie la buzunar, ne strângem bagajele şi hai cu ele pe băncile de la poartă.

Căpitanul ne face atenţi: nu, nu mergeţi cu noi. Vor veni alţii să vă scoată de aici. Şi pleacă, salutându-ne.

Este către amiază şi ne însorim pe băncile de lângă scenă.

- Plecăm, măi băieţi, sau nu plecăm?

- Stăm, răspund eu, stăm să vedem ce se mai întâmplă. Bună ar fi o baie, mă Costele! Aşa, să te bălăceşti în apă caldă vreo oră, să se ducă pe Dâmboviţa toată murdăria de pe noi.

- Cum ajung acasă, întâi mă „îmbrac" în costumul lui Adam şi mă spăl. În timpul ăsta, mama să dea foc la ţoale, să se stingă neamul păduchilor, şi Costel se scarpină după ceafă.

Se aude un marş; porţile se deschid larg, iar noi ne luăm repede bagajele şi plecăm spre porţi. Când colo, ce să vezi? Vreo sută de bărbaţi şi femei, în uniformă, parcă militari, în rânduri strânse, cântă ceva în ritm de marş, intrând în lagăr.

Ocolesc amfiteatrul, se urcă pe scenă. Apoi stau şi aşteaptă. Colonelul rus cu aghiotantul lui ne îndeamnă să venim la teatru.

- Mergem, Părinte?

- Hai, Costele, să vedem ce comedie mai e şi asta!

Cu raniţele bălăbănind pe umărul stâng, venim la teatru şi ne aşezăm toţi la rând pe o singură bancă.

Colonelul stă în primul rând, cu sublocotenentul rus lângă el.

- Puteţi începe, dă dezlegare colonelul.

Corul, înţelegem că e un cor, care e trimis de undeva să ne distreze, ezită.

- Am spus, repetă colonelul, puteţi începe!

- Dar prizonierii nu vin? întreabă dirijorul.

- Ăştia-s, şi rusul ne arată cu mâna.

Printre corişti trece ca o rumoare şi apoi hohote de râs.

- Pentru asta ne-a trimis Ministerul Armatei de la Bucureşti, lipsind Teatrul Armatei de un spectacol?

- Eu nu ştiu, tovarăşe dirijor; acesta-i lotul de prizonieri pe care îl am în lagăr. Mai mulţi nu am de unde scoate.

Dacă aveţi ordin să faceţi aici un spectacol, apoi executaţi-l. Dacă, dimpotrivă, credeţi că nu aveţi pentru cine vă osteni, atunci puteţi pleca. Noi vă conducem până la poartă.

- Să le cântăm ceva, şopteşte o soprană, cu ochii la Costel.

- Ba, pardon, nu-mi stric eu vocea pentru unsprezece oameni, îi răspunde un bas pieptos, cu ochii la mine.

În cor au loc discuţii contradictorii.

- Ascultaţi – întind eu mâna spre cor – dacă nu vă puteţi hotărî să începeţi, daţi-ne voie să vă cântăm noi marşul lui George Fonea. Poate în felul acesta vă provocăm la o întrecere.

Corul a amuţit. Dirijorul, cu stele pe umeri, mă măsoară lung, se întoarce la ai săi, dă tonul şi cântecul porneşte cu: „Pân' la urmă or să piară duşmanii poporului." Urmează un banc cu Franco, apoi altul cu Tito, un cântec despre o fată care nu are altă dorinţă în lume decât ca să se mărite cu un pandur şi altele.

Păcat că-n cor sunt voci bune şi prezintă nişte inepţii. Noi nu aplaudăm; cei doi ruşi, pentru că nu înţeleg nimic, aplaudă plictisiţi. Corul, parcă ar fi la o repetiţie generală, cântă fără vlagă, obosit şi nemâncat.

Profit de un fel de pauză în program şi mă ridic din nou:

- Ascultaţi, domnilor, dumneavoastră nu ştiţi să cântaţi şi ceva cântece româneşti? Vreo doină cu „frunză verde ca lipanul", sau „nu e viaţă mai frumoasă, ca în sat la noi"?

- Ştim, răspund câteva voci, ici-colo.

Dirijorul mă măsoară pentru a doua oară, dă tonul şi „Răsunetul Ardealului" ne încântă. Apoi o fată cântă frumos o doină de la munte şi alta un cântec vesel „cu busuioc verde pe masă..." Aplauzele noastre şi mulţumirile noastre dinamizează corul.

*

Iată-ne din nou pe banca de la poartă şi acolo aşteptăm. Corul armatei a plecat, ducând cu el un marş străin:

„Moscova mea, ţara mea". Mă gândesc, unde-i Sandu cu scuipatul lui pe lungi distanţe? E bine să se cocoaţe la galerie, acolo în Iaşul lui! Să aibă şi perspectivă şi înălţime.

E ora 4. Soarele îşi vede cuminte de treburile lui. Dinspre răsărit bate un vânt subţire, ca lama unui brici. Vântul a plecat din pustiurile de sub Urali şi parcă-mi şopteşte ceva despre Bădiţa şi despre Sverdlovsk. Bădiţa se chinuie în minele de fier de acolo, iar seara doineşte cântecele din munţii noştri.

Bădiţa a rămas acolo şi-n inima mea stăruie o durere ca de moarte. Oare când va veni el acasă?

Se aude ceva. În dosul porţilor se dau câteva comenzi. Atenţi, gata lângă intrare, prindem în urechi comenzi ruseşti, comenzi româneşti.

Ceasovoiul deschide larg porţile lagărului şi către noi strigă impersonal şi urât „davai" (dă-i drumul).

Ieşim din lagăr, trecem fără să fim controlaţi pe lângă un numeros grup de ofiţeri ruşi care, fumând, ne măsoară cu privirile şi intrăm într-un cordon de pază, format dintr-un pluton de ruşi şi două plutoane de români. Soldaţii şi ofiţerii, după ce ne numără, râd a ironie, cu mâna la gură. Atâta armată, cu atâtea balalaici, pentru unsprezece oameni care se eliberează...

Chiar şi colonelul rus pufneşte în râs: caraghioasă situaţie. Ridică din umeri a neputinţă şi rosteşte: Duceţi-i la gară.

Pe lângă trotuare cordonul cu cei doi căpitani în cap, iar la mijloc, pe centrul drumului, noi, cei unsprezece. Soarele şi trecătorii se miră: „Mă, ce-o fi cu ăştia? Ce atâta pază în jurul lor?!".

- Cine? Noi? râde Costel. Mergem doi câte doi, ca nişte şcolari cuminţi, cu raniţele pe umeri, în loc de ghiozdane. Când ajungem în centrul oraşului, căpitanul român ne îndeamnă să strigăm lozinci.

- N-ar fi mai bine oare să cântăm vreun marş, domnule căpitan, răspund eu; sunt foarte dispus să cânt „Deşteaptă-te, române".

Căpitanul se uită la mine speriat şi mi-o retează scurt:

- Asta nu se poate.

Asta ne-a adus aminte de o întâmplare cu o sută de ofiţeri români, cărora escorta le-a pretins, intrând în Bălţi, ca ei, prizonierii, să cânte ceva. Şi cei o sută de români, purtaţi pe uliţele acestui oraş vreo două ore, au cântat toate marşurile româneşti: „Poporul lui Traian", „Fie a voastră întreaga ţară", „Deşteaptă-te, române"! Populaţia, câtă mai rămăsese acolo, stătea pe trotuare, asculta şi nu-i venea să-şi creadă urechilor ceea ce auzea. Locotenentul rus, care mergea în frunte, meloman, pe cât se pare, zâmbea fericit, bătând măsura marşurilor...

Eram foarte dispus să-mi încerc glasul aici la Focşani măcar cu „Ştefan Vodă al Moldovei". La comanda căpitanului, deziluzionat de noi, soldaţii din escortă au prins a răcni lozinci cu Ana, cu Teohari şi cu Luca, dându-şi ochii peste cap, ca nişte cocoşi care-şi cunosc precis cucurigu!

Eu fluieram încetinel despre Ştefan Vodă al Moldovei, pe care-l invocam să nu mai stea la Putna, ci să urce spre munte şi la sunetul cornului să-şi adune ţara, spre a ne scăpa de liftă. Soldaţii, cu ochii peste cap, strigau lozinci...

La gară, dacă am ajuns, cordonul s-a strâns în jurul nostru şi cei doi comandanţi, rusul şi românul, s-au salutat în cele două limbi, apoi ne-au spus că suntem liberi...

Două comenzi, întâi rusul, apoi românul şi plutoanele părăsesc gara, în scrâşnetul cuielor de bocanci.

Unsprezece oameni eram liberi în gara Focşani. Simt gust de leşie în gură. Ăsta-i oare gustul libertăţii?

S-a înserat, se aprind luminile şi noi, tăcuţi, facem un ocol prin centru. Tresar când întâlnesc vreun rus. Mă uit în jur: unde-i ceasovoiul?

Lângă gară, o cârciumă şi acolo-i cârciumar un român, care stă în prag. Când ne zăreşte mai bine, coboară până pe trotuar:

- Acum aţi venit, domnilor?

- Acum, domnule.

- Fiţi buni, nu vă supăraţi şi poftiţi la mine în casă.
- Păi, să vedeţi, noi nu avem bani...
- Nu face nimic. Eu vă poftesc în casă la mine, nu la cârciumă. Vă rog, nu mă refuzaţi.

Şi la îndemnurile omului, trecând printr-o sală mare, unde câţiva clienţi se cinsteau cu „Galbenă de Odobeşti", am trecut mai în spate, într-o cameră curată, îmbrăcată în covoare moldoveneşti, cu o masă mare, aşternută în mijlocul camerei.

- Domnilor, începe gazda timid, am avut şi eu un fecior în Rusia. Am înţeles că s-a prăpădit pe acolo, de frig, de foame şi de tifos. Îl chema Ion Ţăranu, aşa cum şi eu mă numesc.
- L-am cunoscut, domnule, răspund câţiva. Dumnezeu să-l ierte, s-a prăpădit. Bun român!

Omul lăcrimează şi continuă:

- De dorul lui mi s-a prăpădit şi femeia, acum un an. Pentru sufletele lor triste, vă rog să-mi daţi învoire de a vă ospăta în seara asta. Căci sunteţi flămânzi, însetaţi şi goi...

Şi-am stat o oră sau două la praznicul mamei care s-a stins după feciorul prăpădit, în pădurile de la Răsărit...

*

Şi iată-ne acum, când miezul nopţii bate în inima turnurilor înalte, la ultima, grăbită strângere de mână. Un tren duce către oraşele şi satele Moldovei, iar celălalt, spre Bucureşti şi spre Transilvania.

Simt ca o sfâşiere; simt că mă destram, mă simt gol şi singur.

Am fost mii, apoi unsprezece şi acum stăm pe raniţe, pe coridorul vagonului, doi. Costel, înalt, ciolănos, cu capul plecat, tace.

Dincolo de geam e întuneric beznă. Mă întorc de acolo şi mă aşez alături de el. Nu pot urmări nici un gând întreg; familie, mamă, prieteni? Mi-i gura amară. Pe suflet parcă stă o piatră de mormânt. Ce-i cu mine? Unde-i bucuria libertăţii?

Bucureşti, Gara de Nord. Este ora 6 dimineaţa. De la geam privesc luminile capitalei.

Cu mulţimile ce coboară şi printre călătorii care urcă, înaintăm greu spre ieşire. Constat că-s mai puţine ceasuri de-a lungul peroanelor. Cine le-o fi adunat?

Costel, înalt, se uită, iscodind grupurile de oameni.

Dar abia am păşit pe peron, dincolo de portiţe, şi-l văd pe Costel înotând prin mulţime strigând: „Uite-i, acolo!" Dispare în îmbrăţişările cu lacrimi şi flori ale părinţilor, surorilor şi fraţilor lui.

Mulţi, constat eu, mulţi şi toţi voinici, ca brazii. Privesc scena, cum privesc şi alţii. Iată-l pe Costel, cu un buchet de flori în mână, suflându-şi zgomotos nasul şi căutându-mă, prin gloată.

Zărindu-mă, mă trage de-o mână lângă el şi cu recomandarea „vedeţi, cu dânsul am venit" mă predă în braţele familiei sale. Căciula şi mantaua ajung în picioarele călătorilor...

Rămas singur în gară privesc cu atenţie oameni şi locuri. Ies în cele din urmă în bulevardul Golescu; văd un tramvai, traversez strada şi mă opresc la un chioşc cu ziare. Toate vorbesc despre o echipă de nituitori de la Galaţi, care a bătut într-o zi nu ştiu câte nituri. Apoi despre grevele din Apus şi despre nenorocita stare materială a muncitorului american.

Pe un afiş citesc despre fericirea de a fi colhoznic şi despre luminoasa viaţă a lucrătorului din uzinele sovietice.

Scuip în locul lui Sandu şi, scârbit de minciună şi de toate, plec. Plec mai departe să văd oraşul. Ca să mă lămuresc, încă de la început.

Îmi îndes căciula pe cap, mă închei la toţi nasturii mantalei, îmi potrivesc raniţa pe umăr. Lume multă, tramvaiele supraaglomerate. Oamenii speriaţi de vreo eventuală întârziere, lucrători şi funcţionari, stau ciucure pe treptele tramvaielor, iar pe stradă aleargă ca turbaţii; acolo, la serviciu, li se va citi gazeta şi vor fi chestionaţi despre treburile politice. Râd singur, mergând cuminte pe stradă. Mai să mă dea jos un lungan, ce aleargă după un tramvai. Disperatul va asculta articole din *Scânteia,* va aplauda frenetic vreo idioţie tipărită sau undeva rostită şi apoi, cu maţele chiorăind de foame şi cu frica de a fi atacat pe stradă, pentru vreo încruntare din sprânceană, va merge să strige lozinci pe care nu le pricepe. Va urla că e bine, că n-a fost niciodată mai bine decât acum, iar somnul lui va fi somn de iepure fricos.

Poţi să faci ţara ţară, cu disperaţii ăştia?

Trec prin Plevnei şi privesc de departe „Casa studenţească". Şi acolo a încremenit orice gând românesc. Iată, mai jos, în stânga, Cişmigiul, frumosul nostru Cişmigiu. Parcă acolo în spate, nu mai sunt toţi copacii! Şi-i murdar.

O iau pe bulevardul Elisabeta, în sus, pe lângă Cercul Militar şi ajung în Calea Victoriei.

La cinematografe rulează „Balada Siberiei" şi alte lupte de partizani. Acolo, a fost „Cartea Românească" şi, puţin mai departe, „Alma mater" – Universitatea. Ce s-o mai fi învăţând pe acolo? Limba rusă, marxism-leninism şi materialism dialectic?

Iată cum se idioţeşte o naţie!

Şi oare nu e nimeni care să priceapă acest lucru?

Palatul telefoanelor este la locul lui, Teatrul naţional a dispărut, uite colea Palatul regal, cu o aripă în roşu şi, peste drum, Ministerul de Interne. Ei, cu ăştia, cred eu, voi avea o întâlnire.

Stau şi mă uit, când la Palat, când la Ateneu şi pe urmă la Interne. Ce Dumnezeu! Nu s-a găsit un alt loc pentru o astfel de instituţie?

Ies pe lângă Fundaţie în Bulevardul „Brătianu". Totul este la fel, cum a fost şi mai înainte. Ba nu; constat că pe unde au fost case bombardate s-au făcut grădiniţe, iar străzile sunt foarte murdare; hârtii, coji de seminţe, democraţie populară.

În fund, Academia Comercială şi bănuiesc – în continuare – aceleaşi case şi aceleaşi străzi, până la şosea. Ce greşeală! Celei mai frumoase străzi din Bucureşti să i se dea numele unui general rus! Ce greşeală!

Apoi, uite Universitatea şi pe Mihai Viteazul cu barda-n mână, strigând îndemnul: „Puneţi mâna pe topoare, plesniţi în frunte balaurul şi lifta care vrea să înghită Ţara şi gândurile. La luptă, fraţi români!"

... Apoi, am bătut la uşa unei biserici şi, dacă am intrat, îngenunchind lângă mormântul voievodului Brâncoveanu Constantin, m-am rugat adânc pentru sufletele celor ce s-au prăpădit în luptele din Răsărit şi în lagărele din acea ţară. Pe urmă mi-am adus aminte de Urali şi de Bădiţa şi de toţi ceilalţi, rămaşi în grele cazne, în pădurile şi ruinele ruseşti. Am plâns cu amar pentru trudă, pentru încercări şi pentru ţara cea ticăloşită. Apoi am mulţumit blândului Iisus pentru că m-am întors acasă. Şi sărutând lespedea de pe mormântul voievodului decapitat pentru dubla lui credinţă, în Dumnezeu şi în Neam, am ieşit la soare, luminat, cu mărgăritarele Bobotezei sub gene. Facă Dumnezeu cu mine ce va voi. Sunt pregătit.

*

Este ora amiezii. Lângă liceul Matei Basarab, la un chioşc, se vinde pâine. Mă aşez, resemnat, la coadă, aşteptând să-mi cumpăr o pâine. Ajuns în faţa vânzătorului, acesta îmi cere cartelă.

- Nu am, domnule vânzător, aşa ceva. Dă-mi te rog şi mie o pâine.

- Fără cartelă, nu se poate.

M-am dat la o parte; m-am uitat înc-odată la pâinile Bucureştiului. Cu mălai într-însele. Totuşi, sunt mai aproape de ceea ce ar trebui să fie o pâine. Au şi ceva grâu în ele. Cum stăteam aşa şi reflectam asupra imposibilei pâini pe care o mănâncă moscoviţii – neagră ca pământul şi acră de ţi se strepezesc dinţii –, în braţe îmi pune o pâine o femeie bătrână care, grăbită, dispare după colţ.

Eu strig după dânsa:

- Doamnă, să v-o plătesc... Femeia a dispărut într-o curte şi poarta s-a închis în urma ei.

O altă femeie înaltă şi slabă, privind la toată întâmplarea, încheie:

- Zi şi dumneata bogdaproste, cine ştie ce-o fi în sufletul ei cel amărât? Te-o fi văzut atât de zdrenţuros...

„Flămând am fost şi mi-aţi dat să mănânc..." se împlinea Scriptura, iar eu mi-am făcut semnul crucii...

*

Aici e micul bloc în care locuiam eu, pe vremuri, împreună cu sora mea, Anca. Casa este tot aşa, cum am lăsat-o, curată şi exact pe locul ei. Holul mare e la locul lui. Şi scara duce la etajul I. Acolo, la al 6-lea apartament era cartea mea de vizită...

Cu raniţa pe umărul stâng, cu sacul de merinde la şold – în care simţeam căldura pâinii proaspete – şi cu bidonul fără apă, zăngănind, urc o treaptă apoi altele, şi ajung la etajul I. Aceiaşi locatari în dreapta şi în stânga scării.

Încet, una câte una, urc scările spre II. Pipăi bara, încerc luminile; vecin la II – acelaşi nume. În faţă, apartamentul 6 şi acolo, la locul ei, cartea mea de vizită.

Iată-mă în prag la mine. În toată casa, nici un zgomot. Simt ca o strângere de inimă: ce spune tăcerea aceasta?

Sun. Aud glasul soneriei dincolo de uşă. Mă dau un pas înapoi şi aştept. Nici un semn de viaţă. Dar, dacă sora mea nu este acasă?

Sun a doua oară, apoi, la scurt timp dau semnalul, aşa cum obişnuiam pe vremuri, când mă întorceam de la catedră.

În clipa următoare, uşa se deschide brusc şi sora mea dă un strigăt de bucurie şi de mirare: „Daniel" şi, hohotind, cade la pieptul meu. Eu o mângâi şi o îmbrăţişez:

- Anca, sora mea cea dragă, bine te-am găsit sănătoasă... Lacrimile mă podidesc şi plângem amândoi, pentru bucurii şi pentru tristeţi.

*

Peste un ceas, după ce m-am spălat, alături de Anca trec prin încăperi. Toate sunt aşa cum le-am lăsat: paturi, tablouri, bibelouri. Cu un scrâşnet de fier ruginit, Anca deschide uşa de la biroul meu. Întuneric şi miros de cameră nelocuită. Când ridică perdelele şi soarele intră în cameră, pe toate văd praf alb, pus de vreme. Uite, aici cărţile mele – cât le-am dus dorul – şi dincoace, masa de lucru. Mă apropii. Pe masa-birou, o fotografie de-a mea. Mă uit la mine. A nins vremea firicele de praf fin pe frunte, pe faţă, pe umeri. Sunt opt ani de când nu am fost pe aici...

- Dacă tu ai plecat la bătălie, aici n-a mai intrat nimeni. Apoi a venit vestea că tu ai murit, la Stalingrad. Iar mama şi-a rupt inima de jalea ta. A hotărât ca pe veci să rămână această cameră aşa cum ai lăsat-o tu, atunci când ai plecat... Şi eu am respectat hotărârea mamei. Cum vezi, s-a aşternut uşor, an după an, praful pe toate. Acum, pentru că ai înviat, voi face aici curăţenie.

- Ce fac părinţii? Celelalte surori?

- Sănătoşi, toţi te-aşteaptă. Mama ţi-a făcut toate pomenile pe la mănăstiri, aşa, ca pentru morţi, iar tata ţi-a făcut cu mâinile lui un mormânt şi ţi-a pus o cruce, în cimitir la noi... Când în vara lui 1946 – după patru ani de tăcere – am primit veşti despre tine, că exişti pe undeva, în Rusia, a fost în casa noastră bucurie pentru fiul cel înviat. Totuşi, cu strângere de inimă, mama a susţinut ca mormântul şi crucea să rămână la locul lor. Ai să le vezi, acolo.

- Anca, mâine seară plec acasă.

- Mergem împreună.

- Dar soţul tău?

- Paul e la Aiud. A fost arestat la 15 mai..., şi lacrimile-i curg încet pe amândoi obrajii, suspinând: niciodată bucuriile nu sunt complete...

*

E noapte târziu şi somnul nu se lipeşte de mine. În patul moale şi curat, când încerc să aţipesc, parcă vine un val şi mă fură. Mă trezesc brusc şi deschid ochii mari către luminile de pe stradă.

Întind o pătură jos, pun perna sub căpătâi, trag plapuma peste mine şi aşa, la podele, pe parchet, adorm imediat somn de plumb, din care mă trezesc perfect odihnit, pe la amiază.

Anca râde:

- Ce-i cu tine?

- Anca, fată dragă, era prea moale patul. M-am obişnuit să dorm pe blat. Cine ştie, nu e bine să-mi pierd obiceiul.

*

Trenul păşeşte lin peste Siret, apoi taie Moldova către Nord, înghite flămând kilometri de cale ferată. Călătorii din faţa mea moţăie sau dorm chinuiţi, bălăbănindu-şi capetele în oscilaţiile vagonului. Anca, pe umărul meu, doarme liniştită, cuminte...

Departe, departe, în Răsărit, la cazne, au rămas prietenii mei şi o parte din inima mea cu dânşii. La Aiud, în celula îngheţată, de la 15 mai se chinuie Paul şi fraţii mei. Şi pentru ei sângerează cealaltă parte a inimii mele.

Mă uit când spre Răsărit, când spre Aiud. Dorul mă duce prin mlaştini, prin păduri cu fiare sălbatice, iar în faţă, salvator, se arată muntele suferinţei. Acolo, la creastă, mâinile tatei mi-au săpat mormântul şi mi-au aşezat crucea. Iar mama, plângând, mi-a semănat busuioc la căpătâi.

Merg să mă răstignesc!

Am ales ispăşirea!

Pentru păcate!

Pentru învierea de mâine!